MÚSIKA

colección andanzas

JAVIER AZPEITIA
MÚSIKA

TUSQUETS
EDITORES

1.ª edición: mayo de 2021

© Javier Azpeitia, 2021

Diseño de la colección: Guillemot-Navares
Reservados todos los derechos de esta edición para
Tusquets Editores, S.A. – Av. Diagonal, 662-664 – 08034 Barcelona
www.tusquetseditores.com
ISBN: 978-84-9066-962-4
Depósito legal: B. 5.204-2021
Fotocomposición: Moelmo
Impresión y encuadernación: Black Print
Impreso en España

Queda rigurosamente prohibida cualquier forma de reproducción, distribución, comunicación pública o transformación total o parcial de esta obra sin el permiso escrito de los titulares de los derechos de explotación.

El papel utilizado para la impresión de este libro está calificado como papel ecológico y procede de bosques gestionados de manera sostenible.

Índice

Primera parte	13
1. El destino y la corneja [Pela, 406 AEC]	15
2. La esclava [Atenas, 411 AEC]	25
3. Destrucción [Tartesos, 422 AEC]	47
Segunda parte....................................	63
4. La taberna del Hipocampo [Atenas, 411 AEC]	65
5. La jauría de Arquelao [Pela, 406 AEC]	75
6. Los mapas de Europa [Atenas, 411 AEC]	83
7. Crucifixión [Tartesos, 422 AEC].............	95
8. Filtros de amor [Atenas, 411 AEC]	111
9. El mensaje [Pela, 406 AEC]	131
10. El banquete [Atenas, 411 AEC]	139
11. Los leones lidios [Tartesos, 422 AEC]	153
12. Castigos de amor [Atenas, 411 AEC]	169
13. Pintura y realidad [Pela, 406 AEC]	177
14. La hoguera [Atenas, 411 AEC]	189
15. El perseguido [Tartesos, 422 AEC]	201
16. Tras la máscara [Atenas, 411 AEC]	215
17. El etíope [Pela, 406 AEC]	227
18. El baile del frigio [Atenas, 411 AEC]	235
19. La reina de los piratas [De Tartesos a Fufluna, 422-421 AEC]	251

20. Libertad [Atenas, 411 AEC] 269
21. El sacrificio [Pela, 406 AEC] 283
22. Una vida de heteras [Atenas, 411 AEC] 295
23. La sibila [De Fufluna a Cumas, 421-412 AEC] .. 311
24. El ritual del sueño [Atenas, 411 AEC] 335

Tercera parte 345
25. El palacio de las mil puertas [Pela, 406 AEC] ... 347
26. El baile de la bacante [De Pela a Atenas,
    406 AEC] 355
27. La biblioteca de Sófocles [Atenas, 406 AEC] ... 373
28. Adiós a todo eso [De Atenas a Nubia,
    406-330 AEC] 389

En memoria de Arturo Muñoz, que llevaba
la enfermedad con una sonrisa contagiosa

... Y en fin, la Músika, que es danza, melodía y poesía, por el placer que da y la belleza de su arte, nos acerca a la divinidad.

Estrabón, *Geografía,* 10, 3, 9

Primera parte

1
El destino y la corneja
[Pela, Macedonia, 406 Antes de la Era Común (AEC)]

> ... la triste cabeza
> alza su madre empuñada y la hinca,
> como de agreste león, en lo alto del tirso
> y la lleva a través del Citerón.
>
> Eurípides, *Bacantes*, 1139-1142

Por lejos que suceda, la muerte de una persona unida a nosotras por un vínculo estrecho nos sacude el cuerpo. El tiempo se quiebra, y no solo para ella, hermanas. Tras la ráfaga de viento que nos conmueve, si estamos despiertas, tocando un instrumento o tejiendo, los dedos se tensan y se confunden, y si acaso nos hemos dormido, nos abruma el deseo de retomar la pesadilla donde la hayamos abandonado, pero, incapaces, enseguida encontramos alguna distracción pueril que nos permite evadirnos del estremecimiento y vagar desentendidas de esa muerte horas y días, y hasta lunas enteras. Por eso, cuando llega a casa al fin el mensajero con la noticia nefasta, antes de que hable, se nos verá palidecer y excusarnos, alejarnos en busca de la habitación más apartada, atrancar la puerta una vez dentro y, encogidas en una esquina, con los ojos cerrados y las manos tapando los oídos, declamar viejos poemas de vino y felicidad para no oír nada, intentando todavía aplazar el duelo.

En vano.

No os resultará entonces extraño que aquella noche, en el mismo instante en que el poeta Eurípides murió, Mora, su escriba, confundiera por completo la causa del estremecimiento que la arrebataba.

Estaba sentada junto a un brasero, en la torreta de la villa en que se había instalado Eurípides hacía un par de años, a las afueras de la ciudad de Pela, la corte de Macedonia. Lejos de Atenas. ¿Había oído en la noche ladridos distantes de un perro siempre despierto? Sintió unos pasos de danza a sus espaldas, la cadencia de una melodía susurrada, un crepitar de versos de los que de pronto apenas quedaba el rumor...

Incapaz de imaginar que la Músika le llegaba de Eurípides, pensó que su memoria había atrapado el hilo de otra canción de las que le cantaba su madre en la infancia.

Se quedó el resto de la noche varada en el eco de aquella Músika íntima. Pero no consiguió extraer una nota, ni una palabra, ni un movimiento, sino apenas una imagen: la de una mujer abrazando el cadáver desmadejado de su hijo. Y como en las pesadillas, la composición de las figuras no acababa de encajar. ¿El cuerpo viejo del hijo abrazado por una madre joven?

La sacó de su largo enredo el graznido de una corneja, y luego su sombra cruzando la badana traslúcida de la ventana. Era una señal clara, pero no quiso entenderla. Aunque al fin fue consciente del resplandor de la mañana, que inundaba a traición el interior de la torreta trayendo el frío.

Añadió un puñado de flores secas de cannabis al brasero, removió los rescoldos para que los poros de la piel absorbieran el calor en lo posible mientras aspiraba con suavidad el humo, y al fin salió de la habitación y bajó por las escaleras al patio de la villa. Quería dormir un poco.

—Mírame, *Nape*. ¡Mira! ¿Qué te duele?

El perro se había acercado a ella despacio. Lanzó un lamento agudo.

—Estás muy viejo, ya lo sé —dijo rascándole las orejas, mucho más negras que el dorso oscuro de sus propias manos.

Aprovechando que se había agachado, el perro le olisqueó la barriga. Era el primero de la casa que se daba cuenta de su embarazo.

—Dónde se ha metido el amo, ¿eh, *Nape*? ¿Llegó demasiado borracho?

Desde que se habían instalado en Pela, Eurípides siempre se levantaba de noche aún, y nada más despuntar el alba hacía un sacrificio incruento a la diosa Deméter en el altar del patio, simulando murmurar oraciones, y libaba sobre el altar, en vez de bebérsela, una mezcla de vino, agua y miel. Todo con el único afán de que luego las esclavas nuevas de la casa difundieran en el mercado su falsa piedad. Mora echaba de menos el olor a pan que dejaba en el ambiente la pasta cocida.

Jugando aún a evitar el dolor, Mora se sorprendió de que la Músika inasible la hubiera distraído tanto como para no oír el portón de entrada al regreso de Eurípides. La noche anterior había ido a otro banquete en el palacio de Arquelao. No tenía edad ya para beber así. La manía del rey macedonio de tomar el vino sin mezcla iba a acabar arruinándole la salud.

El perro renunció al cariño que Mora le daba y se dirigió hacia la puerta del patio con urgencia cansina. Se detuvo allí y lanzó otro quejido, girando con ansiedad la cabeza en busca de sus ojos.

—Si me esperas un poco te acompaño —dijo ella echando a andar en dirección contraria.

Cuando pasaba junto a la higuera pelada, el recuerdo del olor de los higos la asaltó. En vez de utilizar el pequeño retrete que había en un recodo del patio, fue primero a la cocina y cogió un par de higos secos de la alacena, y después al establo, donde se remangó los faldones y estuvo un buen rato orinando en cuclillas sobre la acequia, envuelta en el vaho del pis, mientras se comía un higo bajo la mirada del ojo amarillo de una mula.

Desde luego, la helada había sido tremenda. Y la inquietaba el recuerdo de la sombra de la corneja al trasluz. Sabía que las aves tienen su forma de hablar del tiempo y del destino.

De vuelta se asomó al dormitorio de Eurípides, que daba al patio, para ver la postura ridícula en que habría caído, el viejo borracho... Pero el jergón de la cama estaba vacío e intacto.

Le subió la ira como fiebre. Imbéciles. ¿No lo habían acompañado? Un cuerpo acostumbrado al calor de Atenas no puede resistir a la intemperie...

Con el miedo hincándosele en el estómago, Mora entró en el patio a la vez que por el otro extremo lo hacía Eco, la hija pequeña del poeta, que acababa de despertarse.

Intentó esconder su agitación. Eco era casi una niña. En realidad no había de qué preocuparse. Si se les había hecho tarde, en vez de dejar que los pocos invitados que vivían extramuros salieran de palacio con aquella helada, el rey Arquelao habría mandado preparar habitaciones para ellos. Ya estaba casi calmada cuando el chillido de otra corneja hizo que levantara la mirada.

El pájaro sabía bien adónde iba, igual que el anterior, con su vuelo rectilíneo. Era la dirección de la ciudad, del palacio de Arquelao.

—¿Has visto, negra, la graja? —le gritó sonriente la muchacha, que tampoco era supersticiosa y no distinguía las aves—. ¡Y de mano izquierda! Nos va a arruinar el día...

No sabes bien cuánto, pensó sin responder y caminando con prisa apenas disimulada hacia la puerta en la que *Nape* volvía a aullar. No necesitaba mirar para saber que la sonrisa se le había quebrado a Eco en el rostro.

Nada más abrir la puerta, divisó el círculo de avechuchos en vuelo. No estaba muy lejos, aunque fuera del camino. *Nape* salió delante al trote, pero se detuvo unos metros más allá volviendo la cabeza hacia ella. Dudó ante la posibilidad de coger una carretilla del huerto que estaba arrumbada contra el muro, a un costado de la entrada.

—¡Cierra y despierta a tu madre! —le ordenó a Eco, viendo que salía alterada tras ella.

—¡No! —chilló la muchacha—. ¡Voy contigo!

No iba a ser tan sencillo.

—Esa carretilla, la necesito —le dijo—. Sígueme.

Fue una buena idea, porque Eco no se atrevió a desobedecer de nuevo, y se quedó rezagada cuando ella echó a correr colina abajo.

El camino de Pela venía desde la ciudad de Terma y bordeaba la enorme laguna atravesando aquella planicie pantanosa, colmatada por el aluvión de tres ríos en el delta del golfo Termaico. Tras cruzar serpenteando las marismas, desembocaba en tres brazos hacia las colinas que coronaban Pela, engarzadas por una trenza de jardines a las casas blancas y en cuadrícula del llano. La ciudad brillaba cubierta por la nieve. Posado sobre la colina central y flanqueado por acantilados, con el torreón real clavado en el centro y la muralla crispada de torres más pequeñas, se levantaba el palacio, un complejo de edificios de mármol dispuesto en terrazas que colgaban sobre los cortados.

Para dirigirse a la zona en que se arremolinaban las aves,

Mora tuvo que desviarse del camino por un sendero inhóspito. Atravesaba lo más deprisa que podía los canales que descargan la laguna, cruzando sin pensar los frágiles puentes improvisados por los lugareños. Más de una vez crujió la superficie helada del pantanal y se hundió en él hasta la rodilla. Solo alguien muy borracho o presa del pánico podría arriesgarse a adentrarse de noche por allí...

Entonces vio lo que había temido ver.

No parecía posible, no podía ser él.

No era él.

Al pie de un abeto solitario los pájaros se disputaban los restos de varios cadáveres. Eso le pareció. Mientras ella se iba acercando, cada vez con menos prisa, las aves más grandes echaron a volar con pereza, y luego las otras las siguieron.

Se detuvo ante un jirón de tela enganchado a una rama podrida y semihundida en el barro: un retal gris rematado por una banda dorada, idéntica a la del manto de gala de Eurípides.

Se quedó quieta, de pie, mirando a su alrededor, como si pudiera aplazar el dolor. *Nape* llegó al rato, jadeando con la lengua fuera. Se acostó agotado, en silencio, cerca de lo que parecía el torso de una de las víctimas.

Por un momento Mora rumió temores de griega supersticiosa: el abeto era el árbol de las bacantes, propicio al sacrificio humano. Estaban junto a las fronteras de Tracia, uno de los centros del culto a Dioniso, el dios-hombre descuartizado y resucitado, el dios perenne. Según decían los de allí, había en las noches invernales séquitos de bacantes enloquecidas e insensibles al frío que festejaban su locura atacando a los rebaños en los rediles, descuartizando terneros a tirones y atemorizando a los pastores...

Estaba tan aturdida que no se dejó llevar por el dolor. Caminó entre los restos intentando averiguar cuántos cadáveres había. Por todas partes se veían esculpidas en el hielo huellas de lobos. Las perras de Hécate, pensó. Había en las afueras de Pela, al norte, un santuario de Enodia, el nombre tracio de la sanguinaria diosa infernal Hécate. ¿Un sacrificio?

Entonces se dio cuenta de que las huellas eran demasiado grandes. Y lo vio con claridad: mastines. No eran huellas de una manada de lobos, sino de una jauría de perros enormes, de los adiestrados para la montería...

¿Los habían cazado como a ciervos?

Algo cedió a su pisada con un crujido y se le clavó en la planta del pie helado. Había olvidado ponerse los chanclos y tenía las abarcas empapadas. Lo que había pisado era una bolsa de lana rota, traspasada por el hueso puntiagudo que la había herido. La tomó y vio dentro el costillar y las entrañas de un animal pequeño. La congelación impedía que pudiera distinguirlo olfateándolo, pero por los restos del pelaje parecía una liebre. Muy cerca, en el suelo, encontró la cabeza del animal, al que le faltaban las orejas, cortadas a cuchillo con parte del cuero cabelludo. ¿Un cebo?

Los habían abandonado con un cebo para que los perros no fallaran.

Mora se estaba helando. Quería irse de allí. Ahora *Nape* disputaba a tres cuervos con furia un despojo abultado. El perro agarró con los dientes el bulto y lo depositó a sus pies.

Miraba el bulto, pero no veía. Y pese a eso supo enseguida lo que era. Sintió en la barriga una punzada del feto de su hija. Tomó el bulto en sus manos y lo alzó.

Intentando escapar aunque fuera solo por un momento de allí, dejó su mente vagar un poco y casi sin buscarlo entró en trance. Recibió de nuevo la Música que durante su vigilia nocturna había asomado y luego desaparecido. Bailó en su imaginación la melodía, el lamento de la madre joven ante el cadáver del hijo viejo:

¿Cómo podría llorar cada miembro del hijo besando,
carne que fue de mis manos con mimos criada en un tiempo?
¿Cómo podría mi abrazo ceñir este cuerpo que aterra,
trémula al solo contacto, mi sangre, y la agita con ira?
Vamos, anciano, ayúdame a darle a la bella cabeza
hueco en el cuerpo que entrambos al fin tornaremos
nuevo, juntando los miembros ahora esparcidos por tierra.

Versos de Eurípides. Dichos por una madre que ha irrumpido en escena con una cabeza de león, eso cree, ensartada en una vara, orgullosa de su caza, y allí, saliendo de su ebriedad, reconoce que la cabeza es en realidad la de su hijo, asesinado y descuartizado por ella misma en un arrebato de locura. El lamento de una madre mientras reconstruye el cadáver de su hijo.

Solo faltaban aquellos versos para acabar la obra. Todo lo demás estaba escrito y enviado a Atenas, donde Eurípides el Joven, uno de los hijos del poeta, preparaba los ensayos para su representación.

¿El espíritu de Eurípides le había entregado a ella, su escriba, aquellos versos al morir?

—¡Mora! ¡Mora!

¿Quién la llamaba? Se aferró a su nombre para huir también de la angustia de los versos y salir del trance. ¿No tenía entonces más remedio que mirar el bulto que pesaba en sus manos?

Mirar no es conocer. ¿Qué era? ¿Qué era en realidad?

Era una cabeza y estaba fría como si acabara de caerse de una estatua.

Tenía la boca abierta, la cuenca de un ojo vacía..., el otro ojo sin párpado, enorme, con el iris de un verde turbio, descolorido. Tenía buena parte del pellejo de la cabellera arrancado, aunque le quedaban algunos mechones de la melena rubia de la que tanto presumía, a su edad.

Sintió que aquella visión le iba a robar para siempre el rostro sereno del poeta. La cabeza había sido desgajada del cuerpo por el cuello, a puros mordiscos, y tres tendones colgaban de la base sanguinolenta, rígidos como estalactitas.

La emoción que la asaltó era desconocida: puro deseo de venganza. Se aferró a ella. ¿Venganza contra quién? Tenía que averiguar quién había matado a Eurípides para devolverle el dolor.

Un revoltijo de nombres y de rostros se acumuló en su mente llenándola de confusión, hasta que pudo rechazarlos todos. Hubo entonces para ella un tiempo sin nada. Creía estar vagando lejos de allí, aunque enseguida supo que había recogido los pedazos del cadáver para juntarlos sobre el suelo.

—¡Negra!, ¡negra!

Eco se había detenido a lo lejos, con las manos aferradas a los mangos de la carretilla. Ya se habría dado cuenta de que había sido mala idea seguirla. Ahora necesitaría saber qué significaba lo que estaba viendo.

—Eurípides ha muerto —dijo Mora.

Pero lo dijo en voz baja. Solo para oírlo ella misma, de una vez.

—¡Mora!, ¡Mora!

No es posible decirle a una muchacha que su padre ha sido devorado por una jauría de perros.

2
La esclava
[Atenas, 411 AEC]

Y yo que entre las Musas
y más allá me alcé...

Eurípides, *Alcestis*, 962-963

Pero vamos atrás, atrás, hermanas. Abandonad vuestros pasos en el cauce de la danza, dejando que la Música os transporte hasta el día en que Mora y Eurípides se encontraron. ¿Día aciago o venturoso? Día extraño, en todo caso.

Cuando conoció Atenas, Mora llevaba ya un buen rato dentro de ella, en su mismo centro. Miradla ahí, dormida. Miradla en el momento en que cae sobre ella un cubo de agua y se incorpora de pronto espantada, en busca de aire.

Lo primero que vio fue a una mujer enorme, de piel mucho más negra que la suya, como el azabache, que le tendía un paño para secarse. Sintió envidia por aquella piel ante la cual la suya se quedaba en un pardo grisáceo y apagado, y por un momento pensó que había ido a parar a las arenas de Libia, e intentó hacer memoria.

En el sueño, hasta que el agua la trajo de vuelta al mundo, vagaba ciega, reptando sin rumbo detrás de una anciana que portaba una antorcha por una interminable galería subterránea. No podía recordar nada antes del sueño, y el frío de aquella mañana la hizo renunciar a intentarlo.

Miró a un costado mientras se secaba el pelo. Había allí un puesto de venta de carne. Con el manto salpicado de sangre, el carnicero abordaba a los transeúntes plantándoles las manos sucias encima y acercándolos a la fuerza a su puesto para que vieran de cerca el enjambre de moscas sobre el género. Las piezas de vaca y de cabra colgaban de los ganchos o descansaban sobre el mostrador. Tras él un compañero despiezaba media res manejando el cuchillo con destreza.

Poco a poco fue consciente de que a su alrededor hervía un mundo de clientes y tenderetes, en su mayoría mesas con las mercancías amontonadas en desorden bajo lienzos sujetos a lo alto de cuatro postes de madera.

En la tienda del otro costado, dos vendedores utilizaban la misma estrategia que los carniceros. Pero ¿qué vendían? Del dosel de fieltro que protegía del sol el puesto, colgaba un pergamino en el que estaba escrito:

Crisantos y Agapitos
bibliopolas

¿Vendedores de libros en un mercado? Nunca había imaginado que algo así pudiera existir. Pero sí, allí también volvía al puesto en ese momento el pescador de clientes con uno agarrado del manto para suplicarle que desenrollara los libros expuestos, en tanto tras el mostrador, sentado a otra mesa con dos rollos de papiro extendidos ante sí, su compañero se afanaba copiando en uno lo que estaba escrito en el otro.

Entonces lo supo, aquello no podía ser más que Atenas, el verdadero ombligo del mundo, en mañana de mercado.

Había caído en pleno ágora ateniense, la explanada a la que acuden a cotillear los ciudadanos y en la que se instalan los mercaderes, a un costado de la ancha vía Panatenaica que la cruza.

Imaginad aquel lugar atiborrado, hermanas. Ya sabéis de qué tipo de gente: ciudadanos. Gente que sucumbe al deseo de poseer cosas que no sabe hacer con sus propias manos. No al anhelo ancestral de aprender el modo de hacerlas, sino al de quedarse con ellas al precio que sea para exhibirlas en su casa durante un tiempo y arrumbarlas después en cualquier rincón. El tipo de gente que ha convertido el mundo en un estercolero atravesado por la guerra.

Como los fenicios, los griegos venden toda clase de cachivaches y rarezas en sus mercados, incluidos muchos de los que en otros pueblos del mundo se arrojan sin dudarlo a la basura. Más allá de la librería se divisaba lo que parecía un puesto de pelo: extensiones con las que las mujeres complementan sus propias cabelleras, o pelucas para cubrirlas por completo o suplirlas, y por todas partes puestos de baratijas de cerámica ática con decoraciones repetidas hasta la extenuación. Los gritos de venta que surgían de las tiendas entrelazaban el pelo con los filtros de amor corintios, la carne con los higos epidaurios y los libros con el vino tracio, las mantas de lana de carnero de Ecbatana, la mirra persa, las anchoas y sardinas saladas de Falero, las semillas de manzana maracandesa y los perfumes rodios. Y al fondo se oían siempre los machacones versos cantados con una de esas viejas cítaras de cuatro cuerdas por un aedo ciego, al que Mora alcanzaba apenas a ver, subido a su carro itinerante y con túnica púrpura.

Juraba a voz en cuello haber nacido en Quíos, la tierra de Homero, para variar.

—¡Qué felicidad y qué desdicha! —gritaba—. ¡Apolo me

robó la vista a cambio de dejarme ver su Músika, y me susurra sus versos cada vez que tomo la cítara!

Hasta ese momento Mora creía que ya no había aedos en Grecia, sino solo rapsodos, que en vez de cantar declaman. Eran una especie en extinción, de cualquier modo.

Al revés que los fenicios o los griegos de la Magna Grecia o los corintios, los atenienses no tenían ningún pudor en pasear mostrando el cuerpo, algunos con la túnica quitada y arrollada al hombro, pese a que no hacía calor, y eso le dio muy buena impresión a Mora, hasta que cayó en la cuenta de que todas las mujeres iban enfundadas en sus mantos, sin dejar asomar más allá de un brazo, los ojos o, con suerte, el rostro...

Un revuelo se formó en el puesto de libros cercano al que habían ido a parar tres tipos bastante elegantes. Uno de ellos, el más joven, vestido de mujer y con sombrilla reía a carcajadas. El librero pescador dejó escapar su última presa y se acercó sonriendo a ellos, que husmeaban ya por entre los rollos.

Dos mujeres que pasaban cerca de Mora se fijaron también en los compradores y se detuvieron muy cerca de donde estaba ella.

—Mira —le cuchicheó una a la otra riendo—, ¿no es ese el poeta Agatón? Madre mía, qué hermosura. ¡Pero vaya pintas!

Se refería al que iba vestido de mujer.

—¿Agatón? No sé quién es —dijo la otra.

—No me lo puedo creer. Actúa en sus propias tragedias. Si lo ves bailar te caes y no te levantas. ¡Y qué ritmos peeersas!

El más anciano y pequeño de los tres clientes, que tenía el rostro muy arrugado pero se movía como un atleta, tomó uno de los volúmenes del mostrador, lo desenrolló y se lo acercó a la cara tanto que parecía que en vez de leerlo quisiera besarlo.

—¿Cuánto puede costar este? —le preguntó al librero entregándoselo.

Hablaba con una voz que no le correspondía: como si se hubiera tragado a una niña.

—*Antígona*, la tragedia del venerable Sófocles —dijo el librero, un hombre maduro de acento siracusano y tez tostada, mientras lo desenrollaba con delicadeza—. Una verdadera joya, ¿no te parece?

Y entonces comenzó a cantar, la barbilla levantada y agitando la cabeza cargado de razón, con sonrisa de actor profesional:

Rayo de Sol, la más límpida luz en las siete tebanas
puertas jamás entrevista...

No cantaba mal. Para su satisfacción, varios transeúntes más se detuvieron a escucharlo, y las dos mujeres que habían estado cuchicheando junto a Mora se acercaron a corear el estribillo:

... por fin amaneces, ojo
dorado del día, llegado en corrientes del Dirce...

—Son solo tres dracmas y cuatro óbolos —concluyó el librero interrumpiendo bruscamente su actuación.

—¡Hala! —gritó escandalizada una de las dos mujeres—. ¿Y para qué sirve un libro? Si no puede cantar ni recitar...

—Basta con que leas y cantes tú —dijo el librero volviéndose hacia ella y señalando entre las líneas del papiro—, ¿no ves que tienes apuntada hasta la melodía?

—Yo he visto dos veces *Antígona* —medió la otra mujer—, aquí y en Tórico, y no llevo gastados ni cinco óbolos.

—Observa la belleza del trazo de la escritura —exclamó

el librero dándoles la espalda para dirigirse a su verdadero cliente.

Las mujeres se acercaron más para mirar por encima de su hombro.

—Está escrito de la propia mano de Sófocles —seguía.

—Ya. Estás en deuda con él, ¿no? —preguntó guiñando los ojos el viejo cliente—. Cada tragedia exitosa es un favor que te hace...

—¿Sófocles? —El librero miró al viejo compadeciéndose de su inocencia—. Sófocles es para mí como un hermano. ¡Me lo regaló él mismo! Y me dijo...

—¡Vete a los cuervos! —le gritó una de las improvisadas coristas.

Las dos se morían de risa.

—¡Estás hablando con Sófocles! —consiguió decir la otra.

—¿Eres Sófocles? —le preguntó el librero al cliente, que seguía aguardando impasible la respuesta a su pregunta—. Oh, bueno, hermano... ¡Un placer para nuestra casa! ¡No entendíamos por qué el mayor trágico del lugar nunca se ha dignado a comprarnos un libro!

—Te sugiero que el favor que me debes me lo devuelvas con los productos de tu tienda —dijo el poeta. Y le entregó una lista que traía—. Al pie está mi dirección... Puedes llevarlos a casa.

Al librero se le torció el gesto al ver la lista.

—Pero..., pero... yo soy esclavo del dinero, maestro —dijo—. No puedo...

—Tú del dinero y yo de mi ciudadanía, que no me permite cobrarte los versos míos que vendes. Todos somos esclavos.

—¿Tienes alguno de Demócrito de Abdera? —le preguntó el tercero de los elegantes clientes, uno de ojos verdes y con la melena y la barba largas y leonadas, ni tan viejo como el tal Sófocles ni tan joven como el extravagante de la sombrilla llamado Agatón.

—No, no, no, hermano —contestó el librero, volcando con confianza sobre el otro su enfado con Sófocles—. ¡Nada de eso! ¿Quién conoce a Demócrito?, ¿eh? Sus obras no me las compran ni para envolver arenques.

—¡Levanta ya, Dafni!

El grito interrumpió el fisgoneo de Mora. ¿Dafni? Se referían a ella, se temía. No tenía apenas fuerzas, pero obedeció levantándose lo más rápido que pudo. Fue consciente por primera vez de que la espalda le ardía.

—¡Khabale!, ¡prepárala de una vez! —oyó que ordenaba la misma voz irritante—. Viene un rey, ¡un rey! ¡Vamos!, ¡quiero a todas listas!

Khabale era la mujer de envidiable piel negra que le había entregado el paño para secarse.

—Sí, Babu —dijo—. Ya voy, Babu... ¿Un rey? ¿Dónde?

—No sé. Con los músicos, me han dicho. ¡Deprisa!

Mora acababa de comprender lo que hacía en aquel mercado. Ahora su mente adormecida recordaba todo. No había venido allí a comprar, ni mucho menos: como la carne de vaca o los libros, era solo mercancía. Y para que no hubiera ninguna duda, estaba metida en una jaula, a la que entraba ahora Khabale, la imponente nubia que peinaba y preparaba a las esclavas del egipcio Babu, su tratante. Fuera, unos matones de piel tan oscura como la de Khabale se encargaban de vigilar el género. Y el día anterior... El día anterior había recibido diez latigazos.

Así estaba, que ni sentía el cuerpo de dolor.

—¡Un rey con sus músicos! —se lamentaba Khabale, que

no manejaba bien el griego—. ¡Ay!, Mut nos protege. ¡Y vienen armados!

—No son soldados —le dijo Mora—. Músikos quiere decir protegidos de las Musas: los que conocen las artes de la Musa, la Músi-ka.

—Ah —resopló Khabale aliviada—, esos que danzan, cantan y tocan cítaras y flautas, y lloran, ¿no?

—Eso es: poetas.

—¡Poetas! —dijo, mostrando de nuevo su preocupación—. ¡Vienen poetas!

Atenas. Mora había oído hablar mucho de aquella ciudad. Y no parecía que estuviera en guerra, con el mercado repleto de gente, pese a que las últimas noticias afirmaban que la confrontación con Esparta se había reanudado tras una larga paz más pomposa que efectiva. Así que como siempre, pensó, la guerra no se veía a pesar de estar ahí al lado, encima, por todas partes.

La nubia le dejó la espalda al descubierto para aplicarle un ungüento en las heridas. Mientras tanto, los tres poetas, el extravagante Agatón, el viejo Sófocles y el de melenas rubias, se habían acercado al gran puesto de Babu. Y con ellos venía también ahora un hombre maduro, muy serio y vestido con túnica púrpura al que Sófocles trataba con bastante deferencia. Iba escoltado por dos hombres: un joven refinado que llevaba un látigo al cinto y un hombre enorme y de aspecto feroz, con el rostro rubicundo, de ojos almendrados intensamente azules, y el cabello recogido en una larga cola de caballo rubia como el sol.

—Salud, Babu —le dijo Sófocles al tratante—. Te presento a Arquelao, rey de Macedonia, de visita en Atenas para...

La genuflexión del egipcio destapó la sonrisa del rey. Seguro que en aquella ciudad que se proclamaba libre de tiranos no había visto muchos gestos así.

—La tienducha de Babu —dijo el egipcio alzándose— no es digna...

—Muy bien —lo interrumpió Sófocles—. Arquelao está buscando esclavas para su mujer. Dime...

—¡Osiris te guía, majestad! —exclamó el mercader saltándose con impertinencia a Sófocles—. No hace ni una luna que Babu compra el mejor lote de... Pero deja, deja. Babu te enseña. ¡Khabale! —llamó adentrándose por entre los esclavos, agrupados en corrillos por la tonalidad de sus pieles o por la excentricidad de sus peinados—. Ah, ¡por aquí!

—Sí, Babu. ¡Voy...!

La nubia salió de la jaula de Mora y correteó para adelantarse a los compradores. Se dirigía hacia un grupo de varias mujeres que estaban acicalándose y charlando entre las columnas de un pórtico.

—¡Queridas!, ¡queridas!... —las apremiaba Khabale.

Los clientes pasaron junto a la jaula sin reparar en Mora. Se dio cuenta entonces de que el extravagante Agatón no llevaba en realidad un vestido de mujer sino atuendo persa: una túnica de seda azafranada como de fiesta, tan ceñida al cuerpo que parecía que se la hubieran pintado en la piel, y un tocado de red de colores apresando el grueso de una trenza, teñida de rojo y lustrosa. Las botas doradas brillaban a juego con la tela de la sombrilla de marfil y con los pendientes. Estaba intentando convencer de algo al otro, al de los ojos verdes, que parecía tranquilo y algo anodino, a su lado.

—¿Y qué problema tiene eso, corazón? —cuchicheaba el tal Agatón jugueteando con un extremo de la trenza entre sus dedos cargados de sellos de ónice—. Tú escribes sobre su antepasado...

—Pero qué me estás diciendo —se reía el otro.

—El mito ya está: la historia de uno que fundó Macedonia siguiendo a una cabra parlanchina. Hay de sobra para armar la primera tragedia, y luego tiras del hilo...

Oyéndolos, Mora pensó que quizá no fuera tan mala opción tener un amo poeta. Trabajo ligero.

—Todas son de Sardes, en Lidia —le decía Babu al rey Arquelao ante el grupo de mujeres que les estaba mostrando.

—¿Tienen que ser lidias? —protestó el rey—. No sé si Cleopatra va a estar de acuerdo... Preferiría algo de una línea un poco más cercana... ¿Cómo lo ves tú, Cratero? —le dijo al joven paje que no se despegaba de él y llevaba un látigo colgando del cinto.

—Uf, ¡míralas!: hablando como gallinas —se rio el paje.

—Bueno. Pero no tienen mala pinta. ¿A ver esa? Sí. ¿Y hablan griego, por lo menos?

El egipcio apretó los labios, dudando si decir lo que iba a decir.

—Eh..., ¿Babu puede contar una pequeña verdad? —preguntó al fin—. Espera —añadió con aire serio, y luego, dirigiéndose a una esclava—: ¡Delfiní! Di a Babu algo en griego, ¡cualquier cosa!

La llamada Delfiní enrojeció. Tenía una preciosa melena completamente blanca, pese a su juventud.

—Soy de Sardes, en Lidia, pero mi madre era de Esmirna —dijo en un griego perfecto, como si lo recitara de memoria.

—¡Gracias, Delfiní! —El egipcio miró a ambos lados, cerciorándose de que no había nadie ajeno al grupo—. No se venden griegas aquí, eso tiene que decir Babu —añadió bajando la voz—. No está prohibido si no son atenienses, pero no gusta mucho en Atenas un egipcio que vende griegas...

—¿Son griegas? —preguntó entonces el rey—. Si me dices que son griegas te las compro todas ahora mismo.

—Ojo, con la mitad llevamos de sobra —advirtió su paje Cratero.

—Haremos la vista gorda —se rio Sófocles dirigiéndose al esclavista—. Arquelao nos ha proporcionado madera para trescientos barcos. Eso salva a Atenas por fin de la furia de Esparta...

—¡Ellas no dejan mentir a Babu, majestad! —dijo el mercader al oírlo—: Son griegas de Cumas.

—¿De Cumas? —dijo el extravagante Agatón—. No puede ser. Cumas cayó hace casi diez años en manos de los salvajes.

—¡Babu siempre dice verdad! Son segunda remesa. No hace ni tres lunas los salvajes subastan el grupo y Babu lo compra...

—¿Tres lunas o una luna? —protestó Sófocles—. Sacas las lunas a pasear a tu gusto.

—Pues en meses de los vuestros: un mes o poco más, dos o tres. A Babu le salieron por mucho dinero, porque son dóciles como pajaritos, si tú no las separas.

—Pero ¿Cumas es una ciudad helena? —dudaba el rey Arquelao.

—Claro —se revolvió Babu—. En Campania, de la Magna Grecia, como dicen los romanos, ¡primera colonia griega allí!

—Parece que tras la caída pasaron a todos los griegos a cuchillo —retomó su explicación el extravagante Agatón—. Se quedaron con buena parte de las mujeres y el resto las vendieron.

—Yo tengo un sobrino que compró una griega de Cumas que debía de ser de la primera remesa —añadió Sófocles—. Y le ha salido muy bien.

—Pues hecho —cerró el rey Arquelao—. Ahora viene mi ecónomo y te paga. Si hay alguna que no sea griega, sácala del lote.

—Todas griegas, majestad. ¡Todas!

Uno del cortejo del rey macedonio se acercó a discutir el precio con el mercader. A su lado Khabale comenzó a pesar a las mujeres una a una en la balanza para calcular el monto del impuesto.

—Ya solo falta que me digas que vas a escribirme las tragedias y me vuelvo a casa —le dijo el rey Arquelao al poeta de ojos verdes y melenas leonadas.

—Pero yo no sirvo para eso... —contestó el otro con media sonrisa.

Y entonces el rey reaccionó de una manera desconcertante. Con el rostro serio, lanzó una especie de carcajada gutural y creciente, lo contrario de una risa contagiosa. Mora pensó que sería común en Macedonia reír así.

—Si no valora la invitación, es mucho mejor que no... —había comenzado a decir el paje del látigo.

—No seas tan celoso, Cratero, por favor —le reprochó Arquelao, que había hecho desembocar su agresiva carcajada en sonrisa convencional.

—Llevo toda la vida pidiéndole que escriba tragedias para las necesidades de la ciudad, y nada —intervino Sófocles un poco apurado.

—Sófocles sí puede escribir una para un rey —dijo el otro—. Es el más brillante de Atenas. Todo lo que sé de teatro lo he aprendido de él.

—Yo ya no puedo viajar —se lamentó Sófocles—: ¡me estoy quedando ciego!

—Es un capricho de mi mujer Cleopatra —le insistió el rey Arquelao al poeta de ojos verdes—. Se sabe todas tus canciones. No me deja volver a palacio sin un sí tuyo...

—Si lo que te interesa es algo en la línea de mis obras, el que más vale es Agatón. Está cambiando el modo de hacer melodías, yo pasé hace tiempo de enseñarle a ser simple imitador —añadió el de ojos verdes.

—Eres muy generoso, maestro —reconoció el extravagante Agatón con una sonrisa que le permitía exhibir su boca enorme—. Oye, Babu —le pidió al esclavista—, ¿y no tendrás tú por ahí una de estas que sea..., una que no sea...? A ver cómo te lo cuento...

—¿Ahora te apetece una esclava? Estás envejeciendo —rio Sófocles.

—¡Calla! Es que si Pausanias no tiene alguna en casa se pasa las noches revolcándose entre las tumbas con las *porné*, y luego me vuelve hecho un asco. Babu: necesito una limpia y con arte.

—Coge una de las cumeas, la que quieras —zanjó Arquelao—. Si eran sacerdotisas, todas han sido vírgenes antes que esclavas. Te la regalo.

—Me pasa lo contrario que a tu mujer, querido: griega prefiero que no, ¿eh?, son un poco difíciles, y mi Pausanias un corderito, a su edad. Oye, ¿y esa negra que tienes en la jaula, tan escondida...? Me ha parecido que nos miraba con ojos de serpiente...

—¡Nooo! Babu no la esconde —dijo el egipcio sonriendo—. Se llama Dafni, y también está en venta.

El grupo miró hacia Mora ahora. Pero a ella ya no le apetecía tanto que la compraran. Le daban mala espina.

—Siempre igual, Agatón —decía Sófocles mientras se acercaban a ella—. Qué manía: si la han metido en una jaula será por algo.

—No, no, no. Muy buena mujer, ¿eh? Palabra de Babu. Es que ayer tiene mal día...

—¡Por Hécate, ¡sí que es fea! —soltó Agatón al verla de cerca—. Pero ¿qué edad tiene? Me había parecido más joven...

Todos la miraron con horror cuando comenzó a dispararsele el ojo y en la cara arrugada el belfo llegó a sobresalir tanto como si fuera a besarse la nariz. Preparó el rugido oportuno, que acabaría de aterrorizarlos.

—¡Ya empezamos! —gritó el esclavista—. Se pone así para que tú no la compres. Espera, y ves que Babu le cambia la cara en un momento... ¡Te vas a enterar!

Le quitó a uno de sus nubios la larga fusta y abrió la puerta de la jaula de un tirón. Mora saltó a un rincón y se tapó la cara para cubrirse del latigazo.

El malestar cundió.

—Basta... —intervino el rey Arquelao con firmeza.

Se oyó el silbido metálico con el que el guardaespaldas salvaje de la cola de caballo rubia extrajo la espada de la vaina. Agatón soltó un alarido y se apartó de él de un salto.

—No, si ya está —dijo el mercader sin llegar ni a entrar del todo en la jaula—. Dile al escita que no necesita armas con Babu.

Mora se quitó poco a poco los brazos de la cara, dejando que la vieran ya relajada.

—Impresionante. ¿Cómo lo ha hecho? —preguntó Arquelao.

—Estas sacerdotisas salvajes son como gorgonas. —Sófocles meneaba la cabeza, feliz de mostrar su perspicacia—. Por eso manejan el rostro así. Les enseñan la técnica sus madres desde niñas.

—Pues no sé... —Agatón no estaba menos sorprendido que el resto—. Ahora me parece demasiado excitante, ¿eh? Pausanias me amaría para siempre con semejante regalo. Pero tampoco quiero prender mi propia pira... Me la imagino en la noche iluminada por la luna siguiendo en silencio el rastro de un ciervo, como una diosa cazadora —añadió poniendo los ojos en blanco—. ¿Puedo verla desnuda?

—Uf. Sin el látigo es un poco difícil ahora —se excusó Babu.

Babu sabía que si le veían los latigazos en la espalda bajaba el precio. A Mora le entraron ganas de desnudarse.

—Agatón, que te estoy avisando... —insistió Sófocles—. Estos mercaderes fingen que esconden lo que quieren vender.

—Babu iba a protestar pero Sófocles no le dejó hueco—: A ver, ¿tú de qué templo eras, cara quemada? —le preguntó a ella.

Tardó un poco en responder. No encontraba el habla.

—Del templo de la Sibila, en Cumas —le dijo al fin.

—Pero tú no eres griega, así que... Muéstrame las muñecas, preciosa. —Las tomó a través de los barrotes, miró allí y vio un tatuaje azulado—. ¡Lo sabía! Está marcada: ¡mira!

Era la serpiente que se muerde la cola de las sacerdotisas del agua, el mismo tatuaje que os rodea a vosotras las muñecas, hermanas.

—¿Y eso qué quiere decir? No será una bruja... —preguntó el rey macedonio.

—Seguro —aventuró Sófocles—. Siempre les ponen alguna señal cuando se escapan y las vuelven a cazar. ¡Y otra vez le abrasaron las manos! —añadió viendo las cicatrices en las palmas—. ¿De dónde eres, ladrona?

—Ya ni lo sé —respondió ella, más harta que ofendida.

—Sus compañeras cumanas dicen a Babu que es de Tartesia, no sé dónde está —exclamó el tratante.

—Tartesos. El lugar del Tártaro —dijo el extravagante Agatón—. En Iberia, al otro lado de las columnas de Heracles. El fin del mundo.

—Los cartagineses la llaman I'Safán —evocó el poeta de ojos verdes.

—Ja: la ancestral Ofiusa, tierra de serpientes... —confirmó Sófocles.

—... y de oro: el jardín de las Hespérides con sus manzanas de la dicha —añadió Agatón, y cantó al viejo Anacreonte:

> *Y yo ni de Amaltea*
> *el cuerno quiero: nada,*
> *ni aun ser ciento cincuenta*
> *años rey en Tartesos.*

Mora sabía bien que esa Tartesos de la que hablaban, tan distinta del lugar hermoso pero convulso y devastado por la rapiña donde había nacido, no era más que un estúpido sueño griego.

—Cómprala si quieres —sentenció Sófocles dirigiéndose a Agatón—. Un día te encontrarás a tu Pausanias castrado y con un puñal clavado en el pecho. Yo no me la llevaba ni por medio óbolo.

—No hace falta que seas tan desagradable, me rindo —concluyó Agatón suspirando—. Pero me había hecho gracia.

—Oye, Dafni, ¿y si no eres griega cuál es tu verdadero nombre? —le preguntó entonces el de ojos verdes.

—Mora —respondió ella.

¿Por qué le dijo la verdad?

—¿Mora? ¿La de piel parda?

—No es una palabra griega. En mi idioma significa la ciega, o mejor: la que retiene la luz. ¿Y el tuyo?

—¿Mi nombre? —se rio el poeta melenudo y rubio—. Me llamo Eurípides.

—Eurípides: hijo del viento colérico —dijo ella, deteniéndose en la burla.

Mora había oído hablar de Eurípides en Cumas. Había visto una obra de teatro en la plaza, representada encima de un carro, como siempre, pero muy distinta a las que conocía. Trataba de una extranjera como ella, llamada Medea, a la que abandona su amante griego para hacer una buena boda con una princesa griega. Entonces la extranjera mata a la princesa y luego a los hijos que ha tenido con el amante griego, pero a él lo deja vivo para que chapotee en la ciénaga de dolor que le ha preparado.

Le había encantado la obra, que arremetía contra el modo griego de ver el mundo y el amor.

Porque, hermanas, los griegos son así, y los fenicios: creen que las mujeres somos simples depositarias de su semilla, no entienden los lazos que establecemos con los hijos, el hilo invisible con que los unimos a la manada. Su ignorancia los lleva al temor de nuestro poder de madres sobre ellos, como si esa obsesión pudiera ser nuestra, y no la suya.

La lucha de Medea consigo misma antes de matar a sus hijos, la lucha entre el amor y la venganza, había dejado a Mora sobrecogida de pasión. Maltrecha como si algo tan inconcebible le hubiera sucedido a ella.

Entonces le dijeron que la obra *era* de Eurípides, un poeta griego. No sabía muy bien lo que quería decir eso. «Un poeta llamado Eurípides ha compuesto los versos y la melodía, y los pasos de baile del coro. Es una obra suya», le explicaron. Fue la primera vez que oyó que un poema como ese, sobre la encarnación de la diosa como madre iracunda, pertenecía a una persona concreta. Ahí empezó a darse cuenta de que los griegos eran un pueblo muy extraño.

A pesar de todo, Mora tuvo el humillante deseo de que Eurípides la comprara.

—Sabrás Música: pensar con metro, tocar la cítara... —siguió indagando el poeta.

Iba a contestarle como se merecía, con la frase que oyó a su madre, la sacerdotisa Namu, decirle en cierta ocasión a un sacerdote cartaginés: «Yo soy la Música». Pero se contuvo. Una mentira así rozaba la profanación de la memoria de Namu.

—¿Cómo va a saber escribir una sacerdotisa de Apolo? —protestó el extravagante Agatón, que se arrepentía de haber perdido la iniciativa—. Son mujeres locas e incultas, los versos se los infunde el dios.

—Eso será a la de Delfos —corrigió Sófocles—. Muchas profetisas escriben los augurios en griego e instruyen en poesía a sus sacerdotisas.

—Ya sabía escribir cuando llegué a Cumas —dijo ella. Había reblandecido el rostro. El sol le daba en la cara, y sabía que así los ojos negros le brillaban, a sus hermanas les asustaba ese gesto, de pequeña, pero a los hombres los podía dejar sin habla—. En griego y en fenicio, y un poco en etrusco. Pero con la sibila aprendí el latín, el persa y el egipcio.

Era mentira. En egipcio entonces apenas sabía decir los cuatro insultos que más repetía Babu.

—Si vienes conmigo serías esclava de mi mujer. ¿Te molesta? —preguntó Eurípides.

—¡Qué vulgar, maestro! —se burló Agatón—: Este le pediría permiso para comprarlo hasta a un caballo.

—Me parece bien —mintió ella, mordiéndose la lengua para no decir lo que estaba pensando.

—Si no me la pones muy cara me la llevo, Babu —concluyó Eurípides.

—Excelente elección —dijo Babu, que olía con nitidez el tufillo del dinero de aquel comprador—. Y como vienes con Arquelao, salvador de Atenas..., Babu te la deja en seis minas...

—¡Seis minas! —saltó Sófocles—. ¡No me lo puedo creer! ¡Mi hijo pagó treinta dracmas el año pasado por un herrero! ¡Un herrero!

—... que se quedan en cinco por ser además amigo del gran Sófocles —aceptó Babu, pese a que era muy consciente de que la venta estaba ya hecha.

Mora se quedó sin saber su precio. Las dracmas griegas no eran como los siclos fenicios, sino bastante menos: una mina fenicia eran sesenta siclos, pero ¿una mina griega? En dracmas no sabía hacer bien la equivalencia. Más cara que un herrero, eso sí.

Los comerciantes empezaban a desmontar los tenderetes alrededor de donde estaban cuando Eurípides garabateó la cantidad sobre una carta de pergamino, la plegó con cuidado y luego puso su sello en el lacre que la cerraba, para que se la pagaran al presentarla en su casa.

—Bueno, pues me parece que Eurípides ha hecho la mejor compra, ¿no es así? —comentó el rey Arquelao con su eterna sonrisa—, llevado por el instinto y no por la razón.

—Como un verdadero salvaje —concedió Sófocles.

—Y está visto que convencerte de que escribas para mi corte no va a ser fácil, ¿eh? —añadió el rey dirigiéndose ahora directamente a Eurípides—. Pero eso me sirve de excusa para quedarme unos días más en Atenas. Si sigue este tiempo tan maravilloso, igual consigo volver a Pela en barco, quién sabe.

Al abandonar el mercado tras su nuevo amo, Mora vio que el aedo ciego de Quíos había recobrado la vista, se había quitado la ropa púrpura y estaba tomando una maza de salchichas en un puesto. Cuando pasaron a su lado Eurípides se detuvo y sacó la bolsa de monedas.

—Gracias por los versos, Kínezos —le dijo entregándole dos.

—Gracias a ti. Eres el único poeta que me paga. Los demás los escuchan y los hacen suyos. Tengo que pasar por tu casa para cantarte la historia de Dioniso, los fenicios y la tebana adúltera. ¿Te suena?

—No la he oído nunca.

—Te va a gustar. ¡La mejor obra que trae este año en su repertorio Kínezos el Joven!

—Siempre eres bienvenido —concluyó Eurípides, y se dio la vuelta.

—Espera un momento, hermano —dijo, en vez de despedirse, Kínezos el Joven—. Voy a devolverte las atenciones. Te vendo un sueño.

—¿Cómo?

—El sueño que desees. Media mina por ser para ti. Me pagas y se incorpora a los otros que tienes a menudo. Parece caro, pero te aseguro que no hago esto con todo el mundo.

Eurípides lo miraba con guasa. Aunque extrañamente decidió hacer lo que el aedo le pedía. Tanteó de nuevo sus ropas, volvió a sacar la bolsa de piel y contó las monedas antes de entregárselas: trece.

Trece mochuelos de plata. Mora conocía esa moneda, la griega más valiosa manejada en los mercados, que llevaba la efigie de Atenea en el haz y el mochuelo de la diosa en el envés. Se llamaba, en realidad, tetradracma: cuatro dracmas. Por trece que había entregado Eurípides, cincuenta y dos dracmas... ¿Media mina podrían ser cincuenta dracmas? La mezcla del conteo por docenas y por decenas liaba la contabilidad en todas partes. Una fortuna, de cualquier modo. Pero la necesidad de enterarse de la cifra exacta que había pagado por ella la consumía.

—La diosa hebrea Anat te concede el sueño —dijo Kínezos el Joven al tomar las monedas, y le dio otro mordisco a su maza de salchichas guiñándole un ojo a Mora, que se había quedado embobada mirándolos durante el encuentro.

Eurípides aguardaba las vueltas, y a Kínezos, que se hacía el remolón, no le quedó más remedio que aflojar. Dos dracmas. Por fin Mora lo tuvo claro. Eurípides había pagado por ella cuatrocientas dracmas. Cuatro minas de cien dracmas.

Una verdadera fortuna, pensó orgullosa. Y enseguida se avergonzó de su pensamiento.

Cuando su amo se fue tras la comitiva de Arquelao, Mora tanteó con la lengua el rincón de la boca en donde llevaba desde hacía ya demasiadas lunas un león lidio, la única moneda que conservaba de las muchas que su madre le había legado un día, hurtada en ese escondrijo a la avaricia del esclavista Babu. Afortunadamente los leones lidios eran minúsculos: jamás habría soportado llevar en la boca, como cualquier matrona griega o fenicia hacía en los días de mercado, una de aquellas enormes tetradracmas.

Aunque como amuletos de la suerte tanto aquella moneda como el mechón de pelo que llevaba en una bolsita de tela colgada del cuello habían resultado un desastre. Quizá con el tiempo la pieza de metal le sirviera, al menos, para comprar un sueño.

Antes faltaba recuperar la capacidad de soñar.

3
Destrucción
[Tartesos, Iberia, 422 AEC]

Me pareció ver tres doncellas semejantes a la noche.

EURÍPIDES, *Orestes*, 408

Y ahora disponeos a venir conmigo aún más atrás, hermanas, y al otro extremo del mar, en la Iberia de más allá de las columnas de Heracles, donde el Mar Interior se une al Océano que circunda la tierra. Seguidme atravesando entre las llamas del recuerdo hasta alcanzar aquellos lejanos días del final de la felicidad.

Dichosa la que como su madre y la madre de su madre nació en una cueva, y alejada del ruido y de la prisa entretiene el día contemplando el curso del agua, hermanas, el curso de las bandadas de los pájaros, el curso del aire entre las hojas de los árboles. Dichosa la que cada día ve crecer la verdura y madurar la fruta, porque despreocupada de su destino se alimenta del huerto que los cadáveres de sus hermanas van estercolando, y no le roba a la noche ni una hora en sus afanes, sino que, sumándose con su lira a la Música del cosmos, y trazando senderos de baile en coro, se complace en las caricias del sol sobre sus miembros desnudos, sin buscar más riqueza que estar viva.

Sí. Porque sin la sustancia de la felicidad, decidme, ¿qué alimento le queda a la desdicha?

Acompañadme a la mañana en que Namu, la gran sacerdotisa del agua, se detuvo a contemplar preocupada a sus trillizas.

Parecían ya tres mujeres.

Estaban danzando enlazadas a la sombra del tejo milenario, a un costado de la entrada de la cueva en que vivía aquella comunidad de sacerdotisas. Los cuerpos dispares de las tres muchachas le habían confirmado pronto a Namu lo que sospechaba antes de parirlas y con el tiempo nadie negaría: provenían de la semilla de tres padres distintos, fruto de las fiestas del vino nuevo en una época en la que ella no se contentaba en la noche, como ahora, con la visita de un solo hombre. Ni mucho menos.

Que sus tres hijas nacieran de un solo parto llevó a Namu a ponerles los tres nombres de la diosa: la mayor, Aira, llegó con placer, era la más bella pero no sabía volar. Tras ella, Anula, la más sensible de las tres, la que mejor cantaba y bailaba, llegó en silencio. Y después de un tiempo de espera que se le hizo infinito parió a Mora, con dolor.

Quizá por eso amaba tanto a Mora.

Y a Anula también.

Y a Aira.

Ya no son niñas, se dijo. El primer nieto de Namu, Subasu, el hijo de Mora, dormía en su canasto, en el centro del corro que a veces formaban las tres al bailar.

Mora. Última en nacer y primera en parir. La fea, como le decía de pequeña su hermana Aira cuando se enfadaba con ella.

Aunque su piel era del color pardo oscuro del duramen

de nogal, Mora se parecía en todo lo demás a su abuela Lisa, la madre de Namu: distraída, desobediente, hosca. Había estado año y medio viviendo en Cartago y tenía más mundo que sus hermanas, y sabía más cosas.

¡Cartago! Cada vez que pensaba en el día aciago en que decidió que Mora fuera allí, la angustia se apoderaba de Namu. Se equivocó, por mucho que las circunstancias la obligaran. Tenía que haber encontrado otra salida. Ahora aquel niño maravilloso era el centro de los problemas que se les venían encima.

—Mora, trae al pequeño, anda.

Volvieron la cabeza las tres, interrumpiendo la danza con idéntica premura. El rostro de Mora mostró preocupación.

Todo se lo imaginaba siempre, aquella hija suya.

—No pasa nada —aclaró Namu—. Hoy viene a verlo su padre.

Mora tomó al niño en brazos y caminó hacia ella. Namu habría dado el dedo corazón solo por poder escuchar los pensamientos de su hija.

—¿Hírom, el Chacal? No es su padre —le soltó al tiempo que se lo entregaba.

—Eso no importa —dijo Namu tomándolo en brazos.

Subasu se aferró a los rizos del cabello negro de su madre, divertido.

—Pero ¿a qué viene ahora? ¡Suelta, Subasu, me haces daño!

Como supuesto padre, Hírom no tenía derecho a llevarse a Subasu hasta que hubiera cumplido siete años.

—Ah. Resulta que va a casarse de nuevo —le reconoció la madre—. Su padre ha muerto y ha pasado a ser el sacerdote de Melkart en Cartago.

—Me alegro —dijo Mora.

—Claro que sí: es el final de los problemas. —Eso quería

pensar Namu—. Ha venido esta mañana una avanzadilla a comunicarlo, y para que la nueva boda sea posible necesita antes sacrificar aquí un cochinillo.

—¡No! —saltó Aira, la mayor. Aira era pelirroja, con el pelo liso y de piel clarísima, y tenía toda la cara llena de pecas. Sus piernas, antes finas como patas de muñecas articuladas, se habían modelado perfectamente—. Nos aseguraste que era el último sacrificio que...

—Ya. Pero las cosas se han complicado.

—Si no despreciaran a sus mujeres se contentarían con la sangre que entregan a la tierra ellas cuando menstrúan —protestó Anula.

Anula era la mediana en orden de nacimiento, y la más pequeña de estatura de las tres. Tenía el pelo negro azabache y liso, tan grueso y fuerte que le cubría la cabeza como un cuenco de sopa, con el flequillo cortado en línea sobre los ojos rasgados. La piel era morena y brillante como la de Namu, en un tono equidistante de los de sus dos hermanas.

—No saben lo que hacen —dijo Namu dándose la vuelta y plantándole un largo beso al niño, que se entretenía como siempre enredando los dedos en el cabello dorado de su abuela.

Mora caminó a su lado con la cabeza gacha.

—¿No decías que no querías ni volver a verlo?

—Ya. Pero voy a vigilar un poco.

—Pues entonces tápate.

Mora resopló mientras enlazaba sobre el hombro dos cabos de la túnica corta ocultando los pechos.

—¿Y para qué se supone que sirve el sacrificio ahora? —preguntó.

—Repudio del hijo —dijo—. Hírom se separa de ti y de Subasu.

Mora estuvo callada un rato.

—Calma —siguió Namu—. Ahora deja de ser su padre, y eso nos vendrá bien a la larga. Para él, al final de la ceremonia, Subasu está muerto.

No debería haberlo dicho así. Le recorrió la espalda un escalofrío.

—Qué alegría —comentó Mora sin mostrar ninguna.

Namu se detuvo y la miró hasta conseguir que le devolviera la mirada.

—Haz el favor de comportarte, ¿eh, Mora? Esto es muy delicado.

Hírom, el Chacal, entraba en ese momento en el recinto del santuario, una gran explanada de arena cercada en varios tramos de paredes de rocas. Venía con un séquito de unos quince hombres: algún sacerdote más para la ceremonia, pero en su mayor parte guerreros. Sabían que no eran muy queridos tierra adentro.

Descabalgó el primero, sonriente. Se acercó a Namu y, como ordenaba el protocolo, aunque con una sonrisa de superioridad que lo invalidaba, inclinó la cabeza ante ella.

—Eres muy bienvenido, hijo del Sol —saludó Namu.

—Me alegra encontrarte, hija de la Luna —respondió él.

Mentiras, mentiras, mentiras, pensaba ella cada vez que se veía abocada a esas ceremonias.

—He aquí a tu hijo Subasu —dijo Namu ofreciéndoselo—. Míralo. Es igual que su padre: la misma frente de rey, la misma mirada profunda.

Entre las otras, esa mentira era la peor. La frente de Subasu era prominente y la de Hírom muy estrecha.

—Pues a mí me parece que tiene cara de rata —dijo él sin perder la sonrisa, ni recibirlo, mirando hacia Mora con descaro—. A la madre sin embargo la maternidad le sienta muy bien. Hola, cara quemada. Antes eras muy niña para mi gusto.

—Hola, Hírom —dijo Mora sonriendo también, pero con dulzura—. Que la diosa te dé los años que mereces.

Namu tragó saliva escrutando el rostro del Chacal: dicho por una sacerdotisa como Mora, que lleva el nombre de la diosa en su forma de ninfa infernal, aquello parecía más una maldición que otra cosa. Hírom ni se enteró.

Respiró hondo intentando en vano apartar sus remordimientos. «Una sacerdotisa del agua elige a sus amantes, no los obedece. Pero tú me entregas negando todo lo que me has enseñado.» Así le había hablado Mora, su pequeña Mora, antes de tomar el barco que la llevó a Cartago para vivir con Hírom.

—¿Está preparando ya el banquete? —preguntó Hírom.

Y le dio una patada a una gallipava fenicia que pasaba por su lado. La bicha chilló aleteando y se alejó con un cloqueo asustado.

—Veo que vais entrando en razón: habéis empezado a comer en condiciones —añadió sonriendo.

—No nos las comemos —le contestó Namu—. Se han instalado por aquí para alimentarse con nuestras sobras. Mi obligación es decirte, como le decía siempre a tu padre, que no es del agrado de la diosa ni vuestro sacrificio ni que bebáis antes de hacerlo.

Hírom rio con ganas.

—El dios Melkart prefiere que bebamos —dijo—. No seas avara, hija de la Luna, el viaje ha sido largo.

Mora se pasó todo el banquete sirviendo vino, mientras Subasu dormía con tranquilidad. Su madre le había pedido que sirviera también a los dos vigilantes de los caballos, pero Hírom lo impidió.

La bendición de los alimentos por parte del Chacal fue

haciéndose más torpe según avanzaba el festín. Era demasiado atolondrado para llevar su sacerdocio con dignidad. Aunque esa inexperiencia, pensaba Mora, les daría un tiempo de tregua para buscar otro lugar para el santuario lejos de allí y marcharse, y en eso precisamente andaba Namu desde hacía algunas lunas. A lo mejor conseguían librarse de él para siempre.

¿En qué momento se habían adueñado los cartagineses de aquella tierra imponiendo sus leyes? Hacía mucho tiempo, desde luego. Grupos de mujeres como el de las sacerdotisas entre las que había nacido habían aprendido a sobrevivir en santuarios de la diosa. Pero el miedo a ofenderla, que había detenido a los colonos al principio, se fue atenuando con el tiempo. Las historias de santuarios en los que los sacerdotes de Melkart habían sido fulminados por ella seguían contándose, aunque lo cierto es que los cartagineses pronto comprobaban que la agresividad de la diosa no era tan sanguinaria como la de su dios infernal. Y se imponían poco a poco, haciendo aflorar su violencia.

Un sacerdote del dios Melkart tenía derecho a poseer a las sacerdotisas de todos los santuarios que fueran encontrando. Para evitar la violación, una sacerdotisa de la diosa no tenía más remedio que levantar el vuelo desplegando las alas, o escurrirse entre los peñascos hacia el interior de la tierra como una serpiente, o extender sus brazos hasta que les brotaran ramas y hojas, arraigadas como troncos de árboles a la tierra, por ejemplo.

Pero los sacerdotes de Melkart eran capaces de negarlo todo, negar las palabras y los sortilegios: como si las metamorfosis no sucedieran. Incluso algunos tuvieron el descaro de nombrarse magos. Si ellas se convertían en garzas, decían, ellos se transformaban en gavilanes y las atrapaban. Si se convertían en laurel, ellos en espino y las asfixiaban. Si se convertían en fuego, ellos en río y las apagaban.

No solo lo decían, no eran cantos: las atrapaban sin soltarlas, por más que se convirtieran en espuma de mar, en tigres, en lluvia, en delfines y hasta en terremotos. Les daba igual. Los cartagineses les rompían las danzas en mitad del recorrido. Lo destruían todo sin inmutarse.

Entonces había que negociar y volver a negociar, pugnando hasta sustituir en estas uniones la destrucción por la ceremonia, el rapto y la violación por la boda, por conseguir que la novia se quedara en el santuario tras las nupcias, y acostumbrarse también a cambiar de santuario sin dejar rastro y cegándolo antes de partir, aunque resultaba imposible que no lo abrieran luego y lo profanaran en busca de las vetas de sus preciados minerales. Y siempre, por lejos que fueran, acababan localizando su rastro y aparecían de nuevo con aquella risa y las armas.

Se acercaba el momento del sacrificio y el cochinillo seguía retozando al pie del tejo. ¿Por qué la inquietaba eso? A lo mejor la borrachera y la abundancia de legumbres en los platos que se habían preparado hacían que se olvidaran del sacrificio y se montaran en sus caballos al anochecer y se largaran. Si las sacerdotisas no tuvieran absolutamente prohibido participar en una ceremonia así, Mora se serviría la primera copa de vino ya mismo.

Recordó el día fatídico en que cambió su destino. En una visita al santuario de los sacerdotes de Cartago el joven Hírom se encaprichó de Mora y su padre negoció con Namu. Mora se resignó consolándose con la idea de que, al terminar, el novio se largaría a su tierra y ella se quedaría allí. Y además supo apañarse bien en la noche nupcial que pasaron, como era preceptivo, en el interior del santuario, en Madre, la cámara del lago en el corazón de la gruta adonde iban a parir las mujeres de las poblaciones cercanas, y muchas de Puerto Ana también.

Aplicando lo que Namu le había enseñado, Mora emborrachó al Chacal con vino y adormidera, lo enredó tergiversándole los sueños y pudo pasar el resto de la noche durmiendo tranquilamente a su lado.

Pero luego empezaron los problemas. Los engaños solo funcionan en la superficie. Algo retuvo al padre de Hírom en la zona y lo hizo regresar a los pocos días. En el fondo del Chacal había crecido la ansiedad en ese tiempo. Tenía las creencias excéntricas de los pueblos de comerciantes, y quería llevarse a Mora a Cartago como si fuera suya.

Namu tuvo que ceder a que Mora hiciera un viaje a Cartago hasta que naciera el supuesto hijo de ambos, para volver con él al santuario y cuidarlo hasta el día fatídico en que cumpliera catorce años solares y lo reclamara Hírom.

Antes de zarpar, Mora le pidió a su madre que la enseñara a utilizar a la diosa contra Hírom si lo necesitaba. En el fondo creía que las maldiciones y los sortilegios eran alternativas a los cuchillos y al veneno. «La diosa es Músika: un poema, una canción, un baile, una historia. Sirve para conocerse y conocer el mundo, no para matar. La magia es un cuento para fenicios, Mora. Haz el favor de no creerte las historias de dioses que intervienen en la vida que te van a contar en Cartago, o acabarás tan perdida como ellos. Si quieres matar tienes que empuñar un arma, igual que hacen ellos: pero matar te destruye también a ti. Los poemas sirven como ayuda para sobrevivir, pero no hieren: te enseñan a conversar con los que murieron, a entender la naturaleza y ponerla de tu lado. Si necesitas huir, busca un barco y recuerda el «Poema del agua». Tiene muchos caminos para barcos, y hay uno que lleva de Cartago a Puerto Ana.»

El «Poema del agua». No se atrevió a decirle a su madre que había olvidado los poemas de su infancia. O más bien que nunca los había aprendido bien. No tenía memoria para tanta Músika.

En Cartago Mora siguió engañando al Chacal, sedándolo y manejando sus sueños de tal forma que pensara que la poseía, pero cuando supo que la esterilidad de una esposa de sacerdote se castigaba de distintas maneras, todas bastante crueles, no encontró más remedio que quedarse preñada.

Eligió como padre al hijo del porquero de Hírom, un muchacho normal con el que salía a escondidas a pescar las mañanas que lograba escaparse, y del que, tras el nacimiento del supuesto heredero, le dolió despedirse.

El muchacho le daba paseos en barca y la enseñaba a localizar y atrapar pulpos, para observarlos antes de devolverlos al agua. De él aprendió que para sobrevivir hay que ser un pulpo, desaparecer confundida con el entorno o adaptar el cuerpo a los escondrijos hasta encajar. El hijo del porquero de Hírom tenía todo lo que a él le faltaba, y ayudó en la farsa.

Ahora la farsa estaba a punto de concluir. Mora se consolaba pensando que, tras la ceremonia, podría educar a Subasu más tiempo, en vez de entregárselo a su padre al cumplir siete años. Hasta que estuviera en condiciones de alejarse de la Cueva del Agua. No había varones de más de catorce años allí: un santuario con hombres acababa siempre con la intervención de sacerdotes cartagineses, así que era inviable. Los muchachos iban al sur, a Puerto Ana a arruinarse la vida como trabajadores al servicio de cartagineses, o se agrupaban junto a otros de otros santuarios y viajaban en busca de una nueva vida.

Volvió a fijarse en el cochinillo, que se había tumbado con el hocico a ras de suelo. Fantaseó. Poemas y naturaleza contra armas, le había dicho su madre. Quizá ella misma podría cambiar el curso de los acontecimientos. Había reconocido, tras la máscara de desprecio de Hírom, su deseo.

Mayor aún que otras veces. Y el poema del deseo se lo sabía bien Mora. Había tenido a su madre como maestra en eso.

¿Y si lo seducía y se lo llevaba al centro de la gruta? Era una posibilidad.

—¡Es la hora del sacrificio! —exclamó Hírom de pronto, levantándose y caminando hacia el fuego del altar, seguido de dos de sus soldados.

Estaba borracho. Una sombra crepuscular tiñó el ambiente. En algún lugar el sol se ponía, y la luna ya había salido, llena, turbia, enorme, casi transparente.

—¡Traed el cochinillo! —gritó en un tono demasiado agudo Namu.

Mora se volvió hacia ella. Su madre estaba pálida, en pie también, con los brazos tensos caídos, los dedos largos y crispados al final de las manos.

—¡No! —dijo Hírom.

Se detuvo un momento, y se llevó la mano al corazón, como si le saltara de excitación. Pero enseguida siguió andando. Definitivamente estaba muy borracho. Al pasar al lado del pequeño cesto en el que dormía Subasu, el Chacal agarró al niño de las ropillas de la pechera, lo alzó en el aire, sin detenerse a mirarlo siquiera, y siguió caminando con él en volandas, escoltado por los dos soldados.

A Mora se le revolvió el cuerpo entero. Se quedó en blanco.

—¡Melkart..., el hijo de Baal...! —añadió el gran sacerdote Hírom, todavía poco más que un muchacho con bozo en vez de barba—, ¡Melkart no se contenta comiendo cerdo!

Entonces tropezó con una rama y estuvo a punto de caer, pero no soltó a Subasu. Cuando dejó de tambalearse retomó su camino.

Mora echó a correr hacia ellos, intentando pensar por encima de la angustia. Redujo un poco la velocidad al ver que uno de los soldados se volvía a mirarla, con la mano puesta en la empuñadura de su espada. Relajó el rostro, como si no pasara nada. «¡Hírom!», iba a llamarlo. Cambió de idea sobre la marcha:

—¡Hijo de Baal! —dijo. Le faltaba aire—. ¡Amado Melkart!, ¡dame la palabra, te lo ruego!

El cartaginés se detuvo y se volvió. Era probable que nunca una sacerdotisa le hubiera pedido permiso para hablar. Ni siquiera había oído a ninguna hacerlo ante su padre. Aspiró investido de dignidad.

—Habla, hija de la Luna —dijo, casi dulce.

Mora sintió a su madre detrás, muy cerca, y tuvo tentaciones de dejar que fuera ella quien hablara. Pero Subasu no reconocía el olor de la alimaña que lo había apresado, y empezó a berrear. El llanto atravesó a Mora como una lanza.

—¡Melkart! —bramó con una voz que no le parecía la suya, la voz de su madre tal vez, aunque saliera de sus entrañas—, ¡no puedes devorarlo sin ofender a la diosa!

El sacerdote la miró como si fuera una niña, como si no supiera nada de los problemas de los dioses.

—No temas por mi hijo, mujer —dijo él sonriente, alzándolo para mostrarlo a todos—. Va a renacer en mí.

Volvió a llevarse la mano al corazón, en un gesto de incomodidad. Pero enseguida se dio la vuelta y siguió caminando hacia el altar.

—No entiendes nada. ¡Mi hijo no es tu hijo!

Hírom volvió a girarse. Colgando de su garra, Subasu berreaba ya sin consuelo, con los ojos cerrados y la boca crispada.

—No consigues recordar porque el vino te pudo. —Mora intentaba hablar con el sosiego necesario para que la verdad no sonase engañosa e improvisada—. Tu semilla no me alcanzó en ningún momento, ni la primera noche ni ninguna de las otras en que compartimos el sueño. Tus dedos ni siquiera me han tocado nunca la piel.

Se quedó mirándola embobado. Con la mandíbula colgando.

—Escúchame, Melkart. La luna ha salido ya y no puedo mentir. —Suavizó aún más la voz viendo que dudaba—. Mi hijo no es tu hijo.

Hírom buscó la mirada de sus sacerdotes, que se habían ido aproximando. Tanto ellos como el resto de los hombres seguían con los cinco sentidos la conversación, otro síntoma evidente de ebriedad.

—Pero yo puedo darte mi cuerpo ahora, Melkart, y reparar el engaño. Aún estás a tiempo. Dame al niño y ven conmigo, te voy a entregar lo que te debo. Vas a pasear por el paraíso.

El deseo era todo lo que tenía. Había conseguido apartar el temor aunando fuerzas, sobreponiéndose al poderoso influjo del llanto de su hijo, concentrada por completo en seducir a Hírom. Y ya sentía la piel del rostro arder, y a Hírom mirándola sin control. Entonces, acercándose más a él, se rasgó la túnica de un tirón, y sus dos senos de madre saltaron morenos e hinchados. Le llegó desde abajo en una vaharada el olor de su propio sexo.

En ese momento recibió un violento empujón por detrás. Cayó al suelo desmadejada.

—No la escuches, Hírom: te está embrujando —dijo Hanón, el viejo consejero del padre de Hírom.

Ella se levantó todo lo deprisa que pudo, pero Hírom tenía otra vez crispados los ojos de borracho.

—¡Mientes, zorra asquerosa! —gritó.

—Espera, Hírom —dijo Namu, con voz tranquila y llena de fuerza—. O no sobrevivirás a la venganza de la diosa. Si vas a matarlo tenemos que hacer una danza de preparación. Es la ley.

¿Qué decía Namu? ¿Se iba a rendir así, sin más? Mora sabía que amaba a Subasu. No entendía nada...

Hírom se detuvo un instante. ¿Había conseguido sembrar una duda en él? Quizá fuera ese el modo. Sin embargo, tras el rostro de Hírom surgió enseguida el de Melkart, el dios del dolor, y la duda se disipó.

—Tu diosa de la Luna no puede nada contra el dios del Sol —dijo.

Y tomando al niño de los pies con ambas manos, lanzó un grito y le reventó con todas sus fuerzas la cabeza contra el altar.

El Chacal.

Luego, con gesto de satisfacción, echó a la hoguera el cadáver.

El pulso le rompió a Mora las sienes, le sacudía el cuerpo mientras se lanzaba a sacar a su hijo de ahí como fuera. Iba a saltar sobre el fuego, pero Hírom se interpuso dándole una bofetada que la lanzó de nuevo hacia atrás. Antes de golpearse la nuca se había hecho ya un silencio súbito en su cabeza. Volvió a levantarse, viendo a su madre que gritaba a los pies de un guardia, que la tenía cogida de la melena, y se abalanzó sobre Hírom, gimiendo de esfuerzo, decidida, como si pudiera atravesarlo. Recibió una patada en el pecho y cayó de nuevo. Los gritos de las sacerdotisas intentando, en vano también, acercarse a la hoguera la desesperaban. El dolor del nudo en la garganta era tan intenso que la ayudaba a levantarse cuando volvía a caer, una y otra vez.

Hasta que no tuvo fuerzas para hacerlo. Se quedó arrodillada, sentada sobre los talones.

La venganza de la diosa llegó demasiado tarde. El primero fue Hanón, que vomitó un chorro de bilis negra. Mora lo veía, como en sueños, inclinándose asombrado para contemplar bien su vómito. Lo tocó con los dedos y se los llevó a la nariz para olerlo. Hírom se acercó a él. Hanón iba a hablar, pero se derrumbó antes.

Entonces los soldados se dejaron llevar por el pánico. Gritaban y vomitaban sacudidos por la maldición de la diosa y el miedo a morir. Fueron cayendo abatidos uno a uno.

Hírom era más joven y más fuerte que la mayoría y permanecía en pie. Dejó a Hanón sobre su vómito y sacó la espada para dirigirse hacia ella. A los pocos pasos se sacudió en un espasmo y se detuvo a vomitar también, la espada se le cayó, pero consiguió llegar a donde estaba Mora arrodillada y paralizada, y desenvainando el cuchillo sacrificial que llevaba al cinto, la agarró violentamente de los rizos de la nuca.

Mora le escupió a la cara. Deseaba que el cuchillo le cortara la garganta.

—¡Dile a la diosa —gritó el sacerdote poniéndole frente a los ojos la punta del cuchillo— que se... detenga.

Pero esa última palabra la pronunció la cabeza de Hírom desde el regazo de Mora, segada de un tajo por el cuello.

Mora sintió una bocanada de su aliento: semilla de tejo. Su madre tenía que haber hecho un concentrado especial, porque cuando una sacerdotisa decidía acabar su vida tomando tejo y opio —un modo de suicidio común en aquella comunidad—, el proceso de envenenamiento llevaba al menos una tarde.

La sangre de Hírom atenuaba el brillo de la luna en su espada, que Namu sostenía con gesto derrotado. El ululato estridente de las sacerdotisas apagó los estertores de muerte de los soldados de Cartago.

Mora estaba tan perturbada que encontró fuerzas para volver a levantarse. Aplazó el deseo de beberse una copa de ese vino y caminó despacio hacia la hoguera. Ni siquiera sintió que se abrasaba las manos arrebatándole el cadáver de su hijo al fuego.

Poco a poco se fue formando el largo corro en el que cada sacerdotisa danzaba abstraída, con movimientos convulsos, avanzando en espirales que se anudaban y desanudaban. Y así iban fundiéndose todas en el sueño único del ser que las abarcaba: el grupo al que pertenecían y que en momentos como ese las sostenía trenzando el duelo por el niño y los enemigos muertos.

Mientras, la noche caía.

Segunda parte

4
La taberna del Hipocampo
[Atenas, 411 AEC]

... con lamentos la Músika
que a los muertos agrada, la que Hades
entona en sus cantos sin triunfo.

EURÍPIDES, *Ifigenia entre los Tauros*, 184-186

En el primer día en que Mora la vio, Melitó, la esposa de Eurípides, estaba de duelo. Cuando su marido volvió del mercado para regalarle la esclava que había comprado, ella trabajaba en el telar.

—Pensaba que te habías olvidado del entierro —dijo sin dejar aún de pulsar los hilos de la urdimbre—. Gracias —añadió levantando la mano hacia Mora en señal de bienvenida, con una sonrisa que no le borraba la tristeza.

La nariz algo ganchuda se había convertido en el principal rasgo de belleza de su rostro en la madurez. Era bastante más joven que Eurípides. Mora le calculó la misma edad de Namu, su madre, cuando murió.

—Necesita una cura —comentó el poeta, refiriéndose a su regalo— y alimentarse en condiciones. Pero no come carne.

—¿Eres pitagórica? —preguntó la griega, y al ver que ella la miraba con extrañeza rectificó—. Bah, qué más da, perdona, querida. Siento mucho que el duelo te haya dejado sin tu fiesta.

—Bueno —se vio obligado a aclarar Eurípides—, aquí se celebra la llegada de una esclava a una casa casi igual que la de la novia en las bodas.

¿Una novia de fiesta en bodas? Mora ya sabía algo de eso. No, gracias.

—¿Conocías Atenas? —le preguntó Melitó.

—Conozco la prisa, y con eso basta —respondió la esclava.

Quería estropear el regalo. Pero Melitó no se molestó.

—La prisa nos destruye —dijo.

La anciana escriba de Melitó había muerto el día anterior, en el curso de una siesta mañanera. Y ella necesitaba otra escriba porque era también poeta, al parecer, aunque no escribía teatro, solo cantos. La primera labor de Mora fue ayudar a preparar el cadáver para la cremación, una tarea para la que, como en todas partes, había que desplegar un largo repertorio de canciones. Quizá fue eso lo que la unió a la mujer de Eurípides con tanta fuerza desde el principio.

—De pequeña tenía la urna de las cenizas de mi madre en mi habitación, aunque ya estaba prohibido. Mi padre no aceptó llevarla al cementerio —le comentó Melitó entre canto y canto, mientras ungían las carnes de la anciana.

La simple idea de amontonar en un terreno los cadáveres o de quemarlos para guardar las cenizas de su cremación para siempre le resultaba disparatada a Mora. Pero no le molestaba limpiar, masajear y amortajar el cuerpo.

—Fue mi nodriza antes que mi escriba, pero la incineramos porque para mí ha sido una madre, desde el principio hasta el final. De niña me enseñó a sacrificar, y yo a ella a escribir. Al final consiguió hacer sus propios poemas..., tan hermosos. Por eso... ¿No te une a ti un lazo enorme a la persona que te enseñó a sacrificar?

—En mi casa no sacrificaba nadie. Se consideraba que enseñar algo así a un niño es un modo de azuzar su crueldad.

—¿De dónde vienes, Mora?

—Del infierno —dijo, sonriendo.

Le resultó incomprensible el velatorio lleno de gritos y llantos agudos y sin lágrimas, exceptuando las pocas de Melitó y de su hija Eco, una niña aún. Más tarde averiguó que la mayor parte de las mujeres acudían allí a cambio de dinero. Tras la cremación hubo una pequeña procesión. Ante el carro con el cadáver de la vieja nodriza caminaba Melitó descalza cantando sus versos sencillos. Descendieron por las calles de la colina en que iba a vivir, el barrio de los Escambónides. Era un barrio de casas grandes, pero de calles tortuosas y malolientes, con paredes abombadas por el secado lento del adobe y deslucidas a chorretones por las humedades y la lluvia.

Estuvo bien atenta al camino para cuando pudiera escaparse, porque aunque había vivido un año en la ciudad de Fufluna, en Etruria, y casi dos en Cartago, no había conseguido acostumbrarse a los laberintos de calles. Solo era consciente, y de una manera muy vaga, de que se encontraban hacia el norte de la ciudad.

Siguiendo el curso del río apacible y fétido que atravesaba el barrio llegaron al Cerámico, copado de talleres de ceramistas, prostíbulos y monumentos funerarios de cuando aquello eran las afueras de la ciudad y el cementerio. Le extrañaba que los únicos que acusaran el paso del cortejo fúnebre fueran los clientes de las tabernas. Cada vez que la fila alcanzaba una —y en el Cerámico había bastantes— se apagaban las antorchas del local y todos salían a la puerta y miraban hacia el carro mortuorio bebiendo en silencio.

Pero el resto, los que a esa hora de la noche continuaban afanados en sus labores, que no eran pocos, no se inmutaban.

La guardia detuvo la comitiva un tiempo ante la puerta de la muralla, cerrada al anochecer. Un impedimento que habría que sortear para salir de allí. Eurípides pagó el peaje de la comitiva, lo que demostraba que la ciudad no estaba asediada. Igual que en Cumas, tras la muralla las tumbas se sucedían al borde del camino, imponentes con sus relieves majestuosos o en ruinas por el abandono, con lápidas erguidas o tumbadas, repletas de inscripciones que conminaban a los viajeros a detenerse y pronunciar el nombre de los muertos para pervivir al menos en aquellas palabras. Sentadas en las lápidas, sin dejar de exhibirse al paso de la comitiva, tres *porné* se ofrecían con el rostro embadurnado de blanco y las mejillas teñidas de morado.

Con la gran hoguera de la cremación crepitando, Melitó cantó los versos que había grabado en la lápida de su vieja nodriza:

> *Ni vagué como tú por caminos remotos*
> *ni palpé como tú suave carne de amantes,*
> *ni parí como tú quien me pueda llorar,*
> *porque el mundo lo vivo, viajera, en palabras.*
> *Ahora que has detenido tu paso ante Caris,*
> *si no lágrimas, dime, ¿podrás regalarme*
> *de tu mano una flor? De Probo el esclavo*
> *fui la hija, y escriba en palabras queridas.*

Namu le había enseñado que esa Músika con que los muertos llaman a los vivos la llevamos todas en la savia heredada de nuestras madres. Mientras la familia se consolaba en el ritual, Mora fisgaba por el cementerio.

—Tengo para ti también el amor que quieras por poco dinero —le dijo sacándole la lengua una *porné*.
—¿Cuánto cobras? —le preguntó.
—Dos óbolos. Lo mismo que el barquero, si eres tan optimista como para pagarle la vuelta.

Hacía falta demasiado amor, a dos óbolos, para costear el pasaje de un barco que la llevara suficientemente lejos.

Tras los muros de la ciudad, a contraluz de la luna, la acrópolis se alzaba a medio construir sobre su monte, erizada de grúas de madera.

Una de las enseñanzas fundamentales de una sacerdotisa del agua es el sigilo, hermanas, cuyas bases aprendemos nosotras también de niñas en la observación de las serpientes.

Para que nadie note la presencia de otro no bastan los movimientos silenciosos en la oscuridad. El elemento fundamental del sigilo es el pensamiento sereno. Cualquier estridencia en las reflexiones puede delatar la presencia de otro en una estancia con la intensidad con que lo haría un tropezón con una silla. Sobre todo las estridencias que alteran el olor corporal, como el miedo o la ansiedad, pero también otras de efectos físicos mucho más sutiles.

Aquella misma noche, cuando ya dormían las otras dos esclavas que compartían su habitación, Mora se levantó. La puerta de la escalera al patio tenía llave y estaba en el dormitorio de Melitó, lo que dejaba confinadas en el piso al resto de las mujeres cada noche. Adaptó el cuerpo al ventanuco de su habitación como un pulpo y salió al tejadillo del pórtico. Permaneció quieta un buen rato tumbada sobre las tejas, repasando la respiración de los que dormían. Desde la cubierta del pórtico accedió al tejado exterior. En una de las esquinas de la casa los canalones de tejas invertidas desembocaban en una sima por la que se descolgó comprobando antes de cada movimiento la resistencia del tramo siguiente.

A causa del tiempo pasado en condición de mercancía en manos de Babu, al instalarse esa tarde como esclava en la casa había tenido una humillante sensación de libertad de la que jamás había disfrutado cuando era libre, así que tampoco le extrañó demasiado que la felicidad no se apoderara de ella cuando puso un pie en la calle.

Pero poco a poco la euforia de sentirse libre llegó a tal punto que le hizo despreciar el riesgo de perderse en Atenas, mayor aún que Cartago. La luna hacía tiempo que se había puesto, y en la oscuridad casi absoluta aquel enjambre de calles resultaba para ella tan laberíntico como para los visitantes las galerías de la última cueva en la que había vivido.

Siguió sola el itinerario que recordaba del cortejo hasta el Cerámico, por donde la sorprendió el trajín de las tabernas abiertas aún.

Oculta en las sombras de una plaza, vigilaba la puerta de la más bulliciosa que había encontrado. Una antorcha sobre el dintel iluminaba un caballito de mar forjado que hacía de aviso para borrachos. Podía ser un buen lugar para dar con la vía de escape, y con toda probabilidad también el mejor para que se le frustrara la escapada... Por otro lado, ¿cuánto tiempo llevaba sin beberse una buena copa de vino? No se veía a mujeres solas entrando o saliendo, pero sí alguna en pareja o en pequeños grupos. Cuando ya se iba a marchar vio a una salir sin compañía y adentrarse por las calles. Eso la animó.

Tiempo después otra mujer sola apareció caminando al fondo de la calle, y al llegar a la taberna giró y entró sin mirar a los lados, totalmente confiada.

¿A qué esperaba?

Tuvo un buen pálpito al cruzar el umbral: nadie se fijaba en ella. El local ocupaba un solar tan grande como el de la casa de Eurípides, con mesas en las que grupos de hombres jugaban a los dados o bebían. Del patio llegaban carcajadas y silbidos. Cuando tenía localizados a los tres taberneros, un hombre y dos mujeres, se sirvió vino en una mesa en la que habían abandonado una jarra y varias copas, y salió al patio. El vino sabía a la pez de la tinaja, pero el placer de beberlo se impuso. Sobre un carro un hombre y una mujer cantaban versos alternos y la gente se estaba divirtiendo. Conocía al cantante, que llevaba una cítara en las manos: Kínezos el Joven, el aedo del mercado que le había vendido un sueño a Eurípides esa misma mañana. Se internó en el grupo que seguía la función y estuvo allí bebiendo y riendo con las obscenidades que los cantantes se decían.

Un tipo algo borracho que tenía a su lado recibió un empujón de alguien y a su vez empujó a otro, tirándole al suelo un poco del vino de la copa. El tipo pidió disculpas de inmediato en fenicio, y luego se dio cuenta y pasó al griego, que pronunciaba mal. La cosa no llegó a mayores. Lo vio sentarse en una mesa solo, después, y pedir una jarra. Lo abordó para que la invitara a un vino. Al poco rato estaba bebiendo y charlando en fenicio con él.

Mora le contó que era de Gadir. Acababa de llegar y Atenas le parecía hostil. Él era el único que se había dignado a invitarla, de hecho había decidido ir al Pireo al día siguiente y montarse en el primer barco en que la admitieran para largarse a cualquier sitio lejos de allí.

El fenicio abrió los ojos, pero se contuvo enseguida, disimulando su entusiasmo. Precisamente formaba parte de la tripulación de un barco que salía antes del amanecer hacia la mágica Tonis, la ciudad más hermosa del mundo, asentada sobre un enjambre de islas cruzadas por canales en el delta del Nilo. El pobre había pasado los dos días de amarre en El Pireo enfermo a bordo, y ya recuperado había decidido internarse en Atenas esa última noche, pese a que salían antes del amanecer y sus compañeros no habían querido sumarse. Se comprometía a llevarla. Aunque no tuviera dinero, dijo ante sus reticencias. Era amigo del piloto. Y si la obligasen a pagar el viaje, él mismo se haría cargo, encantado de llevar compañía.

Mora veía claro que el marinero fenicio estaba bendiciendo su suerte. Mucho más la bendecía ella, que tocó con la punta de la lengua su león lidio, agradecida, mientras el fenicio iba a buscar otra jarra para celebrarlo.

—¿Nos conocemos, negra? —le preguntó entonces alguien.

Había muchas formas de pronunciar ese apelativo: negra. A veces le sabía agrio, y otras, como esa, le sabía a vino con miel. Pese a todo, lo último que quería ahora eran complicaciones. Se volvió. Parecía que Kínezos el Joven había acabado ya el espectáculo.

—Creo que no —le dijo.

—Pues a mí me parece que sí. Ibas con Eurípides esta mañana, ¿no?, en el ágora. ¿Cómo estás?

Sonreía con franqueza.

—Lo siento, pero no conozco a ningún Eurípides.

Kínezos se rio, sin acabar de creerse su cinismo.

—De acuerdo —dijo ella al fin optando por la sinceridad. El poeta parecía buena gente—. Ahora date la vuelta y aléjate de mí. Me acaban de ofrecer un hueco en un barco y necesito largarme de Atenas.

—¿Un barco? —dijo él riendo—. Vamos, no te creas todo lo que...

—Deja a la chica, está conmigo.

Justo volvía ahora su salvador, que posó sobre la mesa la

jarra y se encaró con Kínezos, acercándole el rostro hasta ponerlo a apenas unos dedos. Demasiado.

Todas las tabernas del mundo son iguales, pensó preocupada.

—Tranquilo, mi héroe marino —se burló el poeta—. Dime, ¿qué barco...?

Eso bastaba: un poco de humor. La frente del marinero se estampó con fuerza contra la cara de Kínezos, que cayó hacia atrás y enseguida tenía encima a su oponente, golpeándole furioso. A su vez, la cantante que lo acompañaba y andaba por ahí cerca se lanzó chillando sobre el fenicio, que se la quitó de encima de un codazo nada caballeroso, poniendo en su contra a varios que miraban la pelea divertidos y, sin pensarlo más, cargaron contra él. Mora, que veía que su sueño se derrumbaba por culpa de aquel vendedor de sueños, se lanzó gritando a intentar rescatar al marinero que iba a salvarla a ella.

Nunca llegó a saber de dónde le vino semejante golpe en la cabeza.

5
La jauría de Arquelao
[Pela, Macedonia, 406 AEC]

Las fieras perras de Hécate ella sola sometió.

Tibulo, *Elegías*, I, 2, 54

Cuando entraron de nuevo en la casa, Eco caminaba a su lado como borracha, inexpresiva. En cierto momento se había unido al grito de duelo en que finalmente Mora se hundió, aunque se había quedado apartada, llorando, mientras ella ponía los restos del cadáver de Eurípides sobre la carretilla y los tapaba con el manto. No había hecho ni una sola pregunta a lo largo de todo el camino, ni siquiera la había ayudado a salvar con la carretilla los difíciles pasos de los canales, pero su evasión había supuesto un verdadero alivio para Mora. Avanzaron las dos con su triste carga por el patio, dirigiéndose al altar. Poco a poco se fueron acercando las mujeres de la casa. Y sus lamentos convocaron a Melitó, la mujer de Eurípides.

Se hizo el silencio cuando descendió la escalera del brazo de su amante, Zbel, una esclava tracia y medio bruja, de aspecto salvaje y carácter huidizo, que el rey Arquelao había regalado a Eurípides a su llegada a Pela. Solo ahora se daba cuenta Mora de que Melitó estaba como envejecida. La melena suelta, que por lo general llevaba recogida, se le había blanqueado bastante en Pela.

Mora apreciaba a Zbel, consciente de que había dado a Melitó la estabilidad que necesitaba, aunque con ella la tracia era bastante hosca, y a pesar de que hubiera arrastrado a Melitó a sus disparatados hábitos religiosos como adoradora de Enodia, la Hécate de los tracios.

Sobre el altar Mora había colocado su reconstrucción del cadáver. La ausencia de una pierna completa, que no había podido encontrar por ninguna parte, le resultaba desoladora, y de manera absurda esa angustia había logrado tapar su dolor. Melitó se acercó despacio hasta el altar. No dijo nada, aunque Mora vio con preocupación cómo un temblor continuo sacudía el labio inferior en la boca entreabierta, primero, y luego todo el cuerpo, pese a que su rostro continuaba impasible. Entonces la matrona sacó el cuchillo de sacrificar de un recoveco de las piedras del ara, y por un momento Mora temió que se fuera a suicidar clavándoselo en la barriga. Sin embargo lo que hizo fue cortarse la melena a trasquilones, con tajos nerviosos.

Ya había dado cuenta de buena parte de ella, cuando comenzaron los ululatos y llantos de las mujeres, el rasgado de ropas, la desesperación un tanto mecánica y reconfortante del duelo.

Melitó no gritaba. Arrojó el cuchillo al suelo y comenzó a golpearse con los puños el torso: los pechos, el costado, el abdomen.

Si se hacía daño en algún sitio, gemía y volvía a golpear allí con más fuerza.

Fue Zbel, la bruja tracia, la que consiguió que parara. Mora vio que Eco se había dejado llevar por fin por la desesperación, y sin llorar ya se cortaba también la melena a tajos nerviosos. Entonces, un poco más tranquila, se dio la vuelta para largarse de allí, no sin antes volver a mirar despacio aquel cadáver lamentablemente mutilado.

Eurípides cojo.

Esta vez lo miró con el único fin de alimentar su ira para la venganza.

El macedonio Cratero, paje del rey Arquelao, entró distraído en la perrera de palacio con su sempiterno látigo en bandolera.

—*¡Teron!* —llamó—. ¡A ver esa pata!

Vio tumbado cerca de la puerta al perro que buscaba. Alguien le había entablillado la pata. ¿Para qué? Había perros de sobra, y no iba a cargar con uno cojo. Dio de pronto un respingo: había notado una presencia. Se volvió y lanzó un grito.

—¡Hija de una mala bicha, qué susto...!

Se mordió la lengua. Era un demon, sin duda. Femenino. Estaba sentada en el suelo, con las piernas cruzadas y los ojos cerrados. Tenía melena negra rizada, y el cuerpo también negro, con forma de mujer: pura ilusión. No podía ser más que una demon, porque si tuviera cuerpo de verdad los molosos del rey Arquelao habrían dado cuenta de ella en cuanto hubiera puesto un pie allí. Solo le dejaban pasar a él, y eso porque uno a uno habían aprendido desde cachorros la fuerza del látigo que llevaba al cinto. Cratero decidió que lo mejor era arrodillarse, aunque de puro miedo no fue capaz. Se quedó arqueado, quieto, con las piernas flexionadas, mirándola.

Entonces ella abrió los ojos. ¿Le sonaba aquel rostro?

—¿Dónde estuvieron los perros anoche, Cratero?

—Los ppp... —alcanzó a balbucear.

Sin embargo consiguió recobrar parte del valor. Nunca había tenido la visita de un demon, pero aquel se parecía bastante a una mujer cualquiera, y más bien pobre, si se tenía en cuenta el color de su piel y la vulgaridad del manto que llevaba. Se irguió para recuperar su apostura.

—Salieron por ahí un poco, ¿verdad? —preguntó la demon levantándose con la vista clavada en sus ojos. Le había parecido joven, con los ojos cerrados, aunque cuando avanzó hacia él se dio cuenta de que era mucho más vieja de lo que pensaba, y hablaba griego ático, no macedonio, con voz de vieja y con un acento duro que no era ateniense.

«¿Y a ti qué te importa?», iba a contestar. Pero se lo pensó mejor. Por si acaso se llevó la mano a la empuñadura del látigo. Al sentirla en la palma y cerrar el puño le brotaron más fuerzas.

—¿Qué les has dado, bruja? —exclamó al fin.

Tenía que haber drogado a los perros con algún tipo de brebaje. Estaban despiertos, porque se veía aquí y allá el brillo de sus ojos, pero faltaba nervio, inquietud... Como si de repente ya no fueran jauría, sino un puñado de perros, cada uno con un propósito y un alma distinta. Después de la fiesta y la correría nocturna Cratero se había acostado agotado, abrazado a Arquelao, que lo distinguía con su amor, y se había dormido profundamente. Sin duda eso le impidió oír los ladridos cuando ella de algún modo les echó la pócima con que los tenía apaciguados.

—Me di cuenta enseguida de que habían cenado bien, así que no les he dado nada —respondió ella, tan tranquila.

Qué graciosa. Le sonaba ese rostro, de nuevo joven. Le sonaba mucho. La esclava de Eurípides, pensó rescatándola de entre la bruma.

—¡Mora!

Con un gesto bien sencillo Cratero desprendió el látigo de la sujeción que tenía en el cinto y la cola se desenrolló cayendo al suelo, y antes de que llegara a tocarlo ya la había lanzado hacia atrás para tomar el impulso mínimo necesario. Sabía manejar bien su arma. Le iba a dibujar a aquella esclava otra sonrisa menos molesta justo encima de la que le mostraba, en el pómulo derecho. Duele más donde la carne está pegada al hueso.

Pero tuvo que soltar el látigo porque algo le había atrapado la muñeca con un gruñido. El ardor intenso se le extendió deprisa por todo el brazo. Uno de los molosos se había deslizado tras él y le había lanzado un mordisco. Él mismo había tirado con fuerza para soltarse, así que el desgarro no fue pequeño.

—¡Quieto, *Labro!* —ordenó muy asustado, llevándose la muñeca malherida al pecho y apretándola con la otra mano sin conseguir reducir el dolor.

Y el bicho se quedó quieto, aunque bien sabía él que no le estaba obedeciendo. Sin el látigo los perros no lo temían. *Harpía,* la perra blanca, se había colocado al lado de la mujer y lo miraba con aquel engañoso gesto de tristeza que siempre tenía.

—¿Es cierto que el rey los utiliza en las batallas lanzándolos detrás de la vanguardia? —preguntó la bruja.

No respondió a eso. Si empezaba a obedecer tan fácilmente no le iba a quedar más remedio que soltarlo todo. Entonces ella lanzó a sus pies la bolsa en la que había metido la liebre muerta.

—¿Por qué llevaba esto Eurípides?

—Y yo qué sé —dijo.

Ya se imaginaría ella que alguien, después de colocarle la liebre al poeta, le habría dado a oler las orejas a los perros, no tenía por qué delatar a Arribeo, un poeta al que había convertido en su amante, y con el que ejercía ya como aprendiz de tirano.

Pero al final tuvo que cantar, y bien. Los perros la obedecían como si fuese su madre, y más de uno le guardaba rencor. Eran así. Obedientes y sumisos hasta que te encontraban desvalido. En ese caso podían comérsete las tripas sin piedad. *Harpía* se había acercado a él despacio, levantando el befo por un costado y largando un gruñido interminable. Ya sabía lo que venía después.

Él solo cumplía órdenes y lo dejó bien claro: no tenía nada contra aquel viejo poeta borrachín.

Sí, era el perrero real, el encargado de las partidas de caza de palacio.

Sí, se había llevado un buen dinero: un talento. Medio le había llegado antes y medio esa misma mañana. De eso, había pagado una mina al poeta macedonio Arribeo, que lo había ayudado.

No. Él no tenía más amante que el rey Arquelao. Arribeo solo era un amigo. Un buen amigo.

No: no había sido por orden de Arquelao. Si no, se lo diría, no estaba en condiciones de resistirse. El que había puesto el dinero no había dado la cara en ningún momento, y si ese no era el modo de actuar de un rey, menos aún de Arquelao. Mensajes y notas que aparecían siempre bajo su escudilla de vino en el desayuno. Algún criado las tenía que haber dejado. De hecho él no sabía de antemano ni quién era la víctima. La señaló en pleno banquete el extravagante poeta Agatón: el primer hombre al que él besara, decía una de las notas, y ese resultó ser Eurípides. Agatón era quizá quien lo había tramado todo. Lo besó, sí. Se besaron tanto que Arquelao montó en cólera, y le recordó a Eurípides que Agatón era demasiado mayor para besarlo en público como a un efebo sin perder el decoro. Eurípides se burló:

«El otoño de un hombre es tan agradable como la primavera», dijo.

Tampoco tenía ni idea. ¿Por qué querría un poeta acabado matar a otro poeta acabado? No se le había ocurrido preguntar.

Pues eso ni se lo había planteado. Cualquiera sabe para qué se había escondido Agatón tras misteriosas notas si luego iba a asomar besando a la víctima como señal. No era un asunto que le interesara lo más mínimo. Agatón, con sus asquerosos aires de mujer, le repugnaba.

La demon, o la bruja, o la esclava Mora, se quedó mirándolo un buen rato. Como si estuviera intentando contemplar cómo le crecía el pelo. Había cantado, así que ahora que lo dejara en paz de una vez.

Y eso hizo, se levantó para irse. El látigo lo tenía todavía bajo sus patas *Labro,* que gruñó mostrando los dientes de un costado. A ver quién era el valiente que se lo quitaba, con ese aspecto de león que le daba la melena que le rodeaba el cuello.

—Oye, vamos: no te largues así, déjame que coja el látigo, por lo menos.

—Si te estás quieto, muy quieto —le lanzó antes de salir, la muy zorra—, puede que no te hagan nada.

6
Los mapas de Europa
[Atenas, 411 AEC]

Hoy soy esclava. Mas antes tal nombre
a muerte con ansia me emplaza: no me acostumbro.

EURÍPIDES, *Hécuba*, 357-358

La despertó el dolor de tanta luz. Su lamento pidiendo agua tuvo respuesta, una voz de mujer: «Espera, ahora te traigo». Tardó un buen rato en ser consciente de lo que le había ocurrido la noche anterior, la pelea en la taberna del Hipocampo. ¿Dónde estaba? Se incorporó al tiempo que la puerta se abría.

El que traía agua era Eurípides.

Bebió ávidamente. Volvió a servirle y bebió más.

—¿Qué tal estás? —le preguntó su amo.

—Lo siento —dijo.

—Ya me imagino —dijo él.

—¿Quién me ha traído?

—Te seguimos Cefisofonte y yo.

Cefisofonte era el joven esclavo que servía de escriba a Eurípides. Lo maldijo en silencio: un compañero chivato. Y ella que creía que la miraba con deseo cuando se lo presentaron...

—No fue él, ¿eh? Me imaginaba que te ibas a escapar.

Estaba tan débil que resultaba fácil hasta leerle el pensamiento.

—Entiendo que te quieras ir. Pero es peligroso.

—Ya veo.

Eurípides rio.

—Si te hubiera recogido la guardia escita al llegar, en vez de nosotros, te habrían interrogado antes de avisarme. Disfrutan interrogando.

—Entonces tengo que darte las gracias.

—Cuando quieras salir necesitas un pase mío.

—Ya. ¿Cómo está el marinero fenicio...? Se llamaba...

—El hombre con el que hablaste era fenicio, pero no era lo que se dice un marinero. Acababa de escapar de la cárcel del ágora. No hay marineros ahora por aquí. Todavía no se ha abierto el tráfico marítimo. Previendo que lo buscarían por los escondrijos de la ciudad, decidió meterse en la taberna más bulliciosa del Cerámico. Muy astuto. Sin esa facilidad para la ira, no lo habrían cazado nunca.

Eso era evidente, pensó de pronto, avergonzada. ¿Cómo había podido engañarla con tanta facilidad? Desde el comienzo del invierno pasado en que Babu había atracado el barco al noroeste de Grecia, ella misma había viajado durante el invierno con el resto de los esclavos en caravana de ciudad en ciudad hasta llegar a Atenas.

—Kínezos el Joven está bien, por fortuna —siguió Eurípides—. Tu marinero le rompió la mejilla, pero poco más. El hombre al que asaltó para conseguir el dinero que llevaba no tuvo tanta suerte. Toma. Es tuya. La llevabas en la boca.

Le entregó una moneda minúscula, un disco ovalado, dorado y brillante, con un león acuñado en el anverso.

—Gracias —dijo ella aceptándola sin más.

—Debería haberte dicho que el trabajo de los esclavos se

paga en esta casa, Mora. Si quieres marcharte podemos hacer un cálculo del tiempo que necesitas para ahorrar. Te ayudaremos en lo posible.

—Veo que soy muy afortunada. Me ha tocado un amo justo.

—No quería decir...

La reconfortó tanto que el poeta se hubiera quedado sin palabras que casi se olvida de su estado. Se movió imprudentemente para volver a tumbarse y sintió un latigazo en la cabeza.

—¿Estás mal?

—Me aprieta un poco la venda.

Le extrañó que en vez de llamar a alguien se pusiera él a deshacer el vendaje. Le untó crema alrededor de la brecha en la cabeza y volvió a vendarla.

Trabajaba con delicadeza, pero notó que le temblaban las manos.

Lo que más sorprendía a Mora de la casa era que las paredes se hallaban cubiertas por estanterías con libros, en rollos sueltos o en cajas. Melitó le había explicado que las obras con canciones o epopeyas se acumulaban en el tálamo, la habitación en la que ella dormía, y el teatro en el dormitorio de Eurípides y en la cámara adyacente en que escribía. Pero ya solo por allí, en el gineceo, el piso de arriba en el que vivían las mujeres, había muchas más obras.

Aquella tarde, tras algunas horas más de sueño, estuvo escrutando la extraña colección de libros de las repisas de su habitación compartida. A cada paso que daba el espliego crujía bajo las esteras del suelo difundiendo su olor, que desde entonces asociaría siempre a los libros. Una columna de estanterías contenía solo libros de medicina. Otra, libros de historia y geografía. En otra más encontró textos con una letra incomprensible, muy diferente de la fenicia, la griega, la etrusca o la latina. Pronto se dio cuenta de que de cada rollo colgaba una etiqueta de pergamino escrita en griego: «Poema de Sinuhé —decía la de aquel—, escrito en egipcio».

Otra de las estanterías tenía cajas cilíndricas llenas de rollos con la etiqueta «Periplos»: poemas para viajar por el mundo sin perderse. El del manuscrito fenicio que desenrolló recorría algún lugar del Mar Interior describiendo el litoral visto desde el mar, aunque era mucho más prosaico y breve que el «Poema del agua» que había seguido para escapar de su tierra.

Pronto comprobó que, pese a la mala experiencia del primer día, la vigilancia en casa de Eurípides dejaba bastante que desear y no le iba a resultar demasiado complicado huir. Podía salir de la casa sin que nadie se diera cuenta poco antes del amanecer, por ejemplo, y después incorporarse a cualquiera de las caravanas que cada decena del mes iban a distintas ciudades, tierra adentro, a la cercana Eleusis o a Delfos o a Larisa. O podía esperar la llegada de la primavera y embarcarse en un navío mercante en dirección a Lidia o a Libia. Cuando estaba sola, siempre andaba urdiendo planes de huida, pero luego, imbuida en las tareas, los juegos y las conversaciones diarias, se olvidaba del asunto.

Llevaba ya varios días viviendo allí, y aún no sabía cuáles eran sus funciones de escriba. De momento trabajaba como una esclava más, aunque con bastantes privilegios: otras tres mujeres asumían las tareas más laboriosas, y ella se limitaba a acompañar a Melitó mientras organizaba la limpieza de la casa, las comidas o el cuidado del pequeño huerto que había en uno de los costados de la finca, encajado entre los muros del patio y los de la casa lindante. Una noche, Mora, que desde que huyó de su tierra dormía con un ojo abierto, oyó que Melitó entraba en el dormitorio que compartían las esclavas y la llamaba en susurros. Salió tras ella.

—Quiero que escribas unos versos —le dijo. Estaba como sonámbula—. ¡Tus tablillas! ¡Tráelas!

Bajo una luna menguante, Melitó comenzó a pasear de un lado a otro del patio, y de pronto se detuvo. *Nape*, el galgo negro de Eurípides, se había despertado y se acercó a ella buscando una caricia.

—«En la noooche han veniiido los peeerros.» Escribe —le dijo dejando al perro y bailando al ritmo de su verso—: «En la noooche, los peeerros».

¿Ese sería su verdadero trabajo?, pensó preocupada Mora mientras anotaba sobre la cera de las tablillas aquellas palabras.

Melitó había entrado en trance, ebria de adormidera. Como en todas las ciudades, hace tiempo que los atenienses perdieron casi por completo la capacidad que cualquiera de nosotras tiene para distinguir con el olfato las hierbas y seleccionar las que convienen a las distintas dolencias. La mayoría de las madres ha dejado de enseñar el uso del olfato. Solo algunos especialistas reconocen las plantas por su aspecto y transmiten el conocimiento de ese saber a sus discípulos, o los escriben en libros en que dibujan las plantas con meticulosidad. Pero cada vez recuerdan menos plantas y menos usos. Por eso se dedican a tomar solo una, como panacea. Unos beben vino. Otros queman cannabis para aspirarlo, y otro prefieren quemar adormidera o la disuelven en la bebida. Desde que cumplen los treinta y cinco, preparándose para sobrellevar los achaques de la madurez, comienzan a tomar cada día antes de dormir una dosis creciente de su panacea, lo que pronto los deja como amojamados en ella y resistentes ante la mayoría de los males, aunque condenados a una vida más bien corta, con la medicina royéndoles el cuerpo, y a alejarse casi por completo de un gran tesoro, puesto que el abuso de sus remedios les impide recordar esa parte indispensable de la vida que todas vivimos en sueños.

Pronto descubriría Mora que era normal ver a cualquiera de las mujeres de la casa caminando y murmurando, alejadas de sus verdaderas ilusiones, condenadas a vagar entre la vigilia y el sueño, a intentar escapar de su prisión por un vano demasiado estrecho para el tamaño de sus cuerpos en aquel mundo hecho por varones ensimismados.

—Escribe: «Los peeerros rugieeendo en la noooche» —seguía diciéndole a ella Melitó.

Eurípides llegó al rato. Se veía que estaba acostumbrado a escenas así.

—Vamos a dormir, Melitó —le dijo acercándose y tomándola de la mano.

—¡Guáaardate, Euríiipides! ¡En la noooche, los peeerros!

Les costó un mundo que subiera a su habitación y se metiera en la cama.

—Recuérdame que tengo... Tengo que sacrificar a *Nape* para que acompañe a Eurípides en sus paseos por el infierno —le dijo antes de quedarse dormida, cuando el poeta se había ido.

A la mañana siguiente le dictó de corrido un largo poema sobre un héroe llamado Acteón al que la diosa en su encarnación joven y virginal, ofendida por que la hubiera sorprendido desnuda bañándose, convertía en ciervo para que fuera devorado por sus propios perros. El poema conmovió a Mora y la distrajo del sentido profundo de la profecía nocturna de Melitó, que no comprendería hasta varios años después.

En el patio de la casa de Eurípides se hacían muchas mañanas los ensayos de las tragedias. El altar servía como centro de una imaginaria orquesta, el espacio circular en el que danza el coro en los teatros, y pegado a la pared del muro habían levantado un tablado alargado que hacía las veces de escena, por donde discurren normalmente los actores. A pesar de que la mañana era fresca, las esclavas se agolpaban en las pequeñas ventanas del piso de arriba para fisgar lo que hacían aquellos famosos actores.

Coro: *¡Calla, calla! ¡Suave el paso deslizad! ¡No hagáis ruido!*
Electra: *¡Fuera, fuera de su lecho! ¡Apartaos, por favor!*

—No, no, no. ¡Así no se puede!
Fue el mismo Calípides, el actor que hacía el papel de Electra, el que interrumpió con protestas la canción. Timoteo, el jovencísimo flautista pelirrojo que guiaba el coro bailando al frente de los efebos que lo componían, levantó su aulós, una especie de flauta doble de sonido vibrante y profundo, y sopló las lengüetas con fuerza haciendo cabrillear los dedos sobre las cañas del instrumento. Atronó a todos con un ruido que le recordaba a Mora los gritos de una fenicia durante el parto.
—¡Para, por favor, Timoteo! ¿Qué pasa ahora? —preguntó Eurípides avanzando hacia el centro del patio, en donde los efebos del coro de «mujeres» de Argos se revolvían empujándose y cuchicheando, impacientes a causa de las risas de las esclavas en las ventanas.
—Después de mi monólogo inicial —se lamentó Calípides—, todo el mundo espera escuchar el chorro de voz del gran Calípides inundando las gradas... Y entonces, ¿qué hago yo?: ¡arrancar la canción con un susurro bochornoso!
No llevaba la máscara con la que tenía que actuar, pero se

había embadurnado el rostro de una pasta blanca que le marcaba las arrugas dando a su queja un patetismo especial.

—Escúchame, Calípides —le decía el poeta—. ¿Cuándo te he fallado? No pasa nada porque los espectadores no oigan lo que están esperando oír. ¡Al contrario!

—Perdona, maestro —le dijo a Eurípides Hegéloco, el actor que hacía de Orestes—, pero ¿es necesario que asista yo a los ataque de pánico del señor? —Se levantó de la cama en que su personaje aparece durmiendo al arrancar la obra: una plataforma con ruedas que su hermana Electra, es decir, el actor Calípides, bajaba por la rampa que unía la escena con la orquesta, el lugar en que danzaba el coro—. ¡Me estoy quedando dormido!

—Dormido es como más brillas —le soltó Calípides.

Desde el primer día, Mora había conseguido colarse en los ensayos para verlos de cerca gracias a Cefisofonte, el escriba de Eurípides, y disfrutaba especialmente del modo de tocar el aulós de Timoteo, los nuevos aires orientales que causaban furor entre las jóvenes atenienses.

—Hay que ensayar el movimiento del carro también, Hegéloco, ten un poco de paciencia —le pidió Eurípides, y se dirigió luego a Calípides—. Piensa en Electra y no en ti, haz el favor. Tu hermano está loco y no quieres despertarlo: acaba de matar a vuestra madre, piensa que los espíritus lo persiguen para vengarse, y no sabes muy bien lo que puede llegar a hacer si despierta. Estás desbordada por la ansiedad. Da igual que no se oiga lo que dices porque lo repites luego. La escena va creciendo con tu voz, hasta que se libera y lo despiertas. Al aplazar lo que los espectadores esperan hacemos crecer el deseo, primero, y después la satisfacción. Funciona. Toda la Músika de la obra retoma luego esa misma melodía. Tu canto se les va a quedar grabado en la memoria para siempre.

Calípides se quedó mirándolo. Y Hegéloco.

—Pero ¿se puede saber de qué diablos trata este maldito *Orestes*?

Eurípides lo miró conteniendo el enfado.

—Con que yo lo sepa, basta —dijo.

Durante los días que llevaba en Atenas Mora ya había podido leer varias tragedias y estaba empezando a comprender el sentido de aquella forma de contar historias. Cada obra era una pequeña narración protagonizada por un héroe de los que los griegos consideraban antepasados: historias provenientes por lo general de los grandes poemas épicos, y asociadas por la tradición a una melodía y unos pasos de baile específicos. En esa urdimbre de relato, melodía y danza, los poetas tejían las tramas de sus propias historias, alterando en cierta medida las de la tradición para dotarlas de sentidos nuevos. Los espectadores se dejaban seducir por aquellas patrañas gloriosas y ajenas, desprevenidos, hasta que el reconocimiento inesperado de su propio dolor en el dolor de los héroes los sacudía y conmocionaba, pero también los elevaba.

El juego era siempre ese: extraer la sombra del abrumador dolor heroico para dar con el sutil dolor humano. Y en ese juego Eurípides había convertido, poco a poco, los comportamientos majestuosos de los héroes en los ridículos, pueriles y limitados de los hombres. Y la emoción del público en vez de disminuir había crecido.

Andaba además empeñado en que la acción surgiera de la tensión de todos los personajes y no, como era habitual, de dos enfrentados. Tantos personajes con peso escondían al protagonista, o rompían la unidad de las historias bifurcándolas o convirtiéndolas en episódicas.

Ahora bien: su idea chocaba con muchas cosas, entre ellas la creciente divinización de los actores, cada vez más conscientes de que el público se fijaba sobre todo en el actor, en su declamación, su baile y su canto, y no tanto en los personajes que cada actor encarnaba al cabo de la obra, dos como mínimo, pero casi siempre tres o más. Y eso les hacía crecerse, y los animaba a intentar cambiar los versos y hasta las acciones de los personajes, para exhibirse más de lo que el texto les permitía.

Lejos de caer en la trampa, Eurípides utilizaba la fama de los actores en beneficio de sus obras. En concreto, esta vez se las había apañado para conseguir a los dos más importantes del momento: el gran Calípides era sin duda el mejor cantante y bailarín, y Hegéloco el mejor declamador, mensajero y dialoguista. Para cualquier otro poeta, el mero hecho de intentar que ambos compartieran el escenario habría resultado un disparate.

Pero allí estaban, de hecho.

El gran Calípides incluía siempre en sus contratos de actor la imposición de que fuera él el primero en entrar en escena y el primero en cantar, y todo eso recaía en Electra, uno de sus personajes. Hegéloco, por su parte, exigía encarnar el personaje principal, y ese era, como el título de la obra indicaba, Orestes. Los dos cometieron el error de aceptar el trabajo sin leer la tragedia: Eurípides era tan amado como odiado en Atenas, pero el más conocido fuera, lo que les aseguraba trabajo hasta el invierno.

Cuando leyeron la obra, ambos se sintieron engañados. Calípides odiaba no ser el protagonista, y Hegéloco se hundió al ver que ninguno de sus personajes cantaba. Sin embargo, no había nada que hacer: el resto de los papeles de las tragedias que competían en el festival estaban ya repartidos.

Por algún lado tenía que estallar aquello.

—Por favor, ¿podemos continuar? —les pidió Eurípides.

—Está bien —aceptó Calípides—. Ya no me acuerdo ni de la canción. ¿Cómo era? ¡Cefisofonte, por favor! ¡Cántala entera!

Cuando se lo pedían los actores, Cefisofonte les soplaba los versos. Pero no hubo movimiento por ningún lado.

—¿Dónde está Cefisofonte ahora? —protestó Eurípides.

Fuera, fuera de su lecho.
Apartaos, por favor...

Fue la voz de Mora la que sonó, nítida, pese a partir de aquel murmullo de arranque: sabía bien que Cefisofonte andaba haciendo cosas que no le estaban permitidas y había decidido cubrirlo. Le encantaba esa canción, el enfrentamiento entre Electra y el coro, que ella entonaba imitando por un lado la muy personal y modulada voz del gran Calípides y por otro la impersonal de los muchachos del coro, tan arrulladora. El mismo sentido de los versos de Electra marcaba con suavidad la progresión dubitativa que elevaba el volumen a tramos, con subidas y bajadas graduales. Escuchad, hermanas, el rugido casi involuntario con que acaba:

¡... soltera y estéril, a esta vida
mísera por siempre condenada!

Se formó un largo silencio de respeto después, hasta que desde las ventanas del gineceo sus compañeras esclavas lo rompieron con un aplauso escandaloso.

—Lo que faltaba —se resignaba el gran Calípides con los ojos en blanco.

—A ver si aprendes —le aconsejó Hegéloco.

7
Crucifixión
[Tartesos, Iberia, 422 AEC]

Mucho, hijo mío, hacen errar a los hombres los dioses.

EURÍPIDES, *Arquelao* (fragmento)

Desde que partieron de la Cueva del Agua, al salir el sol, Anula no había dejado de llorar, aferrada a la espalda de Aira. Su hermana, a las riendas del caballo que montaban, estaba tan desconsolada como ella, pero no sabía llorar, así que lo único que oía Anula era un suspiro profundo cada cierto tiempo.

Le extrañaba mucho ver a Aira rapada. Estaba horrible sin sus bucles rojos y largos, que ella solía llevar trenzados. El rapado, además, revelaba una constitución del cráneo que nunca habría sospechado. Antes tenía forma de manzana y ahora se había alargado. De perfil parecía una bellota sin cúpula. ¿Qué aspecto tendría ella misma sin sus fuertes cabellos morenos? No podía saberlo porque su espejo, el primer objeto de bronce que había conseguido trabajar ella sola hacía apenas diez lunas, había quedado en la cueva con el resto de sus pertenencias. Había resultado asombroso comprobar que todo lo que es verdaderamente útil en la vida se convierte en simple lastre durante una huida. ¿Cuándo podría volver a encontrar en un espejo la media luna perfecta del arco de sus ojos rasgados? De cualquier forma, no necesitaba un espejo para saber la verdad. Se sentía medio desnuda, de cuerpo y de ánimo, y eso ningún espejo podía desmentirlo.

Gritar no las había ayudado, ni a Aira ni a ella, a digerir la angustia del sacrificio de Subasu. Ni tampoco la danza que las unió con las demás durante el principio de la noche. Ni el descanso estupefacto, tan parecido a una pesadilla.

Pese a su incapacidad para superar el dolor, Anula sabía la importancia de avanzar deprisa en la huida. Los dos cartagineses que vigilaban los caballos habían logrado escapar vivos. Antes de salir, Namu les explicó que tardarían al menos tres jornadas en llegar a Puerto Ana, al final del río, y eso reventando los caballos. Tenían poco más de tres jornadas para huir, hacia el noreste: tiempo suficiente, si no lo malgastaban, para llegar a la sierra, donde podrían esconderse. Eso las obligaba a partir inmediatamente y a reducir a la mitad los descansos en la marcha.

Jamás habría podido imaginar que iba a ver a su madre con una espada en las manos, y mucho menos cortando una cabeza con un gesto tan violento. La obligación más grave de todas las sacerdotisas del agua era respetar la vida humana. Ni siquiera estaba permitida la presentación de exvotos de guerra en la cueva. Habían sido educadas en esas ideas por la propia Namu. Pero más que eso, lo que dejó desconcertada a Anula fue saber después que Namu misma había envenenado a los extranjeros previniendo lo que iba a ocurrir, para intentar evitarlo. Todo en vano.

—Tenéis la obligación de sobrevivir —les había dicho Namu a las tres hermanas mientras la tierra recibía sus cabellos cortados a cuchillo en ofrenda—. *Cordel trenzado mal se rompe,* y en vosotras tres reside completa nuestra memoria: los poemas y los cantos, el legado del santuario.

Les explicó que ninguna otra sacerdotisa poseía más que de una forma parcial ese legado. Ahora iban a buscar una cueva nueva, pero solo para esconderse durante algún tiempo y preparar la huida lejos de aquellas tierras, desde otro puerto distinto de Puerto Ana. Harían el viaje todas juntas.

—Sin embargo, si algo falla en la huida y os veis obligadas a separaros de mí, si nos atrapan y no os queda otra solución, entonces, alejaos de esta tierra y buscad a la sibila de Cumas, siguiendo el «Poema del agua». ¿Entendido?

Al hablar, Namu cortaba los cabellos rizados de Mora, que no había vuelto a abrir la boca.

—¿Quién es la sibila de Cumas?

—Ya os lo contaré en el viaje, «sibila» quiere decir 'profetisa'. Recordad esas dos palabras: la ciudad de Cumas y la sibila. Y el camino que tenéis que seguir es muy fácil, el primer poema largo que os enseñé: el «Poema del agua».

Al oír eso Aira y ella protestaron. El «Poema de las cuevas», el «Poema del agua», el «Poema de la noche»... Anula guardaba en algún lugar de la memoria aquellos cantos. Pero ¿cómo iba a encontrarlos?

—No se puede recordar el poema cuando estás huyendo. Si cantas te cazan. Aunque no lo bailes —dijo.

—Si lo necesitáis, buscadlo. Y el poema vendrá —le explicó Namu.

Desde pequeñas les había enseñado que cada poema era algo más que una canción. Muchos eran un camino, el mapa de un camino. A veces se trataba de un camino por el mar, otras veces tierra adentro; otras, el camino surcaba el pasado, o vagaba por el futuro incierto, o por el interior de una misma, en el borde de lo que una es y de sus transformaciones.

—Los poemas están ahí para recorrerlos —continuó Namu.

—Para recorrerlos en sueños —protestó Aira.

—En sueños antes. Para eso están los sueños, a su vez. Por si alguna vez tienes que recorrerlo de verdad. Para estar preparada.

—Pues yo no recuerdo nada del poema —protestó Aira—. Ni una palabra. ¿Cómo empezaba?

Y Anula pensó que ella tampoco. Le daba vergüenza su mala memoria. Pero entonces buscó en el interior de la Cueva del Agua, caminando mentalmente por las galerías. Sabía dónde estaba, y llegó al lugar en el que arrancaba el manantial de agua caliente.

—¡Yo lo tengo! —gritó. Y comenzó a cantar:

> *El camino comienza en la diosa,*
> *que desciende en el agua hasta el agua*
> *con su baile de sombras dormidas*
> *en el cauce de un sueño que acaba.*

Aira la miraba con envidia. Anula disfrutó de su triunfo. Ahí estaba. Pero antes de que lo retomara, Aira le pisó los versos:

> *El camino que lleva siniestro...*

—¡No, no, no! —protestó Anula. No tenía ni idea.

—¡No estoy para nada! —se lamentó su hermana, como una vieja desmemoriada.

—¡Calla! ¡Ya lo tengo!:

> *El camino que lleva dormido*
> *de la nada de un sitio a la nada,*
> *celebrado en su baile siniestro,*
> *recogido en murmullos con algas.*

—¿Y el barco? —preguntó Aira.

—¿Qué barco? —protestó Anula—. No hay, ¡te lo has inventado tú!

—Si hay un camino de agua, hace falta un barco para recorrerlo... —se indignó Aira—. Y sí hay barco en el poema, pero está luego —le aclaró.

—Dejad de discutir —cortó Namu—. Todo lo que no esté dentro de vuestra cabeza, está dentro de la cabeza de la diosa. ¿Entendido?

Las dos se quedaron mirándola. Mora tenía los ojos cerrados.

—El poema es el pasado. La diosa también es del pasado —continuó su madre—. Pero lleva dentro de sí las nuevas diosas, las diosas del futuro.

A veces Namu hablaba así. No se entendía. Anula quería que aclarara lo que decía, aunque no se lo pidió, sabía lo que iba a contestarle: tenía que dejar pasar el tiempo para que sus palabras se asentaran y dieran fruto.

—Solo algo más —añadió Namu—. Si por alguna razón la ciudad a la que lleva el poema ya ha sido tomada y la sibila no está, aprended este nombre de otra ciudad. No sabemos ir, pero sabemos el nombre, y si hay un nombre, habrá un camino: la Montaña Pura de Napata. Repetidlo, las tres.

—Montaña Pura de Napata —repitieron Anula y Aira mirándola, al unísono. Mora no dijo nada.

«Si hay un nombre habrá un camino: la Montaña Pura de Napata, y también Cumas y la sibila», se repitió Anula para sus adentros, a punto de desesperarse. Todavía no sabía en qué medida conservaba dentro el poema, y su madre ya le estaba haciendo aprenderse otros nombres.

Habían sido tantas las prisas con las que recogieron lo poco que Namu les permitió llevarse del santuario, que estuvieron a punto de dejarse la imagen de la diosa: una piedra caída del cielo e imantada, del tamaño de un melón, en la que se había tallado en relieve una imagen de medio cuerpo de la Madre Virgen empuñando tres cápsulas de adormidera, y, abrazándola, su hijo. Cuando acababan de ponerse en camino, Namu se dio cuenta de que se habían olvidado de ella y no quedó otro remedio que volver.

La imagen no tenía demasiado valor para ellas, pero estaba comprobado que para el resto del mundo era un instrumento imprescindible: la caverna se consideraba un santuario por la imagen, no por la oquedad, ni por el agua fluyendo en algunas galerías, ni por las sacerdotisas. Sin imagen no había santuario, y ese absurdo se prolongaba en una extraña consecuencia: el santuario estaba allá adonde fuera la imagen. Se podía creer o no creer en la fuerza de la diosa, pero había algo incuestionable: si las mujeres de las poblaciones cercanas iban al santuario a parir al arrullo del agua, era más que nada por el poder protector que atribuían a la imagen de la diosa y su hijo. En aquella roca residía el prestigio del santuario. Conectaba a las sacerdotisas con el mundo, y hacía que la comunidad no se extinguiera, nutrida de hijas nacidas allí que las madres mandaban a vivir al santuario, lejos del sometimiento al que estaban destinadas.

—La diosa *es* el santuario —les había recordado Namu de vuelta, alzando la imagen para que pudieran verla todas.

Anula quería hablar con Mora, pero era imposible. Mora viajaba en trance, sentada en un pequeño carro, junto a la diosa. Tenía las manos quemadas y vendadas. Anula desconocía, además, las palabras que se pueden pronunciar para consuelo de una madre durante el duelo.

Repasó las instrucciones de Namu: renunciar al enfrentamiento, mantenerse unidas en la huida, seguir el camino del «Poema del sueño» y la fundamental, que podía excusar las anteriores y hasta anularlas, si era necesario: sobrevivir.

Parecía un buen plan, y había jurado cumplirlo, aunque Anula pensaba que en caso de ataque sería incapaz de hacerlo. No sabía exactamente lo que era un ataque, pero se imaginaba lo peor. En caso de ataque, lo más probable era que ella se quedase paralizada, como solía ocurrirle en las pesadillas. También cabía la posibilidad de que saliera huyendo hacia cualquier sitio, hacia ninguna parte, o hacia los propios atacantes. Sí: se sentía con ánimos para correr espantada en cualquier dirección. Y, desde luego, si veía por allí a sus hermanas se pegaría a ellas como una sanguijuela. Sobre todo a Mora, la más viva de las tres. Aunque lo cierto es que ahora a Mora no iba a haber demasiadas cosas que la sacaran con facilidad de su trance.

En esas divagaciones andaba cabalgando cuando se detuvo la caravana. Su madre se puso a discutir con las sacerdotisas más viejas. La cuestión era si debían atravesar un amplio claro o bordearlo por el bosque. Las ancianas querían ahorrar tiempo sin desviarse de la dirección que llevaban, y Namu insistía en que en una huida no había que exponerse nunca. Se sumaron más y más sacerdotisas a la discusión, y al final, en vista de que era mejor exponerse en ese momento temprano de la huida que quedarse allí discutiendo, su madre decidió salir al claro.

Fue una imprudencia, como parecía.

Unas veinte sacerdotisas, las más niñas, iban a caballo. Otras veinte, las más viejas, en carros, y el resto a pie o tirando de las mulas que cargaban con la comida y el pequeño ajuar de cocina. Cuando estaban a medio camino, una de ellas se volvió y dio la voz de alarma: siluetas de soldados cartagineses a caballo encresparon una colina no demasiado lejana. Primero cuatro, después diez, y luego decenas y decenas.

Gritaban de júbilo enarbolando sus arcos al ver a sus presas tan cerca.

Desde que uno de aquellos cartagineses malnacidos le mató el perro de un flechazo, cuando era niña, a Anula se le encogía el corazón siempre que veía un arco.

—¡Al bosque! ¡Abandonad todo! ¡Al bosque! ¡Huid!, ¡salvaos!

Era su madre la que gritaba, agitando los brazos. Un murmullo de pánico recorrió la comunidad de medio centenar de mujeres, y en vez de obedecer siguieron paralizadas, vueltas, mirando hacia atrás.

¿Cómo habían cubierto aquellos jinetes en menos de media jornada el camino que solo podía cubrirse en tres?

Daba igual, realmente, pensó Anula. Los refuerzos no tenían por qué estar donde ellas quisieran, en Puerto Ana, sino mucho más cerca, por ejemplo. Pero ahora solo importaba la verdad: iban a sufrir el ataque en el que venía pensando. Tenía que concentrarse en su juramento de sobrevivir y, sin embargo, constató que ella lo que quería era morirse ya, antes de que empezara el dichoso ataque.

Era el final. Se dio cuenta de que se había hecho pis cuando sintió la orina correr entre sus pantorrillas y los ijares del caballo.

Entonces el silencio se rompió de pronto por el tamborileo del galope y los gritos de alegría. Los jinetes cartagineses bajaban de la montaña al claro.

—¡Espera! —le pidió a Aira, antes de que pusiera el caballo al galope—. ¡Mora!

Se volvieron y la vieron saltando de su carreta al suelo, abalanzándose con las manos vendadas sobre los arreos del caballo para soltarlo y montándose en él mientras lo azuzaba para seguirlas a rienda suelta.

Anula nunca había vivido una situación de pánico: el olor de los excrementos inundaba la brisa a la que se enfrentaban, e incapaz de mirar hacia atrás solo pensaba en favorecer con su postura la velocidad del caballo. Adelantaron a las que iban corriendo y se adentraron después en el bosque, por donde había que cabalgar con más cuidado. En vez de continuar en la dirección en la que iban en grupo las demás, Mora giró en dirección casi opuesta, volviéndose para comprobar que ellas la seguían.

Aira hacía bien en seguirla, porque no podían separarse. Pero ¿adónde iba la loca de Mora?

Cabalgaron por el interior del bosque, sin perder de vista el lindero, durante un buen rato, justo en la dirección contraria de la sierra. Y Anula se dio cuenta de que en vez de concentrarse en la huida, Mora iba mirando a lo alto, no sabía en busca de qué señal. En cierto momento se paró, bajó del caballo y las animó a hacerlo también. Tomó los dos caballos de las riendas y los llevó de vuelta por donde habían llegado. Y entonces, cuando se había alejado más de medio estadio, arrancó unas ramas plagadas de hojas secas de un acebo y azotó con ellas a las bestias en las ancas. Se fueron las dos galopando.

—Muy bien —protestó indignada Aira—. ¿Y ahora qué vamos a...?

Mora regresaba borrando el rastro de los caballos con las ramas de acebo en sus manos vendadas.

—Subid al árbol y escondeos. ¡Arriba!

Era la primera vez que hablaba tras la muerte de su hijo. Se refería a un haya de tronco grueso, ramas altas y hojas rojas. Mientras trepaban, Mora se entretuvo limpiando huellas. Luego lanzó las ramas sobre unos arbustos y trepó también.

103

No tardó mucho en llegar un grupo de cuatro jinetes. Se detuvieron donde su rastro se hacía confuso y se dispersaron buscándolo. Para horror de Anula, uno de ellos se detuvo con su caballo al pie del haya y estuvo allí orinando sin desmontar. Pensó que los temblores que le sacudían el cuerpo iban a hacerla caer de la enorme rama en la que estaba tumbada aguantando la respiración. Pero afortunadamente, antes de acabar, el jinete oyó un grito que lo convocaba a lo lejos y se fue al galope, siguiendo quizá el rastro de los caballos sueltos.

Aunque Anula no quería moverse de su escondite por nada del mundo, Mora las obligó a bajar del árbol a las dos.

—Cuando alcancen a los caballos sueltos volverán justo aquí —dijo—, y acabarán encontrándonos. Vamos a buscar otro árbol lejos. Borrad todas vuestras huellas mientras camináis.

Al rato Aira encontró un castaño viejo, inclinado y frondoso, al que casi se podía subir caminando, y en el que permanecieron hasta que se hizo de noche. Mora se subió a la copa y estuvo oteando desde allí.

Escucharon a los jinetes buscándolas por los alrededores de la zona en que habían descabalgado.

En cuanto se hizo la oscuridad, Anula propuso a sus hermanas el destino que más la atraía: había que volver a la cueva. Aira le dijo que era una pésima idea, porque los hombres de Hírom la tendrían vigilada para atrapar a las tontas que no supieran adónde ir, y aseguró que tenían que intentar llegar a la sierra, adonde irían sin duda todas las que sobrevivieran.

Discutieron, como siempre.

—Dejad de pelearos —les pidió Mora bajando del árbol—. Y vamos a volver al claro en el que nos localizaron.

—Eres una desobediente —protestó Anula indignada.

—Yo también quiero saber si Namu está viva o no —añadió Aira—. Pero no podemos defraudarla. Nos dijo que no pensáramos en ella.

—Es verdad —concedió Mora—. Siempre desobedezco, aunque no voy a volver por eso, sino porque lo dice el poema. Tú lo recordaste, Anula. A mí se me ha borrado.

¿El poema? Anula no había tenido tiempo aún para meditar en el tercero de los compromisos que su madre les había impuesto: seguir el poema. Y el arranque, el primer verso del poema que toda sacerdotisa aprendía de niña era claro, como ella misma había recordado antes de partir del santuario:

El camino comienza en la diosa...

Era una forma de verlo.

—No es imposible que la diosa siga donde la dejé. Y os recuerdo que no podemos separarnos, así que tenéis que venir conmigo —concluyó Mora.

Después les explicó que al bajar del carro, en el comienzo de la espantada, había cogido la imagen de la diosa que viajaba con ella, pero la dejó en el suelo para desenganchar los caballos y allí la olvidó.

Anula se dio cuenta entonces de que el ataque había sacado a su hermana del duelo y la había lanzado de vuelta a la vida. Ya no era una madre sin futuro, volvía a ser Mora, la hija de Namu. Aunque había perdido la sonrisa.

Bajo la luna sigilosa caminaron pálidas por el lindero del bosque de vuelta al lugar por el que habían entrado en él. No había más rastro de los jinetes cartagineses que las huellas de sus caballos, pero, aunque Mora juraba que desde la copa del árbol los había visto alejarse en columna al anochecer por el camino que habían traído, Anula no quería que se arriesgaran a acercarse hasta el centro del claro.

Había una nube grande y oscura que por su recorrido, si el viento no cambiaba, no tardaría en tapar la luna. Decidieron esperar, pese a la ansiedad que les producía estar allí las tres, mirando al cielo.

Varias veces escucharon lejanos lamentos.

Hubo que contenerse cuando los primeros jirones de la nube acariciaron la luna.

—Vamos —dijo Mora al fin, y echó a correr.

Aira la siguió, así que Anula tuvo que hacer lo mismo, aunque como siempre se quedó retrasada, perezosa. Los lamentos fueron haciéndose más claros mientras se acercaban. Cuando llegaron la nube pasó y entonces pudieron ver el espectáculo.

Los guerreros habían degollado a la mayoría de las sacerdotisas. Pero se habían entretenido especialmente con los cuerpos de tres de ellas, a las que habían crucificado en un pequeño montículo.

Namu era una de las crucificadas. La única que todavía estaba viva cuando llegaron. Se pusieron las tres al pie, de rodillas, sentadas sobre sus talones, mirando a su madre morir.

Ni siquiera podían gritar.

El corazón de Anula, el corazón de las tres hijas se hiende como una sola roca, hermanas. Mirad: en torno a ellas se hace una oscuridad que alcanza los confines de la tierra y del tiempo.

Al cabo de un rato, cuando ya no le quedaban fuerzas para llorar, Anula se dio cuenta de que, a su lado, Aira había aprendido por fin a hacerlo, con lágrimas y en silencio.

Habían regresado caminando sin prisa y sin hablar, con el busto de la diosa en un saco, y al día siguiente se encontraban de vuelta en la Cueva del Agua, muy cerca del santuario. Se habían colado con sigilo en el escondite preferido de sus juegos infantiles, un hueco entre las peñas que ahora resultaba algo pequeño e incómodo para las tres. Mora se había empeñado en esperar a la llegada de la noche para entrar en la cueva, por si estaba vigilada. Pero nada parecía indicar que hubiera guerreros por allí.

El dolor seguía instalado en el interior de Anula, aunque era tanto que se había adormecido. El escándalo familiar de los pájaros que iban a posarse sobre las ramas del tejo le infundía una tranquilidad creciente. Acurrucada junto a sus hermanas recordaba con dificultad el lapso en que estuvieron las tres al pie de la cruz, antes de desclavarla del suelo, paralizadas bajo la agonía de su madre. Ni cerrando los ojos podía dejar de ver aquella imagen como una escena tejida en un tapiz. Entonces las tres hermanas parecían, por fin, una sola muchacha calva, repetida en la trama para darle profundidad a la escena, y para explicar que aquello no había sucedido una vez: sucedía, sucedería siempre.

Desde la distancia no se apreciaban los nudos mal desbastados de las ramas de la cruz, ni los clavos que fijaban los miembros a las aspas. Los tres cuerpos crucificados habían quedado en una postura ridícula, como si hubieran sido sorprendidos en plena carrera: la cabeza caída y los brazos extendidos, con el tronco desnudo de frente pero las piernas de perfil y flexionadas por la rodilla.

Al desclavar los miembros se dio cuenta de que de esa forma los clavos encajaban bien entre la tibia y el peroné.

Desde tan lejos no se podía sentir tampoco el olor del mejunje de aceite, vinagre y especias con que habían untado el cuerpo, para que se recociera despacio al sol, manteniendo los jugos de la carne en aquella sofisticada manera fenicia de cocinar la caza. Así el asado se descuartizaba solo al desprenderse el tronco dejando los cuatro miembros colgados de las aspas.

Morir crucificado era aún peor que morir de un flechazo, admitió Anula. Pero ¿eran imaginaciones suyas o Namu había sonreído al verlas llegar? Anula creía que sí. No parecía sentir dolor mientras entre las tres arrancaban los hierros de la madera. Cuando la descolgaron y estaba ya tumbada en el suelo, sobre una manta, Mora le hizo una súplica:

—Namu... No te puedes morir todavía. No estamos preparadas. Yo no sé nada de nada. ¿Eh?

Anula quería hacer una gran hoguera e incinerar los cuerpos de las sacerdotisas, siguiendo el absurdo sistema fenicio, para empezar a borrar todo de su mente, aunque Mora se negó. La hoguera podía atraer de nuevo a los guerreros. Lo mejor era que los animales se hicieran cargo.

Era duro pero tenía razón: como lo demostraba que hubieran llegado sin problema ante la cueva en la que habían vivido en los últimos años. La noche había caído a su alrededor hacía rato, y ellas seguían en su escondite, esperando de nuevo la llegada de una nube.

Mora, la luna y las nubes: el cuento de nunca acabar.

Cuando la nube tapó la luz, Mora dejó pasar aún un rato interminable antes de alzar la mano y contar con los dedos. A la de tres, Anula se levantó y corrió, pero no tan deprisa como sus hermanas. Se hizo a su alrededor el silencio con que la naturaleza envuelve los movimientos nocturnos de los animales. Estaba agotada. Mientras sus hermanas se disputaban la meta, ella trotó detrás.

Le divertía ser la más vaga.

Una sombra endiablada se cruzó ante ella. Tropezó aterrada... ¡Era solo una gallipava maldita! Qué escándalo. Se levantó y esta vez se lanzó a la carrera con el corazón encogido. Empezaba a clarear la luna tras la nube. Mora y Aira se habían refugiado en las sombras de la cueva. Estaba sola.

Y entonces oyó el silbido. Largo y seco.

Anula no sintió ningún dolor, pero vio de pronto la cabeza de una serpiente roja surgiendo del centro de su pecho como una exhalación. La punta de una flecha, brillante bajo la luz de la luna, seguida del astil ensangrentado.

Se detuvo. Había visto eso mismo en sueños, así que no le sorprendió tanto. ¿Cómo había podido olvidarlo? Era una imagen de pesadilla. Sin duda había llegado el momento de despertarse.

O mejor aún, el momento de dormirse profundamente.

El dolor fue bastante después, y ni siquiera se le podía llamar dolor. Namu le había enseñado que un dolor fuerte no dura demasiado tiempo nunca. Buscó remedio contra aquella quemazón. Simplemente hay que relajarse y respirar hondo, se dijo. Buscó el modo de hacerlo pero no lo encontró. Rechazó con fuerza la ansiedad a la que la llevaba ese fracaso. El dolor de la flecha estaba diluido en medio de una tranquilidad inmensa que la elevaba, que prolongaba sus pasos y alejaba sus pisadas de la tierra, que adormecía su cabeza para hacerla vagar también por lo alto.

De pronto se dio cuenta de que la luna lo iluminaba todo con aquella claridad a la entrada de la Cueva del Agua. Desde allí Mora y Aira la miraban con espanto. ¿Las veis, hermanas?: ahí están. Intentan comprender, como nosotras lo intentamos al recordar su historia, qué fuerza terrible las mutila y las separa.

Si conseguía llegar hasta ellas, Anula les iba a cantar el «Poema del agua». Por fin lo tenía completo en la cabeza. El poema bajaba desde la cueva por el río hasta el mar, y después vagaba por las aguas sin alejarse de la costa, contando a su paso cada golfo, los bancos de peces, los ríos que desembocaban en cascada o se diluían en estuarios, las playas arenosas, los árboles petrificados por el rayo, los promontorios orgullosos, las ciudades borrachas, el tiempo que nos pierde, acantilados hirientes, tribus hostiles, fuentes de agua clara y bosques que desfilan buscando el mar: costas inmensas que podían recorrerse en un instante, si el poema sucedía, como ahora, con todos los versos sonando al tiempo en su cabeza.

Desde arriba podía verlo bien: el poema recorría las costas de aquel mar inmenso en torno al cual se apiñaban, agrupados en ciudades, los hombres del mundo mirando el agua, como ranas ante una charca.

Siguió trotando, tras recobrar la pereza, por mucho que se hubiera desplomado apenas a unos pasos de la cueva.

8
Filtros de amor
[Atenas, 411 AEC]

> ... cuando a dueñas
> se permite
> en banquete el fruto sabio
> de la vid,
> nada limpio espero luego
> de esa orgía.
>
> Eurípides, *Bacantes*, 260-263

Las mañanas sin ensayo en el patio transcurrían en paz. Las dos esclavas que compartían habitación con Mora eran de su edad y pronto se convirtieron en amigas. Una de ellas, la más divertida, se quedaba durmiendo hasta tarde. Cefisofonte, el escriba de Eurípides, siempre se quejaba a Melitó, porque les tocaba a los demás repartirse sus tareas.

—Déjala —le decía Melitó—. Tiene que haber perezosos también. Si todos fueran como tú, siempre con ganas de trabajar, el mundo sería muy aburrido. Y ser perezosa no es nada agradable, te lo aseguro. Yo también lo era a su edad. Se sufre. Suficiente tiene con eso.

Eurípides le había pedido a Cefisofonte que le enseñara a Mora los rudimentos de la poesía griega. Así que algunas mañanas le daba lecciones.

—Empezamos con la mano de versos. Abre la palma —le pidió el primer día—: el pulgar es el puntero, y con él vas contando las falanges de los cuatro dedos, que son las sílabas, de la mayor a la pequeña. Cada dedo es un dáctilo, el metro básico: una sílaba larga, la falange larga, y dos breves, las cortas. Cada mano es un tetrámetro dactílico, y tres manos son dos hexámetros dactílicos: cuatro por tres, doce. Esto es para la épica. ¿Lo ves?

—¿Contáis los versos con el sistema docenal, como las monedas? —preguntó Mora sin enfadarse.

—Eso es, muy bien.

Se había prometido a sí misma que iba a aprender lo que le enseñara aquel muchacho. La sibila le había dicho que un hombre también podía ser maestro. Quizá este era el suyo, aunque tuviera cara de pazguato.

—Así que cuatro dedos por tres falanges: los doce meses lunares del año.

—Exacto —la miró Cefisofonte, que ahora caía en ello.

—Ya, pero para vuestro año solar faltan cinco días. ¿Qué hacéis con ellos?

—Pues no sé...

—Yo te lo digo: los días que sobran son para Dioniso. Así que todo el mundo a la calle a beber vino y comer carne, como os gusta: días sin ley. Los necesitabais, después de tanto tiempo de tormento, contando el tiempo y los versos sin saber para qué.

—A ver, tómatelo en serio —respondió él—. Ahora vamos con la tragedia. Un paso es un yambo. ¿Ves? El pie izquierdo, que está cojo, para empezar con la sílaba corta. Y el derecho, la larga. Así:

Caminó cojeando y con cada medio paso marcaba una sílaba:

Que síii, / que nooo, / te quieee-ro
Si nooo / me daas / dineee-ro.

—Dos trímetros yámbicos, base de la tragedia —añadió—. ¿Entendido?

—¿Es un poema o lo has improvisado tú? —le preguntó Mora sin reírse.

—Lo he improvisado yo —sonrió Cefisofonte orgulloso.

—¿Y por qué se cojea con el pie izquierdo?

—Es el pie en el que están heridos los héroes: Aquiles, Jasón, Edipo, Télefo, Belerofonte... Hasta el dios Hefesto. Pero para los troqueos hay que cojear con el derecho: van al revés.

—Pues pareces una perdiz macho en celo.

Entonces, por fin, Cefisofonte se puso rojo como una baya de serbal.

Tras aquellas mañanas improductivas, según avanzaba la tarde, la sombra se iba apoderando del patio, y entonces los dos gatos de Melitó volvían de su paseo vespertino y caminaban estirándose con pereza sobre las losas calientes, para tumbarse en el bordillo de la pileta de la fuente. Hasta allí cargaban las mujeres con los telares para continuar tejiendo hasta que se acabara la luz.

Una de las primeras tardes en las que Mora disfrutaba del sopor de aquella vida aislada de las mujeres atenienses, aporrearon con fuerza la cancela de la puerta y al rato irrumpió en el patio una mujer mayor seguida de otra joven y un hombre gordo y calvo que portaba una gran sombrilla.

—¡Traigo la solución! —gritó la recién llegada—. ¡Fin de las penas!

—¡Vino para Aspasia! —gritó a su vez Melitó.

—¡Dulce y de Quíos, si queda! —respondió la otra.

Las dos se unieron en una carcajada antes de abrazarse.

Mora acompañó a Cefisofonte a la despensa. Mientras vertía en una jarra grande vino de un odre de piel de cerdo que colgaba de una percha, el esclavo no ocultaba su indignación:

—¡Vino para Aspasia! —rezongaba—. ¡Si ya viene borracha!

Cefisofonte tenía edad para coger las armas, pero se comportaba como un niño, y a Mora le resultaba muy sencillo sonsacarle.

—Trae que te ayudo. ¿Por qué te cae tan mal Aspasia?

—Eurípides no cuida de su esposa, y acabará dándonos un disgusto. ¿No ves que las mujeres lleváis ya en la cabeza un líquido que es como sombra de vino? No podéis beber. El demon malo se apodera de vosotras.

—Venga, déjame. Solo un traguito —le pidió Mora.

Por toda respuesta, el muchacho alzó despectivo la barbilla y las cejas poniendo los ojos en blanco. Los griegos tienen formas singulares de expresarse, como ese movimiento de la cabeza para decir que no, en vez del cabeceo horizontal del resto de los mortales.

Mora empinó la jarra y le dio un trago largo.

—¡No, no! ¡Trae, idiota!

—¡Dioniso! —gritó satisfecha al bajar la jarra.

Sabía a miel, y también un poco a nuez y a tomillo.

—¡Evohé! —respondió el otro, pero de morros, recuperando la jarra con sumo cuidado y limpiando con la túnica la embocadura.

—No sabes nada, Cefiso: bebe tú también.

—¡Se lo voy a decir a Eurípides! —gritó escapando de allí.

Aspasia estaba borracha, sí, pero lo llevaba con soltura.

—Deja de abanicarnos, Kibaba —le dijo al hombre que estaba agitando entre ella y Melitó un enorme flabelo—. Aquí no tienes que disimular.

—No, no —dijo él—: si lo hago encantada. Eso sí, tengo una sed...

Mora nunca había visto un eunuco. Kibaba no era ya joven, aunque tenía voz y mofletes de niño, carácter de mercadera y el cuerpo sin un solo pelo.

—En Frigia solo bebía para el culto de Cibeles, pero mis enseñanzas lo han convertido en un verdadero sibarita —presumió Aspasia.

—Desde que la aurora despierta con Arturo brillando, cada día que los vendimiadores de Quíos dejan pasar sin recoger la uva es una bendición para mí —dijo el frigio, tras paladear un trago de aquel vino dulce. Luego arrojó con desparpajo al suelo el culo que quedaba en la copa—. ¡Dioniso!

—¡Evohé! —respondieron todas bebiendo y entregando al dios su parte.

—Enséñame de una vez lo que me has traído —le pidió Melitó a Aspasia.

—Saca primero al niño de aquí —le contestó ella sin bajar el tono, al tiempo que cogía un puñado de nieve de un nevero de madera que había a sus pies y lo echaba en su copa para que el niño al que quería echar le escanciara sobre ella el vino.

Aspasia era bastante mayor que Melitó. Había nacido en Mileto, en Jonia, y como mujer y extranjera residente —lo que los griegos llamaban meteca: libre pero sin derechos—, no tenía por qué mantener el decoro que se exige a las atenienses.

—Cefisofonte, ¡a limpiar la cuadra! —ordenó Melitó.

—Ya la he limpiado esta mañana —refunfuñó el muchacho.

—Pues la limpias otra vez —rio Aspasia.

Reía a carcajadas cuando le venía en gana, sin miedo a mostrar sus arrugas, y hablaba a gritos graves y roncos, indiferente a lo que cualquiera pensara. Cuando Cefisofonte salió, se sacó de los pliegues del manto un anforisco diminuto de pasta de vidrio y lo inclinó, volcándose en la palma de la mano un polvillo dorado.

—¿Qué es eso? —preguntó Melitó poniéndose de rodillas junto a ella.

—Cantárida. Un poco en la cena y lo tendrás toda la noche más contento que Príapo. Como si se lo das en el desayuno: seguro que no sale de casa.

Mora dejó la cítara en el suelo y se levantó a curiosear.

—Pero no le hará daño, ¿no? —decía Melitó.

—¡Qué va!

—¿Es del escarabajo verde esmeralda de los olivos? —preguntó Mora humedeciéndose el dedo para probar una pizca—. ¿Uno largo y delgado?

—Exacto —reconoció Aspasia—: la cantárida. Y no te la comas, a ver si te va a crecer a ti lo que no te esperas.

—Dame a mí un poco, entonces —propuso el eunuco Kibaba.

—Mucho cuidado —dijo Mora escupiendo—. Un poco más de la cuenta y empiezan a mear sin parar, luego viene la sangre y al final se les seca la vejiga y están apañados.

—Qué exagerada. Lo tengo comprobado: no pasa nada si se usa con prudencia. En mi casa nos lo piden los que lo van necesitando...

—¿En tu casa? —se extrañó Mora—. ¿Eres hetera?

—Tengo un pequeño negocio, ya ves.

Mora había oído hablar mucho de las heteras, tan sabias en las distintas artes que podían desde cantar un poema acompañadas de cualquier instrumento hasta practicar con soltura las doce posturas amatorias.

—Y con la cantárida —siguió la hetera— solo hemos tenido alegrías.

—Alegrías y orina ensangrentada —sentenció Mora—. Di la verdad.

—Un poco de sangre sí —continuó ella—, no te lo voy a negar. Pero es que la usamos casi solo con mayores. Y al ver que funciona, se exceden por puro entusiasmo. Y coincide que luego se mueren.

Era una mujer muy convincente.

—Al final todos tienen que morirse —apuntó Afrodisia, una de las acompañantes de Aspasia, dejando de soplar el aulós, del que sabía obtener un sonido profundo y suave que Mora solo le había escuchado a ella.

—Tampoco me parece que sea ese el problema —intentó explicarse Melitó—. A Eurípides alegría no le falta. Si no, no se encerraría tan a menudo con Cefisofonte. Y por más que le grito, a mí ni caso.

—Bueno. Igual no se anima porque le gritas demasiado, que te conozco.

—Pero es que no sabes cómo me trataba antes. ¡Me adoraba! —añadió tomando a pesar de sus dudas el frasco—. Y aparte de todo, a Eurípides lo veo fatal. Tiene presiones horribles. Le están pidiendo que escriba algo que no le interesa, y eso siempre acaba mal.

—Ahí sí que tiene un problema —asintió Aspasia.

—¿Qué sabes tú de eso?

—El rey Arquelao, que ha venido a que la polis le haga el nombramiento oficial de benefactor y representante perpetuo de Atenas, le ha pedido una tetralogía en la que se lo aclame como descendiente de Heracles.

—Uf —se lamentó Melitó—. Un tirano. Nos va a llevar a la ruina.

—Pero bueno, ¿disputas de Estado por tragedias? —se asombraba Mora.

—Eso fuera de Grecia no se entiende —le explicó Aspasia—. Atenas es más fuerte por su teatro que por su flota. Ya verás cuando empiecen las Grandes Dionisias: los barcos en el puerto, el mercado a rebosar, embajadores de todo el mundo boquiabiertos mirando el lujo de la acrópolis...

—Ya. No lo acabo de entender. ¿Por qué no las escribe otro? —insistió Mora.

—Eso le dicen todos al rey. Hasta Sófocles se ha ofrecido a hacerlo —le explicó Aspasia.

—Pero Arquelao no es tonto —rio Kibaba.

—Las artes de las Musas le importan una higa —razonó Aspasia—, lo que quiere es que se represente por toda Grecia, y eso solo se lo asegura con Eurípides.

—Mientras se construía el palacio en Pela —señaló Kibaba—, ha convertido Dion en capital religiosa de Macedonia levantado una ristra de templos... Y un teatro descomunal para un festival de las Musas que va a dejar pequeñas las Dionisias de aquí.

—Pues ¿no decían que iba a ser un festival de Zeus para juegos deportivos, en competencia con Olimpia? —preguntó Melitó despistada—. Eurípides me ha prometido que vamos al final del verano...

—También —confirmó Kibaba.

—Va a por todas —añadió Aspasia—. Es un plan semejante al de Pericles y su acrópolis. Está montando en la corte de Pela un círculo de sabios, poetas, arquitectos, filósofos, historiadores, músicos...

—¡El Banquete de los Afortunados, lo llama!

—Delirios de grandeza —rio Melitó.

—Y dinero para materializarlos: por lo pronto, aliándose con Atenas se ha quitado de encima su dominio marítimo, que lo tenía acogotado, y eso que la madera la ha vendido a buen precio para no enemistarse con Esparta. Pero no para: ha contenido el empuje de los tracios en sus fronteras y se ha adueñado de las más importantes minas de oro y plata tracias.

—Quiere pasar a la historia —comentó Melitó.

—Y si nadie lo detiene, pasará —siguió la hetera—. Por los nuevos caminos que ha construido en Macedonia se mueven sus tropas a enorme velocidad, cada vez con más soldados, caballería y armamento. Me recuerda al pobre Pericles. Se ve nítida la ambición en el fondo de sus ojos: lo que quiere es dominar toda Grecia. Atenas ya tiene de quién preocuparse, si sobrevive a Esparta.

—Lo que no sepas tú de estrategia... —se rindió la anfitriona.

—Hija mía, es que en mi casa el peor vino que se sirve es el de Tasos.

—Suelta las lenguas y desabrocha los peplos —ratificó Afrodisia.

—Aunque no le llegue a este de Quíos a los talones —añadió Aspasia antes de dar otro largo trago.

—Pero vamos a ver, Aspasia, dime: entonces, ¿qué propones tú para salir de esta situación sin solución? —preguntó Melitó.

—¿Eh...? ¡Ah! Pues si descartamos la cantárida por dañina, no se me ocurre nada mejor —reflexionó Aspasia.

—No, si me refería a...

—A Eurípides basta con darle adormidera, y buenas prácticas —interrumpió Mora, a quien aburrían las disputas entre pueblos griegos.

—¿Adormidera? —Melitó rio con ganas—. ¡Vaya apaño, si lo dejas dormido!

—Sería mejor sin adormidera —admitió Mora—, pero aquí si no es con drogas no sabéis entrar en trance.

—A ver, lo de follar en trance con adormidera se lo he oído yo decir a una bruja lidia —recordó Aspasia encantada—. ¡No me digas que eres bruja! ¿De dónde has sacado esta joya, Melitó?

—Es laborioso pero muy eficaz —dijo Mora—. Los hombres tienen tendencia a obedecer de natural, aunque no lo sepan. Lo más difícil es llevarlos al trance sin que se enteren y sin que se duerman. Hasta un perro sabe entrar en trance, pero en Grecia habéis perdido casi por completo la capacidad... Si lo pones en trance, después todo va rodado.

—¿Sin que se entere? —preguntó Melitó.

—Claro. Para eso sirve también la borrachera de opio. Cuando salen no se acuerdan de nada. Si quieres probamos con Cefiso.

—Ya, pero a Cefisofonte no le hace ninguna falta... —comento Melitó, y enseguida intentó corregirse—. Vamos: ¡imagino yo...!

—Ese te hace entrar a ti en trance sin tomar nada, y aún le queda para otras siete —comentó Afrodisia.

—No me gusta que andes divirtiendo a los esclavos de mis amigas como una sirena —la regañó Aspasia—. Luego las familias naufragan.

Mora se sentó de nuevo, cogió la cítara y se puso a tocar una melodía de su tierra. Había notado la presencia de una serpiente y quería que asomara para ver de qué tipo era.

—Pues si el niño da para tanto —seguía Aspasia—, ¿por qué no pruebas con los dos al tiempo? Las atenienses os crecéis en la competición.

—¡Que no estoy yo para niños! —dijo ahora sin rubor Melitó—. Ni él tampoco debería. Necesita una mujer que lo cuide, a sus años. Y yo un hombre.

—Vale, pero no te las des ahora de vieja, que nos conocemos.

Seducida por la melodía, la serpiente sacó al fin la cabeza por un costado de la pilastra de la fuente. Era un ejemplar grande, una de las llamadas culebras de Asclepio. Se sumergió en la pileta ante la apática mirada del único gato despierto.

—Vieja no. Es que él es *mi* pareja. ¿Por qué tiene que estar todo el día con un muchacho?

—Uy. ¿Y por qué el agua no sabe a nada y parir duele tanto? —preguntó Aspasia—. Pero te aseguro una cosa: con pocas excepciones, no hay hombre que se resista a ciertos cuidados. Y los chavales acaban metiendo la pata, por más que de entrada sepan manejar el arma con soltura.

—Ahí nos llevan ventaja —reconoció Melitó.

—Pero no hay nada que un buen adiestramiento no pueda superar —continuó la hetera—. ¿Sabes lo que hice yo cuando monté mi casa?

—Dime.

—Muy sencillo: ¿quieren efebos?, pues hala. Le pedí a varias de las chicas que se cortaran la melena, se depilaran de arriba abajo y se hicieran las idiotas. Ahora ese modo de seducción está en boga hasta en Corinto, pero lo empezamos a practicar en mi casa. Y menudo éxito. Entre una mujer depilada haciéndose la tonta y un efebo que lo es por completo y además está como una cabra, al final no hay duda. Todos acaban escogiendo a la mujer, excepto algún recalcitrante.

—A mí no me importa depilarme y lo que sea, pero desde luego si busca una tonta, conmigo va dado: antes le digo cuatro cosas —reconoció Melitó.

—Ya, bueno, es que tú no sirves para el teatro, eres muy sentida. Oye, tu nueva esclava me tiene fascinada. ¿Qué tal cantas, querida...?

Mora le devolvió a Aspasia la sonrisa sin dejar de tocar.

—La verdad es que si quisiera la casábamos mañana mismo, ¿eh, Aspasia? —se burló Melitó.

Mora quería protestar, pero temía que la serpiente dejara de bailar. Se había acercado al grupo de mujeres sin que nadie más se diera cuenta, y se había quedado detenida ahí, con la cabeza levantada, moviéndola muy lentamente de un lado a otro al compás. Mora disfrutaba de su baile en silencio. Medía casi seis pies. Tenía la piel de fondo dorado amarillento, sobrescrita por estilizadas manchas marrones como letras de un alfabeto desconocido. Y los ojos parecían perlas de plomo.

—Mucho mejor soltera y extranjera. ¿Te gustan los hombres? —le preguntó Aspasia.

Mora rio.

—¡Que le pregunten a Cefisofonte! —dijo Melitó—. En eso me ha venido bien. Tiene a todos los de la casa ocupados, y a más de una también.

—Me la tienes que dejar para que la lleve como dúo con Afrodisia a... ¿Qué es eso? ¡Ay! ¡Por Deméter!

Mora no consiguió entender en absoluto lo que ocurrió entonces. Siguiendo la mirada de terror de Aspasia, todas vieron de pronto la gran culebra, aunque no les dio ninguna alegría, ni mucho menos. Afrodisia lanzó por los aires el aulós, que cayó contra la losa del suelo a los pies de Mora, con uno de los tubos partido por la mitad. Melitó no parecía ágil, pero estaba subida a la pileta de la fuente antes de coger suficiente aire para gritar. Y Aspasia corrió hacia la puerta de la calle tan rápido que llegó antes que Afrodisia. Solo la adelantó el eunuco Kibaba, que en el último momento volvió la cabeza porque sentía el aliento de la serpiente —dijo después—, y se estrelló contra la puerta cerrada.

Mora dejó a un lado la cítara, se levantó y cogió al animal alzándolo.

—¡Pero si no hace nada! —gritó mientras la culebra se le enrollaba a lo largo del brazo—. ¡Venid! Le habéis dado un susto de muerte. Uf, pesa como una vaca.

La pequeña reunión se hallaba en su mejor momento al anochecer, cuando llegó Eurípides. Estaban enseñando a Mora a bailar la córdax, una danza bastante obscena, así que hubo que parar un poco. Eurípides saludó a Aspasia tímidamente. Se veía que estaba deseando retirarse.

—¿Y Cefisofonte? —preguntó—. Tenemos que repasar una escena...

Aspasia rompió el silencio con que fue recibido su comentario:

—¡Ah, no! Nada de trabajar. Tómate con nosotras un vino. Lo he preparado a mi aire, ya verás lo bien que me sale. Trae que te lo sirvo.

—Qué amable, querida.

—El otro día brindó por ti en casa un grupo de supervivientes del desastre de la flota en Siracusa...

—Vaya. Pobres desgraciados.

—Uno de ellos contó que lo habían apresado y vendido a un terrateniente de allí. Y decía que solo estuvo de esclavo diez días, porque le tocó de amo un entusiasta del teatro. En una cena le dijo bebido que si le cantaba versos de Eurípides que él no conociera lo dejaba libre.

—Suena a cuento de borracho —comentó Eurípides pasándose las manos por el rostro.

—Le cantó la del *Ión*... —Se puso a cantar y pronto la seguían todas:

>*Ay, aposentos de Pan:*
>*Rocas Altas cavernosas,*
>*donde danzan, paso en coro,*
>*las tres nacidas de Aglauro...*

—Los mismos que arremeten por la calle contra sus tragedias pidiendo guerra a gritos regresan pacifistas de la batalla —se lamentó Melitó.

—Pronto volverán a gritar contra mí —sonrió Eurípides—. La madera del rey Arquelao anima los impulsos guerreros.

—En principio este Arquelao parece comedido —comentó Aspasia—, pero si el vino le llega al alma, como al final las tres veces que nos ha visitado, se convierte en un verdadero... ¿Sabéis que lo llaman Edipo?

—¿Edipo? —se sorprendió Melitó—. No me asustes.

—Bueno, su mujer Cleopatra le saca veinte años pero era solo su madrastra, no su madre. Aunque parece que a su padre sí se lo cargó él.

—¿Entonces es verdad que es hijo de una de las esclavas de la corte? —preguntó Melitó encantada.

—Y además presume de ella: solo por eso me cayó bien al principio. Pero cualquiera de su cortejo reconoce con un par de tragos que tuvo que llevarse por delante también a un tío y un primo. Los emborrachó y los degolló. Y el accidente de su hermanastro fue de fábula: estaba jugando en el brocal del pozo, el pequeñín, a quién se le ocurre...

—Querida, ¡qué espanto! —se lamentó Melitó—. Deberías escribir una historia sentimental de la tiranía griega.

—Por cierto —se acordó Eurípides—: los libreros Crisantos y Agapitos me pidieron que les consiga los discursos que le escribiste a Pericles, para copiarlos y ponerlos a la venta.

—Uy, hijo. —Aspasia rebuscó en la memoria—. No sé dónde estará todo eso. Ya ni me acuerdo de cuando lo escribí.

Eurípides explicó que los libreros no le habían creído cuando les contó que Aspasia, envidiada amante de Pericles cuando dominaba la Asamblea, era quien redactaba sus exitosos discursos. Lo admiraban tanto como para pensar inocentemente que improvisaba ante la Asamblea. Eurípides se lo había demostrado haciéndoles notar lo extraño de que tras la muerte de Pericles, Aspasia, como todo el mundo sabía, se hubiera convertido en la amante de otro general, Lisicles, conocido por su incapacidad para explicarse en público. Y que en pocos meses, ¡milagro!, el hasta entonces bocazas Lisicles pasara a arrasar con sus discursos ante la Asamblea y se convirtiera en el sucesor de Pericles al frente de la política ateniense.

—Echaron cuentas y ahora quieren comprarte los discursos de los dos. Te darán lo que les pidas.

—¡No sabía que eras también retórica, madre! —dijo Afrodisia—. Pero en cuanto te conocí noté que con esa labia podías conquistar el mundo. ¡Con Pericles!

—Bueno... Primero lo seduje —explicó Aspasia—, eso fue lo más complicado. Después vi que sus aliados le estaban esquilmando la fortuna y me hice cargo de las cuentas. Eso resultó más fácil: cualquier extranjero aprende pronto a manejarse con dinero aquí, no se nos desprecia por buscar beneficio económico, es la única ventaja que les llevamos a los ciudadanos. Pero lo más sencillo de todo fue hacerle los discursos. Confiaba tanto en su voz y en su instinto que se había estancado en tres ideas...

—¡Lo que no habrá hecho esta, si tú supieras! —le dijo Melitó a Afrodisia—. Sócrates, su primera pareja, aprendió a discutir con ella en una zapatería.

—Es el primero al que el dolor del amor lo llevó a la racionalidad..., en vez de a la locura... —comentó Eurípides entre bostezos—. Alguien tendría que escribir también..., de Sócrates..., los...

—Uy, perdona, estarás cansado y nosotras aquí hablando sin parar —se disculpó Aspasia—. ¡Venga, que nos vamos!

—No, Aspasia, perdona tú... No puedo ni acabarme el vino. Me voy a dormir..., con vuestro permiso, me parece que he bebido más de...

El poeta se levantó a duras penas sin acabar la frase y echó a andar tambaleante en dirección contraria a su habitación. Se le cayó la copa pero no hizo amago de recogerla.

—¿Qué te pasa? —dijo Melitó extrañada—, ¿adónde vas?

Aspasia, que se había levantado a la carrera tras él, lo atrapó cuando se desplomaba, impidiendo que cayera de cabeza contra el empedrado del patio.

Gritaron todas. Melitó, la que más fuerte.

—¡Tranquilas! —dijo Aspasia—. He sido yo.

—Pero ¿qué le has hecho?, ¡ay! —le preguntó Melitó.

—Había que darle adormidera, ¿no? Me parece que me he pasado un poquito.

—No le veo la gracia. ¡Lo que era este hombre, madre mía! —se lamentó Aspasia dejando la túnica de Eurípides a un costado de la cama de Melitó.

Todas se arremolinaban en torno al cuerpo desnudo y trágico del poeta.

—Tan poooca cosa para ese corpachón, chicas: con lo que nos ha costado subirlo —se lamentaba el eunuco Kibaba.

—Pues para su edad a mí no me parece tan mal —opinó Afrodisia.

—¿Me pongo encima de él? —preguntó Melitó a Mora intentando animarse.

—Espera, ahora solo está dormido —dijo Mora—. Y tenso como un arpa pese a la adormidera. Ayudadme a darle la vuelta y le hacemos un masaje.

Entre todas pusieron el cuerpo dormido boca abajo. Después Mora comenzó a masajearle los hombros y la nuca.

—Tú haz que se le relajen los dedos de los pies —le pidió a Melitó, mientras le susurraba algo al oído al durmiente.

—¡Pero si está como un tronco!, ¡no te oye! —se extrañó Aspasia.

—Ya me irá oyendo, poco a poco.

—Como se entere mañana a mí me mata —dijo Melitó deteniendo el masaje.

—No. Puede que se acuerde en sueños. Y si alguna vez lo recuerda despierto creerá por eso mismo que es un sueño. Solo una persona entrenada recuerda en la vigilia lo que hace en trance, y con una borrachera así, difícilmente...

Siguió bisbiseando.

—¿Qué le dices? —preguntó Kibaba.

—Da igual, son palabras cariñosas.

—¡Qué cerda! —dijo Aspasia, que había pegado la oreja.

—Déjame escuchar a mí —protestó Melitó—, que soy la que tiene que aprender.

—Vamos a darle la vuelta otra vez —pidió Mora.

Las cuatro lo pusieron supino, primero, y luego de nuevo boca arriba.

—¿Lo ves? —dijo Afrodisia.

—Pues a mí lo que me está entrando es un ataque de ira. Si le grito en sueños, ¿se acuerda luego?

—Haz el favor de contener la bilis negra —le pidió su amiga—. Estamos intentando arreglar las cosas. ¿De qué te sirve gritarle ahora?

—Pero es que no puede ser que a mí no me haga ni caso y la primera que llega y le dice dos tonterías... Perdona, Mora...

—Te entiendo muy bien —aseguró ella susurrando—. Y es lo que vamos a solucionar. Ya está en trance: todo tuyo. Ojo: hablad más bajo, que si recobra la conciencia y nos ve no sé lo que le vais a contar.

—Melitó, hazlo aunque solo sea por ti —le dijo Aspasia—. Ya tendrás tiempo para pelearte con él y regañarle a gusto a la primera excusa.

—Espera un poco, que me concentre —dijo ella tomando aire—. ¡Voy! Trepó a la cama y se colocó rápido en posición.

—¡Qué nervios! —añadió la esposa agarrando la verga crecida del poeta y llevándola a su entrepierna—. Yo ya estoy lista...

—Lo vas a estropear con las prisas —la regañó Kibaba.

—No está —calculó Mora—. Pero es mejor que ya lo apañes tú. Retírale la piel del bálano, a ver de qué color...

—Sería mejor que se la chuparas primero —consideró Aspasia.

—Pues nunca me deja... —confesó Melitó.

—No es posible —se extrañó Mora—: tú no le hagas ni caso.

—Es que aquí los hombres tienen una idea un poquito especial del modo de relacionarse con la madre de sus hijos —le explicó el eunuco Kibaba.

—Aunque luego con nosotras no piden otra cosa —secundó Aspasia.

—Si quieres se la chupo yo, madre —propuso Afrodisia.

—Mírala qué lista —la regañó Aspasia mientras Melitó desmontaba y tomaba las riendas—. Hace calor aquí, ¿eh?

Ya no hubo forma de pararla.

—Técnicamente perfecto —consideró el frigio Kibaba cuando ella se detuvo un momento a coger fuelle—. Ya lo tienes.

—Intenta no gritar —le pidió Mora a Melitó un poco preocupada al ver la excitación con la que se envainaba el pene del poeta.

—¡Hécate nos lleve a todas! —invocó Aspasia en un susurro—. Qué envidia, voy a entrar en trance también.

Se quedaron las tres paralizadas, mirando como bobas a la pareja, y estuvieron así, sin saber qué hacer, hasta que

Mora, viendo que la explosión se avecinaba, apagó la lámpara de aceite tapándola con la mano.

El grito de Melitó quebró la oscuridad. Las tres se acuclillaron al pie de la cama cuando llegó el gruñido de placer de Eurípides. Melitó siguió jadeando y rugiendo, descontrolada. Hasta que al fin se derrumbó.

Hubo entonces un buen rato de silencio, solo roto por suspiros y jadeos.

—Melitó —dijo al fin el poeta, como si asomara al exterior desde un pozo de placer.

—Dime, cariño.

—He tenido... Tenía un sueño, y luego...

—Duerme, amor.

9
El mensaje
[Pela, Macedonia, 406 AEC]

> Al comienzo de este duelo, oh Pelasgia,
> mi uña blanca me desgarra la mejilla,
> en sangriento ademán,
> golpes en la cabeza: honro a la diosa
> abismal, la bella niña, Perséfone.
>
> EURÍPIDES, *Orestes*, 960-964

Cuando Mora regresó a la villa de Eurípides en Pela, Melitó estaba fuera de la casa, junto al corral. Asistía seria e impasible a la discusión a gritos entre Zbel, la bruja tracia que se había convertido en su amante, que llevaba en las manos un cáliz con vino, y su hija Eco, que estaba acuclillada abrazada a *Nape*, el viejo galgo persa de Eurípides. Con el pelo cortado a cuchilladas desiguales, Eco parecía una esclava. Al verla, Mora recordó que el pelo era lo único que la pobre muchacha apreciaba de su cuerpo.

Fue a contarle a Melitó con el mayor tacto posible lo que había averiguado, pero ella la recibió enfadada.

—Te prohíbo que vuelvas a salir de casa sin mi permiso. ¿Dónde estabas?

No merecía la pena recordarle que no podía prohibirle nada.

—Lo cazó la jauría del rey Arquelao —le soltó.

Casi enseguida se arrepintió de su crudeza, pero Melitó hizo como si el golpe no la hubiera alcanzado, y lanzó el suyo.

—Tendrás que explicárselo a su guardia personal. Ha venido una pareja a buscarte. Quieren que te presentes en palacio cuanto antes.

Siempre había algo que las unía, aunque fuera, como ahora por primera vez, la necesidad de hacerse daño.

—No sé aún quién dio la orden de matarlo, pero ha podido muy bien ser el propio Arquelao, que en ese caso necesitará un culpable a toda costa. Si me están buscando me largo —avisó Mora dándose la vuelta.

Sin embargo se detuvo enseguida. Mientras hablaban, los resoplidos acompasados de un caballo se oían cada vez más cerca. En ese momento un jinete llegaba al pie de la colina por el otro lado del camino, el que venía de Terma, azuzando el trote de su caballo. Llevaba uno de esos ridículos gorros escitas adornados con cornamenta de ciervo. Desmontó para subir la cuesta de la colina tirando de las riendas del animal, que sudaba por los cuatro costados.

—¿Casa de Eurípides? —gritó sin decidirse a subir—. ¡Mensaje para Eurípides, mensaje!, ¡de Sófocles de Colono!

No respondieron. Pero el correo subió.

—¡Es urgente! —se lamentó a media cuesta—. Llevo retraso, llevo: una tormenta de nieve nos hizo detenernos en Delfos dos días.

—Nada es urgente ya, imbécil —dijo Melitó lo suficientemente bajo para que no la oyera, y luego, alzando la voz—: ¡Sube y descansa, has llegado!

Mora conocía a aquel hombre enorme, de rostro rubicundo, ojos almendrados y cola de caballo rubia pajiza asomando tras el gorro. Lo había visto varias veces en Atenas. Las dos tablillas de madera venían envueltas en tela, con un cordel enlazando el paquete, lacrado en el nudo y sellado con la vara de Asclepio, el símbolo sacerdotal de Sófocles. Melitó le arrancó el paquete al mensajero, que protestaba:

—Tengo órdenes de dárselas solo...

La viuda lo abrió, y al acabar de leer las tablillas se las entregó a Mora:

—Aquí tienes respuesta a lo que buscas.

Había poco que leer, y en verdad la nota llegaba tarde.

Hermano, no sé de ti apenas, pero he tenido noticias preocupantes de la corte de Pela. Tu vida, me dicen, está en peligro. Desconfía de Agatón. ¿Qué ha ocurrido entre vosotros?

¿Qué había ocurrido entre el extravagante Agatón y Eurípides? Nada nuevo, que Mora supiera. Agatón era su discípulo aventajado, su amante en otro tiempo, el heredero de su obra, convertido ya en dramaturgo de peso, y quizá el hombre que más lo admiraba. Y, por qué no, quizá también el que más lo odiaba.

—Te lo suplicó, Melitó —dijo mientras le devolvía la misiva, intentando a duras penas sonreír, por si así resultaba menos agresivo—: dejad al perro en paz, me parece que Eco ha tenido suficiente dolor por hoy.

—Ya no me llamo Melitó, te lo recuerdo. Ahora me llamo Querile —respondió la viuda con gesto feroz.

Eco entró furiosa en la habitación de la torreta, donde Mora estaba guardando dos o tres rollos en su morral. Hizo un esfuerzo para mostrarse en calma al informarle a Mora de que Melitó había mandado aviso a la guardia de Arquelao de que se iba.

—Ya lo sé, tonta —le respondió—. Tiene que protegeros. Ahora le dirán que has subido a hablar conmigo y sabrá que me has avisado.

—Me da igual —sonrió con un mohín—. Está destrozada, no tengo ni idea de qué le ha pasado contigo, ni conmigo, pero ella no es así.

—Recuérdale que lo sé perfectamente. Si algún día se convence de que yo no tengo nada que ver con esto, dile que no le guardo rencor.

—Desde que se inició en los misterios... ¿Tú crees que se ha convertido en una...? Esa mujer, Zbel... Está loca. Como todas las adoradoras de Hécate.

—Zbel parece inocente. Ama a su diosa más que su vida, y sí, es una salvaje, pero no creo que haya que temer nada de ella.

—Ya. Díselo a *Nape*. —Suspiró meneando la cabeza con pesadumbre, a punto de volver a echarse a llorar—. Habrá que intentar empezar otra vez desde el principio. Imagino que nos iremos a Atenas y que allí, por fin...

Gritos de mujeres abajo interrumpieron sus palabras. Se asomaron las dos por la ventana que daba al patio, en donde había bastante trajín. La gran hoguera crepitaba con fuerza junto al altar. Melitó llevaba máscara de ménade, y estaba derramando sobre el ara un cántaro entero de leche y miel, intentando unirse con lazo fuerte a su esposo muerto.

Nape jadeaba al lado del altar, coronado con hiedra, a punto de perder la conciencia, pero Zbel, la bruja tracia, lo mantenía despierto y en pie golpeándole con un bastón en el cuello.

Mora abrazó a Eco, que lanzó un sollozo.

Alrededor del altar, la familia y las esclavas formaron corro, le arrojaron granos de cebada al perro, murmurando elogios para él, y después se tomaron de las manos. Melitó asperjó al animal, y hundiendo la mano en un cesto de cebada sacó el cuchillo sacrificial escondido entre los granos. Zbel ayudó al perro a agachar el morro, cabeceando como en asentimiento ante su inevitable destino, y entonces Melitó lo degolló de un tajo limpio, como si sacrificara todos los días.

Hay cosas que cuando una aprende a hacerlas ya no se olvidan.

Eco sintió la cuchillada recorriéndole la espina dorsal mientras abajo la sangre brotaba sobre el vaso que sostenía Zbel y el ululato de las mujeres tapaba el aullido agonizante del perro. Eco se llevó las manos a la garganta, deteniendo el instinto de sumarse al lamento. El pobre perro dobló las patas delanteras y permaneció arrodillado con esfuerzo, como si hubiera cambiado de opinión y ahora no quisiera dormir ya nunca más. Tardó bastante en derrumbarse de costado.

—Cree que el perro va a acompañar a Eurípides en el infierno, los dos rejuvenecidos —se lamentó Eco.

—No sabe lo que hace —dijo Mora.

Eco sí sabía bien cuánto tiempo le había costado a Mora que todos en la casa renunciaran a los sacrificios cruentos.

Abajo, Zbel vertía la sangre del animal con el vaso sobre un agujero hecho en la tierra. A su lado, Melitó dejó de gritar, se derrumbó de rodillas y quedó ahí cabizbaja, como su víctima poco antes.

—Ahora —suspiró Mora—, puede confundir el duelo con la culpa.

Entonces Eco vio que Mora miraba por encima de las tapias de la casa. ¿Se oían ladridos a lo lejos? Cuando las mujeres fueron callando los sintió claramente. Al fin los vio también ella.

—¡Por Hestia! Estás perdida —gritó mientras se apresuraba a atrancar la puerta de la escalera.

Esta vez la guardia de Arquelao venía con la jauría del rey. Los perros andaban de caza, excitadísimos.

En el patio, con la ayuda de dos mujeres, Zbel colocó al animal sobre la hoguera para que se consumara el holocausto. Por un momento las llamas parecieron sofocarse y el humo rodeó el bulto negro del galgo persa. Hasta que se alzaron con más fuerza.

Los hombres de Arquelao irrumpieron y se desplegaron por el patio. Zbel y Melitó se adelantaron para hablar con ellos. Mientras discutían, los perros se dirigieron hacia la puerta baja de la torreta. Uno de los soldados agarró de un brazo a Zbel y, gritando, la obligó a darse la vuelta y le enlazó las muñecas a la espalda con grilletes de hierro.

Mientras los otros soldados se dirigían a la puerta de la torre y comenzaban a patearla, Melitó increpaba al que había apresado a Zbel.

—¿Crees que podrás controlarlos? —le preguntó.

Sabía perfectamente lo que Mora podía hacer con los animales. En Atenas la había enseñado a atraer a los pájaros sin usar la comida. «Tienen la misma curiosidad y el mismo deseo de tocarte que tienes tú.»

—Uno a uno quizá, pero así es imposible. Saben cómo enloquecerlos. Son como hombres en batalla. Para detenerlos hay que matarlos.

Entonces, para sorpresa de Eco, Mora arrancó de un tirón la badana que cubría la ventana opuesta, la que daba al exterior de la villa, y la arrojó al suelo.

—Ha llegado la hora de separarnos —dijo volviéndose con una sonrisa—. Suerte, querida. No tengas miedo, si te estás quieta no te harán nada, no te buscan a ti.

Mora parecía muy tranquila. Así que a Eco el corazón se le subió a la boca al ver lo que hizo: se besó la palma de la mano y le sopló el beso a modo de despedida, apoyó luego la mano sobre el alféizar y de un salto se lanzó ágilmente por la estrecha ventana.

Como si no hubiera, por lo menos, veinte codos de allí al suelo.

Eco dio un grito. El cadáver de su amiga estrellado entre la nieve era lo único que le quedaba por ver ese día. Corrió a asomarse, mientras los perros ladraban lanzándose ya contra la puerta de arriba.

10
El banquete
[Atenas, 411 AEC]

> Tanto escalan los poetas trágicos la cima de la política cuanto decae su honor, como falto de aliento para seguir.
>
> PLATÓN, *República*, 568c-d

—«Sobre los dioses no puedo saber si existen o no ni cómo es su forma, pues muchas cosas me lo impiden: el tema es oscuro y la vida del hombre, breve...» —estaba empezando a leer el gran filósofo Protágoras.

—Pero... —interrumpió de pronto Sófocles, el viejo poeta trágico— ¿de verdad pones en duda la existencia de los dioses y pretendes decirlo aquí como si no pasara nada?

El lector levantó la mirada del papiro con gesto de incomprensión. La palma de la mano de Mora se había posado sobre las cuerdas de la cítara con que acompañaba la lectura deteniendo la resonancia de la última nota.

—Hermano —le pidió Eurípides a Sófocles—, un poco de paciencia, podemos discutirlo al final...

Todos acababan de comer, y en general esperaban resignados el fin de la lectura y que comenzara de una vez el servicio del vino. El banquete lo había organizado Eurípides en su casa para la presentación de la última obra del filósofo, de espinoso título: *Sobre los dioses*. Protágoras de Abdera acababa de regresar a Atenas para difundir su último trabajo entre sus viejos discípulos, y enseguida le pidió al más querido, Eurípides, que organizara en su casa la presentación con invitados de mente abierta.

Eso dijo. Aunque se había colado alguno allí que no respondía bien a la descripción. El rey macedonio Arquelao, todavía en la ciudad, solicitó asistir al enterarse del prestigio de Protágoras, y se habían presentado con él, sin que nadie los invitase, los dos trágicos que no se despegaban de su lado desde su llegada: el viejo Sófocles y el extravagante Agatón.

«Van a venir los más importantes Músikos del mundo —le había dicho a Mora Cefisofonte, muy excitado—: los tres poetas trágicos vivos más grandes, el mayor poeta cómico de todos los tiempos, y los dos filósofos fundamentales.» Mora no sabía qué tipo de Música hacía un filósofo. «Crea ideas que explican cómo somos», le dijo, y no solo creaban ideas, también las vendían: hablar con ellos tenía un precio dependiendo del tiempo y la periodicidad de sus conversaciones. Pero a esas alturas Mora ya no se sorprendía de nada en Grecia. Igual que unos se consideraban dueños de poemas, otros se consideraban dueños de ideas. Y luego también dueños de sus tierras, de sus mujeres, de sus esclavos, como los fenicios. Y todo eso tenía un precio en monedas —inexplicable las más de las veces— y un puesto en el mercado.

—Ya, pero perdóname, maestro —insistió Sófocles—: dicho así, nos haces a los que escuchamos un poco cómplices de tu impiedad, ¿no crees?

—¿Impiedad? —rio el filósofo—. No. Ya verás que...

—Escuchar no es asentir —lo interrumpió con la boca llena Sócrates.

El filósofo más famoso de Atenas, discípulo también de Protágoras en su juventud, tenía un rostro que a Mora le recordaba el de los macacos que los bereberes vendían en Cartago a los marineros, quienes los adiestraban para trepar por el mástil y manejar la vela. Sócrates presumía de no comer carne para dominar sus instintos, pero una vez cocinada no era partidario de desperdiciarla con los perros, así que había pedido un plato con sobras.

—No estoy tan seguro. —Sófocles se incorporó en su lecho, con los pies colgando descalzos, la túnica arrollada a la cintura y el pecho descubierto—. ¿Y no sería posible que bebiéramos algo, mientras escuchamos a Protágoras arremeter contra los dioses? —le pidió ahora al rey Arquelao, al que Eurípides, por deferencia, había dado el mando de la velada rompiendo la costumbre de someterlo al azar de los dados.

—Pero ¿quién ha dicho...? —se preocupó Eurípides, al que una acusación así afectaba como anfitrión.

—No sé si Dioniso es el mejor conductor para una sesión... —objetaba con amabilidad Protágoras, a su vez.

—Pues a mí me parece buena idea —intervino el rey Arquelao poniéndose también en pie—. Vamos a tomar, solo por esta vez, el vino sin mezclar.

—Ahí lo tienes —aceptó Eurípides sin protestar.

Previendo que el rey acabaría por imponer el vino puro, había dispuesto una tinaja con uno seco de la Cólquide para atenuar en lo posible la borrachera.

—Perdona, Arquelao, ayer también lo tomamos sin mezclar, así que hoy he pasado todo el día con una tremenda... —protestó Sócrates.

—Bueno, pero ayer no estábamos aquí —objetó el rey—. Es la primera vez que lo tomamos sin mezclar en casa de Eurípides.

Mora se buscó una copa para no quedarse sin vino. A ella también le gustaba más sin agua. Por otro lado, estaba bastante preocupada porque no había conseguido llevar a cabo la misión que le había encomendado Aspasia, encargada de la coordinación de heteras y esclavas en el banquete. Vestida a la manera tradicional, con el peplo desabrochado y sus grandes pechos al aire, Aspasia caminaba por la sala de un lado a otro comprobando que todo estaba en orden.

«Sal en cuanto tengas un hueco, que yo no puedo —le había pedido poco antes de empezar—, y dile a Melitó que se encierre en su cuarto y no deje entrar a nadie hasta que se haya ido el último invitado.» ¿Qué mal amenazaría a la esposa de Eurípides, que por no ser esclava ni extranjera no podía participar en el banquete? Mora iba a cumplir el recado cuando Eurípides le pidió que fuera ella y no Afrodisia la acompañante a la cítara de la lectura.

El rey Arquelao arrojó de su copa al suelo, con pocas ceremonias, la parte de Dioniso.

—Copas de plata y oro, ¿eh, Eurípides? —apostilló Aristófanes, un poeta cómico de largas melenas negras y barba severa que estaba sentado entre Sófocles y Sócrates—. Impresionante. No hay baratijas de cerámica en esta casa. Has heredado el buen gusto de tu madre, la verdulera más apañada del ágora, como decía la mía.

—Gracias, maestro —encajó Eurípides sin perder la sonrisa.

Aspasia le había explicado a Mora que los poetas cómicos prefieren herir con la verdad a imaginar mentiras. La verdad hace más daño.

—Y bien —preguntó Arquelao—, ¿alguien propone copero para la velada, que yo no conozco bien a...?

—¡Aquí! —exclamó Sócrates—. ¡Vamos, Aristides, muévete! —añadió dirigiéndose al muchacho que compartía lecho con él—. Perdonadlo, está un poco impresionado. Pero es despierto, lo hará bien.

El compañero de Sócrates se levantó rojo como una amapola de adormidera. Era casi un niño, debía de acabar de caer en sus garras: un discípulo de buena familia y aire atlético, aunque más o menos tan feo como su maestro.

—¿Aristides? Eres tú el sobrino de Critias, al que llaman Platón? —intervino el cómico Aristófanes.

—Sí, pero no lo llames Platón, que no le gusta —apuntó Sócrates, dándole una fuerte palmada en la espalda al chico.

—Sirve primero a Agatón, Platón, para que nos cante uno de esos aires orientales —le ordenó el rey Arquelao al pobre efebo.

—A ver, corazón —le dijo el extravagante Agatón poniéndose en pie al verlo venir azorado—. ¿Estás seguro de que no te has equivocado de camino? Tienes más bien planta de poeta preparado para el culto a Eros...

Agatón era el único que no llevaba el pecho descubierto, pero la túnica que vestía era tan fina que se le transparentaba el cuerpo secuestrando las miradas de todos. A Platón se le cayó al suelo buena parte del vino con el tembleque al servirle. Sin protestar, Agatón bebió la mitad de la copa y cantó su poema antes de tendérsela a su amante, el viejo y rico Pausanias de Cerámico:

> *Tiempo entonces de beber es en la copa el veneno,*
> *pues los ojos de Pausanias, de la cítara templada,*
> *bailan ágiles al son.*

La cítara de Mora se había acoplado a su improvisación. Le siguió su amante Pausanias, un hombre bastante mayor que él, de pelo blanco, movimientos elegantes y voz grave:

*Dime, hermano, si te agrada que ahora entrambos convoquemos
en nuestro lecho apretado como plácidos amantes
las ternezas de Platón.*

—Ah, qué decepción. ¿Lo veis? Se está cansando de mí —protestó decepcionado el extravagante trágico—. En fin: que una copa empuje a la otra, hasta que llegue el olvido.

—Puedes empezar de nuevo cuando quieras, Protágoras —comentó Eurípides mientras Platón iba sirviendo a los demás.

—Claro. «Sobre los dioses no puedo saber si existen o no...»

—¡Esto es pura ambrosía...! —comentó Sócrates, que se había hecho con el primer cuenco—. ¡Perdón!

—«Sobre los dioses no puedo saber...»

—Pero está un poco seco, ¿no? —se quejó Arquelao.

—El que quiera puede tomar de este otro, rey —respondió sonriente Eurípides señalando una gran tinaja, con un enorme recipiente lleno de hielo dentro, en que había puesto a enfriarse otro vino por si era necesario—. Un ariusios, de Quíos, blanco: más famoso, más denso y más caro, pero no mejor, si no le añadís una parte de agua al menos.

—«Sobre los dioses...»

—¿Y no hay cótabo? —preguntó el rey Arquelao arrojando de nuevo al suelo el culo de vino de su copa.

Mora conocía el cótabo de sus noches en la loca Fufluna etrusca. Un juego de borrachos. No arrojaban al suelo los restos de vino, sino contra un blanco preparado de antemano, volteando la copa con el índice en el asa para utilizarla como lanzadera. Muchos eran muy hábiles cuando lo practicaban serenos en casa, pero en los banquetes, tras beber a fondo, acababan todos calados.

—En mi casa nunca —le confesó Eurípides al rey—: si no, me ponen los libros perdidos de vino.

Los muros de la sala estaban cubiertos, como en el resto de la villa, por estanterías repletas de los rollos de papiro que asomaban tras las sedas de tela pintada con escenas de mujeres o niños leyendo.

—«Sobre los dioses no puedo saber si existen o no...»

No lo interrumpieron más, pero Mora pudo comprobar que, mientras Protágoras desgranaba su prosa sabia, el nivel de la tinaja de vino de la Cólquide descendía sin remisión. El extravagante Agatón empezó enseguida a meter mano descaradamente a su amante ante los ojos cada vez más abiertos de Platón, el discípulo de Sócrates.

Hubo que interrumpir la lectura de Protágoras solo una vez más, porque Sófocles, que al parecer tenía la voz fina por culpa de unos conductos respiratorios mínimos, se atragantó con la pepita de un higo seco, y ahí mismo habría muerto asfixiado si no hubiera sido por su compañero de lecho, el joven Cefisofonte, escriba de Eurípides, que, abrazándolo por la espalda para presionar con fuerza bajo el esternón, logró que expulsara la pepita con un gruñido profundo.

Sófocles se mostró tan agradecido que obligó a Cefisofonte a darle un masaje en los pies y luego lo invitó a que se recostara abrazándolo. El muchacho solo pudo escapar para obedecer la orden de Arquelao de que rellenara la tinaja ya vacía. Y en cuanto cumplió el recado, volvió a escabullirse, esta vez para no volver, aprovechando que Sófocles dormitaba.

—«... porque el hombre es la medida de todas las cosas»

Protágoras alzó la voz al concluir con esa sentencia su tratado, para que los dormidos despertaran de una vez y pudieran unirse a los aplausos. Sófocles, acostumbrado a protestar incluso en sueños, dejó que la aclamación terminara para hacer la primera pregunta:

—Entonces, Protágoras, puesto que no podemos saber si los dioses existen o no, lo mejor es que no perdamos el tiempo invocando su ayuda, por ejemplo, en la guerra contra Esparta. ¿No es cierto?

—Acaso has soñado eso, que yo nunca he dicho —contestó el filósofo.

—Pero se deduce de tus palabras —continuó el poeta—. Son cosas que no deberían insinuarse en público, y menos ante un sacerdote de Asclepio como yo. La impiedad ahora se castiga en Atenas con destierro o muerte.

Mientras se enzarzaban en la discusión, Mora se acercó a Aspasia para ver si había conseguido avisar a Melitó de que se encerrara en su cuarto.

—¡Ah! —dijo ella al darse cuenta de que no había podido cumplir su recado—. ¡No! Al decírtelo me he desentendido, y no he vuelto a...

—Pero ¿qué ocurre? —le preguntó Mora.

Aspasia no lo sabía bien. Había escuchado a Sófocles comentarle al rey Arquelao que confiaba en conseguir tarde o temprano que Eurípides aceptara el encargo de las tragedias en su honor. «El punto débil de todo hombre es su mujer», eran las palabras exactas que le había dicho, y también que iba a intentar hablar con ella para ver «de qué pie cojea», literalmente.

—Este Sófocles me pone la carne de gallina —concluyó.

—Como he visto salir a Cefiso —le dijo Mora—, pensé que a lo mejor lo habías mandado tú con el encargo para Melitó.

—¿Cefisofonte ha salido? ¡Por Hestia! Voy corriendo. Sirve tú estas copas, por favor, y discúlpame si...

—Pero ¿dónde está Cefisofonte? —preguntó entonces Sófocles a Eurípides para librarse de una discusión en la que Protágoras lo había llevado a desdecirse ya un par de veces—. Cada vez veo menos. ¿Se ha marchado o anda por ahí? ¿Lo has visto, Aristófanes?

—Creo que tu furor seductor estaba dejándolo dormido también a él —saltó el cómico—. Ha salido a ver si se despejaba un poco.

—Pues habrá que ir a buscarlo.

Precisamente en ese momento Aspasia se disponía a abandonar la sala.

—¡Aspasia!, ¿adónde vas?, ¡mira!, ven —la llamó el extravagante Agatón.

Una hetera no puede desoír la orden de un invitado cuando está en un banquete a su servicio.

—Dice mi querido Pausanias —le explicó Agatón a Aspasia— que no es cierto que Fidias se inspirara en ti para hacer la Afrodita de las Bellas Nalgas, del templo de Eleusis.

—Tengo buenas razones para no creérmelo —alegó Pausanias antes de que contestara ella—: conozco bien esa estatua, y puedo decir que es sin duda el mejor culo que hayan visto nunca ojos humanos.

—¿Y cómo puedes saber que no se trata del suyo sin verlo antes, corazón? —protestó Agatón.

—Muy sencillo: el rostro de la estatua no es el de Aspasia.

—Pero ¿de qué hablamos entonces, de rostros o de culos?

—El rostro de la estatua lo has visto, como todo el mundo —concedió Aspasia—. Aunque sin pertenecer al culto no es tan fácil acceder a la parte trasera del templo para verle el culo.

Pausanias le explicó a la hetera que en su juventud varios amigos juntaron sus ahorros para conseguir que el sacerdote les dejara entrar una noche por esa puerta trasera.

—Me enamoré para siempre, y gasté la mitad de la fortuna de mi padre en nuevas visitas, innumerables noches.

Aspasia le explicó que a Fidias lo acusaron de impiedad por poner su autorretrato en el rostro de Dédalo, en el friso del Partenón.

—No le permití que usara mi rostro para la Afrodita —añadió— justo por eso. Él tuvo que huir para siempre de Atenas. A mí me habrían lapidado.

Y mientras decía esto, caminó hacia el lecho de Agatón y Pausanias y se detuvo de pronto girándose para darles la espalda, al tiempo que se recogía la falda trasera del peplo y dejaba al descubierto las divinas nalgas, asomando con curiosidad la cabeza por encima del hombro para contemplar ella también el espectáculo que ofrecía a todos.

Tal y como la retrató Fidias cuando era una muchacha.

Durante más tiempo del que tarda en salir por completo el sol en el horizonte desde que raya el alba quedó Pausanias mudo.

—¡Es él! —fueron las dos palabras que encontró al final.

—Querida, estoy en deuda contigo —exclamó Agatón—. Tu belleza aficionó a Pausanias, desde que vio la estatua de Afrodita Calipigia, a buscar siempre la entrada a los templos por la puerta trasera.

Viendo que el banquete subía de tono, comenzada ya la segunda tinaja de vino de Quíos y sin que se hubiera tratado apenas del libro, Eurípides hizo a Mora una seña para que tocara de nuevo y pidió a Sócrates que tomara la palabra.

—Pero antes dime, por curiosidad —dijo el sabio señalando la biblioteca que los rodeaba—, ¿todos estos libros te has leído?

Eurípides encajó con otra sonrisa la nueva burla.

—A Agatón le pasa lo mismo con los libros. Es una obsesión —se sumó a la queja Pausanias, que había suplicado a Aspasia que se sentara entre Agatón y él—. Ya le he dicho que cualquier mañana va a despertar con una hoguera de papiros en el patio.

—¡No compares! —protestó Agatón—. Yo solo tengo tragedias y sátiras. Se trata de mi arte.

—En Corinto conocí a un hombre con la misma enfermedad —continuó Pausanias—. Los paneles repletos de libros acabaron cubriendo las ventanas de la casa, condenando a las mujeres a vivir en sombras. Su esposa le suplicaba que la repudiara.

—Sería más digna compañía para un banquete ateniense una colección de armas en las paredes como la de mi familia —le amonestó al anfitrión Sófocles.

—Al contrario que las de un coleccionista, las tuyas, sin embargo, se escapan de tus manos —se burló el cómico Aristófanes.

Mora había oído decir que Sófocles había heredado de su padre un próspero negocio de fabricación y venta de armas, de donde procedía su inmensa fortuna.

—Mis libros hablan de paz y curan, no hieren —replicó Eurípides.

—Solo sé —continuó Sófocles— que si fueras capaz de contener las lecturas podrías contener también tus tragedias. Las tienes igual que la biblioteca: contaminadas de libros persas, egipcios, etruscos o fenicios.

—Pues a mí más que su procedencia me preocupan los libros en sí —retomó su hilo Sócrates—. Me preguntaba al oírte leer, Protágoras, qué te ha hecho abandonar por ellos tu antigua pasión por el enfrentamiento en el diálogo, que nos contagiabas en las clases.

—Quizá me di cuenta de que la confrontación no sirve para pensar, solo para competir —le contestó su antiguo maestro, feliz de que al fin la charla se acercara a su obra.

—¿Y qué hay de malo en esa competencia? Los libros caen siempre en el mismo error: demasiadas respuestas para quienes no hemos sido invitados a formular ni una pregunta... Mis objeciones no pueden cambiar tu opinión ya escrita, ¿para qué hacerlas?

—Lo sé. Pero tampoco impediría tus objeciones ningún diálogo. El vencido en un diálogo nunca cae sin sentido como un púgil. Al contrario: cuanto más fuerte le golpean las palabras más sordo e invencible se vuelve y con más rabia contraataca. Entender eso me hizo escribir, Sócrates.

Mientras se enzarzaban ambos, animados por Eurípides, Mora vio salir de la estancia a Sófocles, camino, quizá, de las habitaciones de Melitó. Buscó a Aspasia con la mirada para avisarla. Pero la hetera estaba ocupada complaciendo a Pausanias, que la había tumbado en su lecho.

—¡Reclina la frente, Aspasia, sobre este blanco cojín! —le pedía Agatón glosando al poeta Anacreonte, que inspiraba sus modales y su atuendo.

Y mientras tanto, muy despacio, Pausanias abría su admirable puerta trasera ayudado por el pequeño Platón, al que la lujuria había desatado al fin de sus vergüenzas.

—Yo no creo que tu libro sea impío, si es eso lo que me estás preguntando —le decía Sócrates a Protágoras.

—Pues te agradecería que convencieras a Sófocles. Ha conseguido asustarme con esas acusaciones.

—Te aconsejo que vayas a Eleusis y te inicies en los misterios de las diosas. Después de algo así nadie te acusará de impiedad.

—Perdona, Sócrates. ¿Te has iniciado tú en Eleusis?

Sócrates sonreía apaciblemente, sin negarlo.

—No puede ser —siguió Protágoras—. ¿Crees de verdad que vas a recorrer al morir el camino sagrado que te hará inmortal?

—No encuentro nada que le impida a un filósofo vivir como un dios después de la muerte —contestó el gran sabio de la razón.

—Esto sí que no me lo esperaba. El mayor pensador de Atenas seducido por las patrañas de los sacerdotes. ¿Qué ha ocurrido en esta ciudad desde que me fui? Mírame, Eurípides. ¿Tú también?

Mora miró a Eurípides. Era una pregunta comprometida: agua para un pez.

—No. Me temo que yo me encuentro aún entre los desdichados que no han accedido a la inmortalidad... —dijo con gravedad.

—¡Amigos, siento interrumpir! —gritó Sófocles abriendo las dos puertas de la sala al entrar, con gesto patético y toda la potencia que alcanzaba su voz aguda, como si evocara sus tiempos de mal actor—, ¡pero ha ocurrido algo terrible!

.

11
Los leones lidios
[Tartesos, Iberia, 422 AEC]

Cerca de allí tres hermanas aladas residen,
crin de serpientes, gorgonas, odiadas del hombre,
pues nadie las ve que el aliento conserve.

Esquilo, *Prometeo encadenado*, 798-800

Aira quería salir de la Cueva del Agua a recoger a Anula, pero Mora se lo impidió aferrándola por la cintura con fuerza. Forcejearon.

—¡Vienen, vienen! —le dijo Mora—. ¡Y le juraste a Namu sobrevivir!

Al menos tres soldados cartagineses bajaban a saltos por la ladera frente a la cueva. Uno de ellos se lanzó desde la altura excesiva de una peña, cayó acuclillado, se dejó rodar de lado y con el mismo impulso se levantó. Ya se dirigía disparado hacia la boca de la cueva. Aira dio un grito y dejando de resistirse corrió adentro detrás de Mora.

Huía con miedo, pero también con la vergüenza de que el miedo superara a su amor. Cuando su hermana se detuvo delante, chocó contra ella.

—Hay gente al fondo —le dijo en un susurro—. Vamos por Viento.

¿Cómo se había dado cuenta? Por fortuna Mora era así de viva. Había soldados cartagineses dentro también. Desde la sala del fondo llegaba ahora un barullo creciente y se veía un resplandor agitado por sombras. Si ella hubiese ido delante, habría corrido hacia la sala, y se habría lanzado gritando aterrada en brazos de sus verdugos.

Retrocedieron, pese al temor a darse de bruces con los perseguidores. Para acceder a Viento, una vía llamada así por las corrientes que le daban los pozos, había que trepar un poco: era un estrecho pasadizo que salía a seis codos de altura en la pared de aquella galería. Mora escaló en un instante y le tendió la mano desde arriba para que ella tardara menos aún.

Justo a tiempo, porque el soldado que había entrado primero en la cueva pasó por debajo a continuación, caminando a tientas.

Se lanzaron por el pasaje gruta adentro. Por ahí tenían que gatear a lo largo de casi dos estadios, aunque valdría la pena.

La cueva era su casa, un lugar acogedor en el que ellas no necesitaban luz para moverse, pero para cualquier visitante se convertía enseguida en un laberinto. Y, calculó Aira, era imposible que en tan poco tiempo los guardias hubiesen avanzado mucho en la exploración de las galerías, a no ser que algunos se hubieran internado a lo loco. Y en ese caso, ahora estarían perdidos.

—Espera.

Le daba seguridad que Mora se detuviera de vez en cuando para escuchar y husmear. Le daba seguridad Mora. A partir de ahora iba a obedecerla y a seguirla a todas partes.

—Ya han entrado, pero van despacio.

—¿Y por delante?

—Nada.

Cuando salieron de Viento, en vez de borrar el rastro, Mora lo iba remarcando. Se adentraron por la zona a la que llamaban Ciudad, un inhóspito enjambre de galerías que recorrieron para abandonarlo, ahora sí, borrando sus huellas. Entonces se dirigieron a Madre, la inmensa cámara abovedada, plagada de estalactitas y estalagmitas, y presidida por su gran lago central, que servía como paridero del santuario para todas las mujeres de la zona. Allí encendieron una tea pero no se entretuvieron más que el tiempo que tardó Aira en hacer un petate con abrigo y muda para las dos, envolviendo además el busto de la diosa para protegerla. Después se adentraron en el camino artificial que bordeaba el riachuelo por donde desaguaba el lago, hasta el pequeño embarcadero.

Aira entendía ahora todas las precauciones con que Namu, su madre, había mantenido ante las visitantes el secreto de los distintos accesos de la cueva. Las parturientas eran guiadas hasta Madre siempre a oscuras y nunca de manera directa, sino dando vueltas previas por Ciudad en un recorrido que las desorientaba y que, para Aira hasta ese momento, tenía razones vagamente mágicas de preparación al parto. La molesta prohibición de jugar con la barca, un pequeño batel, cobraba también sentido: solo las sacerdotisas del agua sabían que desde allí había acceso fácil a un afluente secundario que desembocaba en la margen derecha del Ana, el río que comunicaba la cueva con la ciudad situada en su desembocadura, Puerto Ana.

Se dio cuenta de que el sueño la vencía en cuanto se montaron en el batel, pero no se atrevió a proponerle a su hermana que durmieran antes de marcharse. Cuando salieron al exterior de la cueva, atravesando la capa de hiedra que cubría la tronera, Aira sentía el corazón escapándosele por la boca. La luna brillaba inmensa.

Esperaba a cada instante oír el flechazo que acabaría con ella o, casi peor, con Mora, su refugio. Pero nada perturbó el silencio que las envolvía.

Al principio había tramos del río con poco fondo en los que era necesario bajarse del batel y caminar tirando de él para avanzar. Llegaron al Ana agotadas, aunque sin más problema que el susto que les dio una pareja de gamos que había bajado a abrevar en la noche. Entraron con suavidad en el río y se situaron en el centro de su corriente. Mora le propuso que descansara primero por si era necesario que la sustituyera después.

Se tumbó con la cabeza recostada en la proa e intentó relajarse. Pero enseguida la asaltaba la visión del cuerpo de Anula, tumbado para siempre en la entrada de la cueva.

Fue la ausencia de Mora lo que la despertó, colándose con todo su vacío en su sueño. Se puso en pie de un salto sobre la cubierta. El batel estaba varado en la orilla, y no se veía rastro de su hermana por ninguna parte. Bajó a tierra y se quedó un buen rato quieta y alerta, hasta que oyó movimiento en la maleza. Escondida tras un árbol la vio aparecer.

Venía cargando una piedra enorme.

Sin decirle nada, Mora dejó la piedra en la barca, sacó el petate y se lo arrojó a los pies. Después comenzó a empujar la barca río adentro. Cuando Aira iba a seguirla para subir también, la detuvo:

—Espera ahí. Ya hemos llegado.

Se quedó desconcertada en la orilla mientras su hermana subía a la barca y remaba hasta el centro del río. Se dio cuenta de lo que iba a hacer cuando ya era tarde. Mora acostó los remos en el interior del batel, se puso en pie, alzó con las manos vendadas la piedra y la lanzó con fuerza contra el fondo del casco. La vía de agua era tan grande que la obligó a saltar enseguida por la borda.

Alcanzó a nado a la orilla, mientras la barca acababa de hundirse

—¿Y si necesitamos regresar? —le reprochó.

—No hay vuelta atrás —exclamó Mora sin inmutarse, mientras comenzaba a arrancar hierbas y a trenzarlas—. Con el pelo así, si disimulamos un poco los pechos, somos unos vagabundos más: irreconocibles. Nadie puede relacionarnos con el santuario.

¿Qué le dolía tanto de esa barca hundida? Necesitaba la cueva, pensó. Un hilo invisible la unía a ella, y Mora estaba intentando cortarlo.

—Esta noche he recordado el principio del poema verso a verso —dijo al fin—. En el sueño Anula lo cantaba bailando. Pero sin esa barca nunca...

—Una barquichuela así no sirve en el mar —le respondió Mora—. Necesitamos que nos dejen un barco pequeño, que pueda manejar, con vela y remos. Y si no es posible, que nos lleven en uno de los grandes.

—¿Qué dices? ¿Cómo vamos a conseguir un barco?

—Ponte uno como este para taparte el tatuaje —le dijo anudándose el brazalete de hierbas que había hecho sobre la serpiente mordiéndose la cola que las sacerdotisas del agua llevaban grabada en la muñeca.

—¡Lilia! —soltó de pronto Aira, mientras recogía hierbas obediente—. La amiga de Namu. Tú la conoces más. Es buena, lo decía siempre mamá. Seguro que ella nos consigue el barco.

—Es cartaginesa. Y su marido, un hombre muy importante. ¿Y si le llega la noticia de que en el santuario han matado a Hírom? ¡Conocían a su padre!

—Todavía nos estarán buscando en la cueva... —protestó Aira, pero era muy consciente de que sus compañeras habían sido masacradas por fiarse de una supuesta ventaja.

—El poema está en nuestras cabezas, y el barco en la de la diosa —sentenció Mora—. Eso dijo Namu. Si Anula te ha contado el poema ya lo tenemos. La diosa encontrará el barco.

Aira se quedó mirando a su hermana mientras escudriñaba la imagen con la diosa y el niño, como buscando algo grabado. Se veía que no tenía ni idea de lo que había que hacer. Y se atrevía a romper el hilo. Cabezota.

—A lo mejor conseguimos que nos lleven trabajando —dijo Mora—. De remeras por ejemplo.

—Eso es trabajo de esclavos —dijo Aira—. Nadie dejaría remar a una mujer en un barco.

—Espera —dijo de pronto Mora.

Y se levantó y arrojó con fuerza el busto de la diosa contra una roca.

—¡No! —gritó Aira—. ¿Por qué... lo rompes todo! —se lamentó viendo la cabeza partida en tres trozos—. ¡La diosa *es* el santuario!

Pero Mora se agachó rebuscando entre los trozos.

—¿Qué hay ahí? —añadió Aira, de pronto emocionada, al ver que su hermana recogía del suelo, entre los fragmentos de cabeza, pequeños discos circulares.

Eran piezas de metal del tamaño y forma de semillas de habas. Estaban ennegrecidas, llenas de moho.

—Son monedas —exclamó Mora después de rascar una.

—¡Tan pequeñas!

—No son dracmas griegas ni siclos fenicios. Tienen una cabeza de león acuñada, mira. Hay ases etruscos con cabezas de león, pero son grandes y circulares.

—¿Y cómo sabías que había monedas dentro?

—No lo sabía —respondió—. Aunque a veces al correr con ella en brazos me ha dado la sensación de que llevaba un cascabel. Namu siempre decía que la diosa tenía dentro «las nuevas diosas».

—Tienen que ser muy viejas, porque la abuela Lisa recibió ya la diosa de su madre —dedujo Aira.

—Hay treinta —terminó de contar Mora—. Y parecen de plata.

—¿Somos ricas? —preguntó Aira con ilusión.

—Ni idea —dijo Mora.

—Seguro que no. Dame tu ropa, anda, que está empapada. La voy a lavar ya —le explicó—. Y échate a dormir, que no has descansado nada en dos días. Yo busco algo para comer.

Al final del río, cerca de donde habían hundido la barca, se hallaba Puerto Ana, la ciudad en la que vivía una babel de mercaderes y viajeros del mundo, en su mayoría cartagineses asentados en la zona desde tiempos lejanos que gobernaban el puerto, pero también gente más o menos de paso: griegos, etruscos o persas, y una pequeña comunidad de pescadores del lugar, asentados en las afueras.

Pese a que le encantaba la ciudad y, siempre que alguna sacerdotisa iba, pedía permiso para acompañarla, Aira había bajado muy pocas veces, porque Namu no se lo permitía más que en raras ocasiones. Para sus compañeras, Puerto Ana no resultaba tan fascinante como para ella. Era un lugar increíble, plagado de gente a cualquier hora, con mujeres maravillosamente vestidas y pintadas, con un puerto en el que zarpaban o arribaban barcos constantemente, con tabernas a cuyas puertas se agrupaban a beber y tomar el sol marineros de todo el mundo...

El mercado desbordaba aquella mañana la plaza central y se ramificaba por las calles. Vagabundearon por él sin rumbo, y mientras su hermana fisgaba aquí y allá, Aira se detenía en los tenderetes de joyas, atufada por la peste a pescado asado en las brasas, aunque esta vez llevaba demasiado tiempo sin comer bien y no le dio tanto asco como de costumbre. ¿Cómo sería comer pescado y carne? Le apetecía un poco, pese a que le horrorizaba ver los peces atravesados por espetones estremeciéndose sobre las brasas, o las tristes cabezotas de reses descuartizadas mirándola.

Después visitaron el puerto y asistieron a incomprensibles subastas de pescado, asombradas por las largas colas de carros cargados de mies que se traspasaba a grandes contenedores para el viaje por mar. Aira se hizo la despistada y se entretuvo observando a los estibadores que trajinaban por el puerto y las inquietantes grúas de vida propia que descargaban lingotes de metal desde las barcazas del río, para pesarlos y subirlos a los grandes *gaulós* fenicios, monstruos de más de cincuenta codos de largo, con ojos acechantes pintados en la proa y una cabeza de caballo rematándola, que pronto zarparía rumbo a Cartago.

Namu siempre decía que los enormes sembrados de la superficie de la tierra y el metal del subsuelo habían arruinado la vida de los lugareños: la riqueza es ruina, les enseñaba. Pero Aira soñaba con algún mercader que se enamorara de su belleza, le regalara joyas hechas en aquellos metales execrables y se la llevara como esposa a algún país lejano.

Desde luego, no un cartaginés. Quizá un griego. Los griegos guardaban a sus mujeres como tesoros en sus casas. Eso había oído. O un etrusco. Los etruscos amaban a sus mujeres más aún que a sus monedas.

Siempre le habían dicho que su belleza y su piel blanca eran atributos de princesa. Por eso le molestaba tanto que

Mora la obligase a ir con los senos constreñidos y la capa sin ceñir, escondiendo su atractivo, que con la cabellera rapada ya se había reducido bastante. Se imaginaba destinada a vivir en un palacio etrusco o griego, rodeada de lujos, amada por un príncipe que la escondiera de todos para sí.

Qué vergüenza, si Namu se enterara.

—Desde aquí no zarpan barcos para Cumas —le dijo Mora saliendo de la nada y sacándola de su ensueño—. Cumas está en Campania, en la Magna Grecia. Hay que ir a Cartago y luego a una isla, Sicilia, desde donde ya se puede llegar.

—Uf.

El mundo es un poema interminable, pensó paseando junto a su hermana por las abigarradas calles de la ciudad. Sus ojos no tenían capacidad para asimilar tantos rostros.

—Desde aquí ese viaje tiene que ser con barcos cartagineses. Y el próximo sale en dos días. Si esperamos tanto y luego nos montamos en un barco cartaginés, nos cazan seguro. Ten cuidado, no vayas tan cerca de la pared, ven por el centro de la calle —le advirtió Mora, haciéndose la cosmopolita.

—Tenemos que ir a ver a Lilia —dijo Aira sin hacerle caso. Lo acabaría aceptando.

—No me fío. Los barcos griegos que también van a Sicilia salen desde Puerto Menesteo, cerca de Gadir. A tres o cuatro jornadas en barca de vela. Podemos comprar una.

—No podemos —le espetó. Mora imaginaba soluciones absurdas. Menos mal que estaba ella—. No sabemos cuánto cuesta una barca, ni el valor de nuestras monedas.

—Una barca de pescador con una vela —añadió Mora— vale unos ochenta siclos fenicios. Y ya he localizado a varios banqueros con mesa en el mercado, para ver cuánto nos dan por nuestras monedas.

Mientras ella perdía el tiempo miserablemente, Mora buscaba soluciones. La vergüenza, sin embargo, le duró muy poco, porque en ese mismo instante le golpeó en la cara el muro de una casa volcándosele encima, o eso sintió. Cayó de culo al suelo.

—Ya lo siento —dijo un vecino del lugar para pedirle disculpas.

Pero ni siquiera se preocupó en ayudarla a levantarse. Cerró su casa de un portazo, echó la llave y se fue calle arriba.

Le había estampado la puerta de la casa en la cara, al abrirla para salir.

Se palpó el chichón que comenzaba a crecer en la frente. Se proclaman ciudadanos, pero son ellos los verdaderos salvajes: de ahí no la bajaba nadie. ¡Con esas puertas que se abren contra los paseantes!

—Te lo he advertido: siempre dando la nota. Pareces nueva —la increpó su hermana, la cosmopolita.

—¿Qué es esto? No, no. Es muy vieja, y tan pequeñaja... No vale nada.

Se habían sentado a la mesa de uno de los banqueros, el más joven de los tres del mercado. Y Mora había puesto una moneda encima, que en vez de cubierta por el moho lucía un dorado lustroso. Aira supo entonces a qué respondía ese desagradable y continuo ruido como de arena restregada que la había atormentado durante su último descanso.

El banquero la arrojó con desdén en la mesa, ante las manos de Mora, que la atrapó sin dejar que rodara y se levantó para irse.

—Gracias —dijo.

Ponía una voz ronca que, con su mismo tono, parecía de chico.

—Si tuvieras más...

—No. Lo siento. Solo esta.

Eso era mentira. Aira se levantó también, un poco escandalizada: ¡mentir en época de luna llena...! Ni para protegerse de ladrones.

—Bueno, pues no tengas tanta prisa, déjame verla otra vez. El león me gusta...

Mora se sentó de nuevo y se la volvió a entregar.

—Voy a hacerle una medalla a mi mujer. Te doy medio siclo.

—Prefiero tirarla al río —dijo Mora, y volvió a levantarse con la mano extendida.

—Venga ya, no seas tan listo, cara quemada. ¿Cómo te llamas?

—¿Qué te importa cómo me llamo?

—Estamos negociando, ¿no? Yo me llamo Padái, ¿y tú?

—Hírom —dijo Mora—, el Chacal.

A Aira le dolió el nombre mucho más que la mentira. ¡Qué valor! El asesino de su hijo.

—Hírom..., pero tú no eres de Cartago, sino de Etiopía, ¿no, cara quemada? No hay monedas de estas en el sur, ¿de dónde la has sacado?

—Hablas mucho y no dices nada —le soltó Mora—. Devuélvemela.

—¿No ves que es falsa? Pretende ser de oro y no se sabe ni qué es.

—Lleva plata.

—¡Ya! ¡Plata! Ha olido de lejos la plata, este león boquiabierto. Y de lo mal hecho que está parece un perro melenudo. Un perro que ha visto pasar la plata por delante de su casa, y mira qué cara se le ha puesto. Te voy a dar nueve siclos porque me has caído en gracia.

¡Nueve siclos! A Aira le costó mantener el rostro inexpre-

163

sivo como le había pedido Mora. Tenían treinta monedas, esto es, siete veces tres monedas, si no contaba mal, y una más. A nueve siclos la moneda, si los barcos valían ochenta podían comprarse... ¿seis barcos?

Las cuentas se le daban fatal.

Pero fuera lo que fuera, eran ricas. ¡Ricas! Entonces, para su asombro, Mora le quitó de un manotazo la moneda al banquero y se levantó.

—Espera, ¿adónde vas? Si tienes más te las cambio a once siclos.

Mora esta vez ni se volvió. Aira fue tras ella corriendo.

—A once siclos, ¡son nueve barcos o más! Dásela y vamos a comer algo caliente.

—No. —Su hermana parecía hecha de bronce, estaba muy tranquila. ¿Cómo podía estar tan tranquila?—. Con un banquero no las cambio, nos va a engañar siempre. No son de oro, pero llevan oro, ahora estoy segura, o algo muy valioso. Si hay suerte con pocas monedas compramos el barco.

—¡Para!, ¡sonríe!: ¡somos ricas!

—La riqueza es ruina —dijo ella, seria, en voz tan baja que Aira tuvo que acercarse para oírla—. Si alguien se entera de que tenemos treinta monedas de oro estamos muertas. Ten cuidado. Y cuando yo hable vigila por si hay alguien escuchando. Y no digas nada, ni hagas tantos gestos de chica. Somos hombres.

Hombres. Ella no era un hombre, era una princesa.

Mora fue directa al tenderete de un viejo orfebre que tenía ya localizado.

—Quiero hacerme una medalla con esta moneda de oro —le dijo—. ¿Cuánto me cobras por horadarla y pasarle una cadena?

El orfebre tomó la moneda, se colocó con maña un cristal transparente ante el ojo y se la acercó con mano temblorosa.

—Esto no es oro —dijo—. Es... ¡Malik! ¡Mira! ¡Un león lidio!

Otro orfebre más joven se acercó lleno de curiosidad y tomó la moneda.

—No es de oro sino de electro, una aleación natural de oro y plata —le explicó el viejo a Mora.

—Con esto se adueñó de Asia Giges, el rey lidio que acuñó las primeras monedas —añadió Malik—: ¡Todas falsas! Las hacía pasar por oro, ¿eh?

A Aira le dio un vuelco el corazón. ¿Falsas? ¡Qué decía aquel loco!

—Qué pena —exclamó sin embargo su hermana, sin preocuparse demasiado. Y siguió preguntando—: ¿Vale mucho menos que el oro?

—No se manejan ya. Así que valen su peso. O lo que quieras cobrar... —dijo el viejo—. Hay muy pocas.

—Bueno —continuó el que se llamaba Malik mientras pesaba la moneda—, ¡está intacta!

—Las que se ven suelen estar limadas por los banqueros —añadió el viejo riendo—. ¿De dónde la has sacado?

—Me la dio mi madre al morir —dijo Mora—. Y a ella mi abuela...

Se trataba, en el fondo, de una de esas mentiras elaboradas con la verdad, quizá las más repugnantes. Namu jamás habría aprobado algo así.

—Una moneda de la suerte —rio el viejo—. Entonces no tiene precio.

—Todo tiene precio —calculó el tal Malik—: a ese peso el oro vale veinte dracmas de plata. Como tiene plata, ponle que valga... ¿Diecisiete? Por quince dracmas te la compro yo.

—Le juré a mi madre que la conservaría.

Otra mentira más. Y Aira estaba mareada imaginándose al frente de una flota de barcos.

—Pues yo no me la pondría al cuello como medalla —concluyó el viejo entregándosela—. Si lo haces y quieres conservar el cuello, usa un cordón fácil de romper. Pierdes la moneda, pero la cabeza sigue sobre los hombros.

A un costado de Puerto Ana y antes de las cabañas de pescadores, había, en una zona ajardinada, un pequeño barrio de casas lujosas donde vivían los dueños de las minas de estaño y plata. Hacia allá se dirigió Aira siguiendo a su hermana al atardecer. Mora se detuvo en la puerta de una de aquellas casas, llamó, pidió ver a la dueña, y dio sus nombres verdaderos:

—Mora y Aira, hijas de Namu.

Por fin Mora le hacía caso. No podían cambiar las monedas sin llamar la atención. Necesitaban a alguien de confianza. Y la única era la señora de aquella casa, Lilia, que cubrió de besos a Mora nada más verla, saludó con efusión a Aira e hizo al final una dolorosa pregunta:

—¿Cómo está Namu?

—Bien. Pero triste de no poder acompañarnos para abrazarte de nuevo.

Aira tuvo que hacer un esfuerzo enorme para no llorar por segunda vez en su vida. Mora comenzó a mentir de nuevo. Iban disfrazadas de muchachos, dijo, por consejo de Namu para que no las importunaran.

—Vamos al oeste, al puerto de Baal Safon. Necesitamos...

Muchas mentiras después salieron con un esclavo de la casa. Habían cenado pan de centeno y puré de lentejas. Lilia había hecho una cura minuciosa de las manos de Mora —mientras escuchaba la historia de un accidente fabuloso— y le había regalado unos guantes de cuero forrados de lana para protegerlas. Les había ofrecido una barca gratuita de su marido, que solo tenían que dejar en el puerto de Baal Safon, aunque para tapar su mentira Mora se empeñó en pagar las casi tres monedas que valía, alegando que no sabían a ciencia cierta si el viaje acabaría ahí.

El esclavo las acompañó al puerto y les enseñó una falúa el triple de grande que el batel hundido en el río. Tenía la vela recogida en la verga, tres remos en cada borda y dos ojos pintados en las amuras de proa.

—¿Sabes navegar, negra? —le preguntó burlón a Mora el esclavo.

—Claro —dijo Mora subiendo de un salto a la barca e inspeccionando todo con aire profesional.

¿Qué otra cosa podía hacer Aira sino seguirla?

Salieron remando del puerto, con la luna observándolas enojada por las mentiras de Mora, y con Mora simulando que las manos no le dolían gracias a los guantes. Antes de sentarse tras su hermana para empuñar como ella dos remos, Aira comprobó que junto a la proa había una tinaja de vino, una vasija de aceite y otra de harina de centeno, como habían pedido. Lilia había añadido una tercera vasija con trozos de fruta cocida en miel.

No resultó fácil salvar la corriente del estuario, remando contra la fuerza que las adentraba en el mar, pero al fin enlazaron con una corriente que las llevaba hacia el este, en paralelo a la costa. Con viento suave de poniente, Mora dejó de remar, largó la vela cuadra y comenzó a pelear de nuevo, esta vez con el viento, para asegurar los cabos, sin soltar un solo quejido.

Por fortuna, su hermana se avino a su súplica de navegar, en la medida de lo posible, de día. Aira sabía bien que solo quienes están familiarizados con la costa pueden arriesgarse a navegar de noche. La primera rada que encontraron estaba tan protegida de las corrientes y el viento que pudieron fondear ante un puñado de chozas. Lanzar la pesadísima ancla de piedra les costó un dolor, pero la barca se asentó bien.

—Peor será levarla mañana —le aseguró Mora.

Durmieron a bordo, meciéndose en la noche por primera vez. Aira iba y venía del sueño, y siempre encontraba a su hermana despierta e inquieta, comprobando los aparejos o trajinando en las vasijas.

12
Castigos de amor
[Atenas, 411 AEC]

Un amigo me destruye, sin quererlo ni él ni yo.

EURÍPIDES, *Hipólito*, 319

—¡Amigos, ha ocurrido algo terrible! —había dicho Sófocles con voz rechinante, tras irrumpir de pronto en la sala en que se celebraba el banquete de presentación de *Sobre los dioses*, el polémico libro del filósofo Protágoras que los había reunido allí.
Todos lo miraban con sorpresa.
—¡Me muero! —le dijo a Mora Aspasia, apretándole con angustia el brazo, todavía sin bajar de la nube a la que la habían alzado los cuidados amorosos del viejo Pausanias, el extravagante Agatón y el muy joven Platón.
—Traigo una mala noticia —continuó el trágico—. Más que ninguna otra cosa me gustaría ahora que mi condición de amigo no me obligara a comunicársela a nuestro anfitrión, ¡pero...!
Todos asistían perplejos a su sobreactuación. Eurípides se levantó sin disimular su inquietud:

—La verdad podría parecer un insulto —siguió Sófocles—. Ven conmigo y compruébala tú con tus ojos.

—Vamos, Sófocles. Reclínate en tu lecho de nuevo —protestó el poeta cómico Aristófanes, que tras diversas maniobra ya tenía a Afrodisia sentada en sus rodillas.

Pero dándose media vuelta, Sófocles salió y a Eurípides no le quedó más remedio que seguirlo. Y tras Eurípides fueron los demás. La palidez con que caminaba Aspasia empezaba a asustar verdaderamente a Mora.

—El amor siempre nos pierde —decía la hetera.

Sófocles cruzó el patio al frente de la comitiva, se detuvo altivo ante la puerta que daba a los aposentos de Eurípides y de pronto alzó el pie y le dio una patada alta y fuerte, impropia de su edad, con la planta de la sandalia. El pestillo interior saltó y la puerta se abrió batiendo el derrame del muro con estruendo y dejando a la vista de los invitados la antecámara del dormitorio, iluminada por el fuego de dos velones.

El grito de Melitó expresó con intensidad su mezcla de terror y placer. Se hallaba sentada sobre el escritorio de Eurípides, de frente a los intrusos. Volcado sobre ella, de espaldas, con la falda de la túnica arrebujada en la cintura, el escriba Cefisofonte cedió a su instinto de procreación antes que al de supervivencia, dando fin a lo que había comenzado con dos embestidas más y un gruñido apenas reprimido.

Ved, hermanas, cómo la fuerza del amor, más allá de toda prudencia, hace que un joven le tuerza el gesto a la muerte.

Y después, cuando Melitó consiguió quitárselo de encima, Cefisofonte se giró para ver por fin quién los había interrumpido y, arrepentido, jadeante, agachó la cabeza y dejó caer los faldones para taparse.

Consciente de que poco podía hacerse ya, Melitó recobró la calma y se deslizó de la mesa con gesto serio, se agachó a recoger la túnica, que había quedado en el suelo, y se la puso ajustándosela con parsimonia. Después se llegó ante su marido, que a Mora le pareció a punto de derrumbarse, y plantó una rodilla en tierra, mirándolo a los ojos y acariciándole el mentón con la mano extendida. Otro de aquellos gestos griegos que no le resultaban comprensibles. Luego le dijeron que era una forma antigua de oficializar la súplica de perdón.

—Todos entenderemos que los mates ya mismo como señor de la casa —dijo Sófocles para cerrar su actuación.

—Con el mayor respeto: no todos —comentó con voz dulce la hetera Aspasia, sin preocuparse por contradecir al poeta, al magistrado, al sacerdote—. Los que te conocemos te vamos a apoyar si en el castigo buscas el bien de tu casa en vez de dejarte llevar por la ira, Eurípides.

—¿El bien de su casa? —se contuvo el delator—. ¿Qué bien hay mejor que el de limpiar lo que se ha ensuciado?

—Algo de razón tiene ella, ¿no, Sófocles? —comentó Eurípides, en cuyo ceño por fin vio Mora disiparse un poco la preocupación—. Si los mato pierdo a mi mujer y a mi esclavo más útil.

—No tan útil. Todos los que te ultrajan diciendo que tus mejores versos son suyos van a añadir ahora que tu mujer también —apuntó el cómico Aristófanes, que como sabría luego Mora ya había escrito ambos insultos en una comedia con Eurípides de protagonista.

—Aspasia, valoro tu consejo —continuó Eurípides sin escuchar a Aristófanes—: dime qué castigo ves adecuado para ellos.

—Te confieso que no lo sé bien. Solo tú puedes medir el tamaño de la ofensa. Pero siempre he creído que a faltas de amor son justas penas de amor.

—Entiendo —dijo meditabundo el poeta. Y luego—: Entonces, Sófocles, gracias por tu amistad, y déjame que esta vez me replantee tu consejo... Penas de amor para faltas de amor, lo que dice esta mujer me parece justo.

Y luego levantó a Melitó tomándola de la mano.

—Voy a repudiarte —le dijo mirándola a los ojos—. Y a casarte con Cefisofonte.

Mora se centró en la reacción de Melitó, pero no hubo tal, o no fue capaz de percibirla. La matrona mantuvo un tiempo la mirada sobre los ojos de su marido y después cerró los suyos e inclinó la cabeza con el rostro relajado.

—De todos los disparates que he oído... —rio Sófocles—. Pero si el rey de Macedonia no se ofende, yo menos.

¿Qué pretendía Sófocles? Mora comprobó que la preocupación teñía de blanco de nuevo el rostro de Aspasia. No conocía la ley ateniense para casos de adulterio, aunque sí algo de la de Cartago, que era letal.

—Gracias, Sófocles —rio Arquelao—. En Macedonia un rey no manda en los asuntos de otro hombre si no afectan a la corona. A mí me valen esas penas de amor como castigo, si a Eurípides le valen. No tengo intención de denunciar adulterio, Eurípides, como sería mi potestad de invitado por la ciudad de Atenas, porque no me gustaría que peligraran los derechos de ciudadano de un gran poeta como tú. Y confío en que nadie de los aquí presentes lo haga: tendría el odio del rey macedonio para siempre.

—Tu generosidad alegra mi casa, Arquelao... —correspondió Eurípides.

—Bueno: eso me da pie a que te pida a cambio que muestres a tu vez la generosidad de la que eres capaz...

—Está decidido —aceptó el poeta, que probablemente ya había previsto esa exigencia—. Escribiré el *Arquelao*. No sé si pedir una condición puede resultar excesivo...

—¡Bravo! —se alegró el rey—. Aceptada la condición, sea la que sea. Y para celebrarlo mi reino pone a su corte, Pela, a disposición de todos los comensales de hoy. Estáis invitados a incorporaros al Banquete de los Afortunados, como muchos llaman ya a mi cortejo de sabios y artistas. Los gastos de viaje y estancia corren de mi cuenta. Y los primeros que se apunten podrán elegir casa a su gusto.

—Nosotros vamos —dijo el extravagante Agatón mirando a su Pausanias, que sonrió encantado, viejo solo en años.

—¡Qué envidia! —exclamó Sófocles—. Viajar a un reino pujante, desde esta ciudad en guerra, para comenzar una nueva vida. Si aún fuera joven...

—¿No voy a poder convencerte, maestro? Hay un templo de Asclepio en la ciudad y puedo nombrarte sacerdote vitalicio.

—No tengo ya fuerzas para empezar una nueva vida lejos de Atenas, perdóname, rey: ¡me estoy quedando ciego!

—Y nada me complacería más que contar entre mis invitados con el primer filósofo...

Las miradas se posaron sobre Sócrates, como si Protágoras, su maestro, no estuviera por allí. Pero él se excusó alegando que la invitación le venía grande. Su obligación, dijo, era actuar como aconsejaba hacerlo a sus discípulos, respondiendo siempre con equidad al trato que le daban:

—Para mí es tan inasequible corresponder a semejante regalo como lo sería devolverte un escarmiento, si me lo dieras.

Todos guardaron silencio meditando la respuesta, que reconcilió a Mora con Sócrates.

—Vaya, es una lástima —siguió Arquelao sin comprender el agravio que acababa de hacerle—. Y tú, Eurípides, ¿qué condición ponías?

Mora vio que tomaba aire antes de responder.

—Igual que voy a cumplir el pacto contigo, es imprescindible para mí cumplir los acordados antes. Me he comprometido a recorrer con mis obras los teatros de Ática y de varias ciudades griegas, y hay una trilogía más pendiente de hacer, inaplazable. Es todo lo que te pido antes de empezar el *Arquelao:* tres años.

—¿Cómo?

Eurípides no lo repitió, y mantuvo su sonrisa franca ante el rey, que lanzó una de sus inquietantes carcajadas sin variar el gesto solemne del rostro.

—Avaricioso en tiempo —dijo desplegando al fin una sonrisa, que cualquiera habría juzgado en otra situación como cálida.

—Es lo que corresponde a un viejo... —se excusó inclinando la cabeza Eurípides.

—Pues bien, ¡sea! Un rey gobierna para siempre —sentenció Arquelao—, y tres años son migajas de tiempo. Entonces, ¡ni uno más!

Los últimos invitados del banquete habían partido ya, borrachos, cada uno con un esclavo para asegurarse de que llegaban a casa, pero no había nadie recogiendo los restos de la juerga.

Eurípides recorría el patio abatido, con las manos enlazadas a la espalda.

—Padre, ¿quieres dejar de arrastrar las sandalias? —le pidió su hija Eco, que por entonces era una niña aún.

—¿Y tú qué haces que no estás durmiendo? —le preguntó Mora.

Ella se encogió y a regañadientes se dirigió a las escaleras que subían al gineceo, antes de que su madre se diera cuenta de su presencia.

En un extremo del jardín Cefisofonte estaba sentado, con los codos clavados en las rodillas y las manos en la cabeza. De vez en cuando, se restregaba la cara con gesto nervioso.

—¿Cómo es posible que hayamos dejado entrar en casa

a alguien así? —se lamentaba Melitó ante Aspasia—. Hijo de una hiena.

Sonaron tres golpes inquietos en la argolla del llamador. Todos se quedaron paralizados. Fue Eurípides quien se animó a abrir.

Era Protágoras, de vuelta.

—¿Puedo...? Gracias. Hermano, yo... —Al ver que el resto de los miembros de la casa estaba por el patio se calló avergonzado, pero había venido a lo que había venido—. Necesito ayuda.

Aunque bajó mucho el tono de voz, el silencio era inmenso.

—Puedes confiar en los que hay ahora. Toda mi familia me es fiel.

El otro lo miró con asombro. De cualquier modo se le veía demasiado preocupado para discutir de eso.

—Estoy en peligro, Eurípides —decidió seguir.

—No, maestro... Sófocles no es capaz de...

—Eso creía, pero nunca lo había visto así. Al salir lo he seguido. Íbamos los dos sin esclavo de compañía porque no hemos bebido ninguno: no le he quitado ojo en el banquete. Bueno, se ha enganchado del brazo del joven Evatlo y ha ido todo el camino adulándolo. Y en la puerta de su casa, cuando creía que nadie lo escuchaba, le ha ofrecido cinco minas si me denunciaba al Areópago por impiedad. ¡Cinco minas! ¿Te lo puedes creer?

—¿Evatlo? ¡Pero Evatlo te adora! Me pidió de rodillas que lo invitara a la presentación. No sabes lo que me dijo de tus enseñanzas.

—Lo sé. Estoy dándole clases estos días. Le cobro una mina por un curso de diez mañanas para aprender honradez, y Sófocles le da cinco por un rato de corrupción. ¿Cuál de los dos crees que lo va a convencer?

—Es esta guerra —dijo Eurípides, cada vez con más ganas de irse a la cama—. Está toda Atenas desquiciada.

—Pues muy bien: yo me largo de vuestra guerra. ¿Atenas el centro de la justicia y la democracia? Nadie valora ya aquí la sabiduría.

—No te preocupes, hablaré con Sófocles, seguro que...

—No. Yo... Mi pensamiento bulle. Tengo todavía mucho que escribir. Mi alma es joven. ¡Me encuentro en mi mejor época!

No era el primer griego anciano al que Mora veía comportarse como un efebo. Eurípides lo miró sin saber muy bien qué decir.

—No voy a dejarme matar —siguió—. Necesito que me escondas. Sale un barco en tres días del Pireo.

—¿Ya? Es muy pronto para navegar, Protágoras.

—La fortuna es para los mercaderes que se la juegan.

—Yo me voy con él a donde sea —dijo entonces el joven Cefisofonte, que se había ido acercando a medida que hablaban—. Maestro, tengo ya el doble de dinero de lo que te costé. Yo no quería... Yo quería seguir escribiendo para ti, pero... No soy digno... Si me perdonas, yo...

—Y yo también quiero irme —añadió llorando Melitó—. ¡Entrégame a uno de esos tratantes de esclavos!

Eurípides alzó la barbilla para destensar el cuello. Siguiendo su mirada comprobó Mora que los cuernos de la luna, a medio esconder tras una nube, se estaban incendiando.

13
Pintura y realidad
[Pela, Macedonia, 406 AEC]

... Como pintor, retírate,
mírame y mide atento el mal que arrastro.

EURÍPIDES, *Hécuba*, 807-808

Sobre la oleada de tristeza que inundaba a Mora, flotaba la cara de pánico de Eco cuando la vio saltar por la ventana. Pensó con remordimiento que el gusto por el espectáculo de los griegos había acabado contagiándosele, aunque esa era, en verdad, la única salida que tenía.

Desde que arribaron a Pela, había tomado la costumbre de trepar al tejado de la torre para tumbarse de noche sobre las tejas de cerámica y contemplar el cielo en silencio. Lo dejaba de hacer con la llegada del frío, pero estaba claro que era el momento de retomar su vieja costumbre. Por pura comodidad puso un día un cabo anudado al pie de la veleta que se erguía en la cumbrera del tejado. Esta vez su pereza le había salvado la vida: el salto de aparente suicidio había librado a Eco de la posibilidad de delatarla. Y si se hubiera visto obligada a subir a pulso ahí sin la cuerda y con la nieve helada, habría tenido bastantes posibilidades de caer verdaderamente y romperse la crisma.

Se enterró bajo la nieve del tejado para hacer desaparecer su olor. Al sofocarse el estruendo de los gañidos y ladridos de los perros pudo oír a los soldados del rey Arquelao preguntando por ella y a Eco respondiendo.

—¡Ha muerto, ha muerto! —gritaba ronca, extenuada.

Los perros dejaron de ladrar y se hizo el silencio. Entonces oyó el grito de una voz conocida:

—Estaba aquí pero ha volado. ¡La muy bruja!

Cratero, el perrero mayor y amante de Arquelao. La tranquilizó saber que había sobrevivido a sus propios perros. La venganza solo tiene sentido si va al fondo de las causas. No le interesaba el verdugo, buscaba al verdadero enemigo, al estratega que había decidido y tramado el sacrificio de Eurípides. Quería matarlo con sus propias manos. Sacrificarlo.

¿Ella también buscaba el sacrificio? ¿De dónde venía ese afán compartido por todos los seres humanos de sacrificar? Romper los cuerpos de los animales para hurgar en las entrañas era una costumbre tan extendida que resultaba más difícil acabar con ella que con el deseo de ingerir carne. Recordó la vez en que vio en la lejana ciudad etrusca de Fufluna a un arúspice rasgar con la uña de su pulgar el vientre de una cigüeña viva. El muy salvaje estuvo rebuscando en las tripas del animal hasta apresar el hígado y arrancárselo de un tirón. Primero se lo llevó a las narices y luego lo sostuvo muy cerca de los ojos, bizqueando mientras lo hacía girar despacio entre dos dedos ensangrentados. Por último, lo depositó sobre el pequeño fuego que había prendido en el altar, para apreciar los matices del tornasol de la llama en que la carne se contrajo de pronto.

Había más personas siguiendo aquel estúpido ritual, pero solo ella se compadeció de la mirada impasible del enorme pájaro, que golpeaba con aleteo agonizante el ara sobre la que había sido sacrificado, mientras el arúspice pronunciaba su augurio: «No es seguro, aunque parece que de momento no lloverá». Lo único seguro en esta vida, pensó Mora, es que dos arúspices no pueden evitar reírse si se miran al cruzarse.

Empezaba a sentir el cuerpo aterido de frío. Aún se oía el revuelo abajo: los soldados se habrían puesto a registrar la pequeña sala, abriendo los baúles con los libros, pocos, que Eurípides trajo de Atenas. Las protestas de Eco provocaron la orden seca de que la detuvieran. Cuando bajaban las escaleras, los gritos de indignación de Melitó agitaron el patio y de pronto se sofocaron. Quizá había logrado que soltaran a Eco, pero Mora escuchó a alguien rugir que tenía órdenes de llevar a palacio a Zbel, la bruja tracia amante de Melitó a la que habían puesto grilletes al irrumpir en la casa.

Zbel era una buena alternativa a ella misma, pensó Mora, para adjudicarle la muerte de Eurípides. Los séquitos nocturnos de bacantes constituían un temor constante, además de para los pastores, para las matronas del lugar, que veían a sus hijas llegar a casa de madrugada, sonadas y ensangrentadas. Y organizar bacanales era uno de los privilegios de las sacerdotisas de Enodia, difícil de atajar por el fervor que provocaban, aunque Arquelao había organizado ya un calendario de fiestas en las que iba consiguiendo concentrarlas, para prohibirlas el resto del año.

Hubo abajo una discusión demasiado larga. El grueso manto que llevaba Mora ya resultaba inútil para mantener el calor corporal. No podía ceder a la tentación de volver a colarse en la habitación de la torre todavía. Ya se enteraría más adelante de la suerte de las demás. Si sobrevivía, porque el frío la incapacitaba para concentrarse.

No estoy aquí sino que verdaderamente he caído de la torre, se dijo. Una forma como otra cualquiera de rendirse y dejarse ir. Pero había demasiadas tareas pendientes. No quedaba más remedio que armarse de esperanza.

La esperanza, hermanas. Cuidado con la esperanza. Toda gran caída, se dijo Mora, si no es la última, no puede sino desembocar en un ascenso.

Al fin entró en trance, replegada sobre su propio calor interno.

El pintor Zeuxis estaba aplicando reflejos dorados en el iris de un ojo infantil con un pequeño pincel de pelo de ardilla. Eran, quizá, los últimos retoques del cuadro.

Aunque a media mañana había dormitado allí mismo, sobre un banco de madera, cubierto con la piel de caballo de capa alazana que le había servido de referencia para la pintura, todavía no había conseguido sacudirse la resaca de la cena en el palacio de Arquelao, a la que había acudido la noche anterior de mala gana, interrumpiendo su trabajo.

Cena en tensión. ¿Por qué? El rey Arquelao había cambiado de actitud con Eurípides, que en menos de dos meses, desde la representación de la tetralogía macedónica en el festival de Dion, había pasado de ser el artista principal de su corte a convertirse en otro parásito objeto de su desdén. Y lo peor que se podía hacer con Eurípides era arremeter contra él, por su maestría para dar la razón al agresor solo cuando la perdía por completo, y esquivar las burlas o devolverlas disfrazadas de elogios: «El más sabio en cerrar los ojos», llamó a Arquelao en cierto momento de la cena. ¿Habría algún modo de retratar la desafección entre rostro y ánimo de aquellas carcajadas airadas e impávidas de Arquelao? El vino solo hizo que su furia acabara dirigiéndose hacia todos los presentes.

Él, Zeuxis, se había librado hasta el momento de la ira del rey gracias al silencio. El silencio es la virtud del pintor. Pero siempre había un límite. ¿Cuándo le llegaría a él el momento del desprecio, inevitable para cualquier artista de corte?

Ya había acabado la mayor parte de su trabajo en palacio, la parte defensiva del encargo, por decirlo así: todos los frescos que, simulando puertas, ventanas o vanos de acceso a corredores —como trampantojos confundidos entre los verdaderos elementos arquitectónicos—, convertían el palacio en un laberinto para cualquier intruso. Y de la parte lúdica, los frescos eróticos de las habitaciones del rey y de las termas, quedaba ya muy poco. Las cuatrocientas minas estaban casi cobradas. Para conservar el aprecio de Arquelao convenía idear una continuación del trabajo. ¿Y si pintara los techos? Cielos abiertos..., cielos nocturnos plagados de estrellas y diurnos soleados o tormentosos... Quizá.

Ya había anochecido. Dejó el pincel sobre la mesa y se alejó un poco de la pintura, fastidiado de antemano por lo que sentiría al volverse y mirarla. Por un instante, sin embargo, llegó a despuntar el asombro, aquella llama incipiente en el centro del pecho que se apagó enseguida, diluida como siempre en las dudas.

Inspiró despacio. No había vuelto a alcanzar el estremecimiento con una obra suya desde que concluyó su tercera pintura, muy joven. El estremecimiento solo llegaba con obras ajenas, y cada vez menos, y además, entonces, se transformaba rápido en ira o en envidia, a menudo en una combinación sutil de ambas, cada vez menos convulsa, eso sí.

¿Cómo sería contemplar aquel cuadro sin haberlo ideado? ¿Dónde, por ejemplo, se podía decir con claridad, del ser híbrido que lo protagonizaba, «aquí es yegua, aquí es mujer»?

Entonces llamaron a la puerta.

Para trabajar sin molestias, Zeuxis expulsaba de casa por temporadas al único esclavo con el que soportaba vivir. Aquella vez había decidirlo darle la libertad y dinero suficiente, más para librarse de él que por generosidad. Desde ese día se sentía dueño de su vida, o mejor, de su soledad.

Fuera quien fuera, se trataba sin duda de un demon salvador.

—Pasa, deprisa —dijo, nada más abrir.

Era Mora, la escriba negra de Eurípides. Se había cortado el pelo rizado y se lo había teñido de rojo. Esa mujer extranjera serviría muy bien. Le dio la espalda y caminó apresurado hacia la habitación en la que pintaba. Tirando del contrapeso, elevó un poco más la lámpara de tres picos para que el reflejo no molestara.

—Ponte exactamente en este... —se dio la vuelta y comprobó que ella no lo había seguido, como creía—. ¿Mora?

La muchacha entró en la estancia que hacía de taller caminando con extremada lentitud hacia el trípode que sostenía la tabla. Se detuvo a tres pasos, demasiado lejos. Frunció el ceño.

Zeuxis estaba resignado a la extrañeza que causaban sus pinturas. Se puso a su lado, intentando mirar de nuevas como si fuera posible. La centáuride estaba tumbada sobre un lecho de hierba, con el vientre rosado de yegua al aire, los cuartos traseros estirados para que un bebé centauro pudiera mamar de la tetilla de una ubre, y los delanteros en una posición forzada: la pata izquierda arrodillada de frente al espectador y la derecha en escorzo, flexionada, como si la parte animal del cuadrúpedo estuviera a punto de levantarse. Pero en el centro de la tabla el pecho caballuno se fundía con la barriga erguida de una mujer que sostenía en brazos al otro bebé centauro, al que daba de mamar también en uno de sus pechos humanos.

Había elegido como modelo una mujer tracia a la que veía de vez en cuando en la ciudad. La asaltó en el mercado una decena de días atrás. Los dos días de posado se habían convertido en una tortura: al contemplar su retrato convertida en centáuride y con orejas caprinas como las de los sátiros, la mujer dijo que Zeuxis había retratado su demon malo: «Es el doble que camina en vida a mi lado como una sombra y solo se muestra ante la muerte», decía. La tracia estuvo llorando media tarde, allí. Tuvo que pagarle el doble de lo acordado, librarse de ella como pudo y acabar los detalles del rostro de memoria.

—¿Ocurre algo? —le preguntó a Mora al mirarla y darse cuenta por fin de que traía muy mala cara.

—Nunca había vuelto a ver una puesta de sol así —exclamó Mora.

Ese comentario lo conmovió. ¿Había logrado traspasar con la vista el velo de la ficción? En vez de embotarse con la novedad de la imagen, como todos sus admiradores, había entendido, quizá, que el único modo para zambullirse en la realidad y explorarla sin deslumbrarse por la vida era quebrando la superficie de la fantasía.

Supo entonces que la obra había concluido.

—Me dijiste que querías pintarme —sugirió ella, interrumpiendo sus meditaciones.

—Sí —ahora la miró burlón—. Pero quería a una mujer preñada, justo al principio. Solo la mirada vidriosa. Ahora se nota mucho más, pese a la faja. Te aflora en el rostro. ¿A quién quieres ocultárselo?

—Necesito que me escondas un tiempo —fue su respuesta—. Y el dinero que me prometiste por posar para escapar luego. Si quieres, puedes pintar a un hombre embarazado, utilizando mi disfraz.

—¿Qué disfraz? —preguntó él divertido.

El rostro de Mora se transformó ante él poco a poco. Los pómulos se le marcaron, los ojos se hundieron en las órbitas, las orejas despuntaron y la barbilla se agudizó ovalando el contorno de la cabeza. Cambios muy menores todos, pero que provocaron una verdadera metamorfosis.

Con ese corte de pelo y los pechos ceñidos parecía un varón púber.

—¿Cómo...?, ¿cómo lo has...? Déjame verte. Desnúdate.
Ni se dio cuenta de la ansiedad con que lo estaba pidiendo. Cualquier mujer griega o macedonia le habría escupido a los pies. Los pintores tienen mala fama. Parrasio, su mayor rival, violó a una anciana con el único propósito de atrapar su gesto de terror para reflejarlo en un retrato.

Pero Mora no se ofendió, porque era bárbara o quizá porque sabía que un pintor tiene la obligación de ver... Dejó el manto sobre una silla y se desató el cordón de la cintura. Luego se sacó la túnica por la cabeza, sin pudor ni sensualidad, y la arrojó sobre el manto. Después desanudó a tientas, bajo la axila, el lazo de las tiras de la faja que le contenía los pechos, se la desenrolló del torso y quedó desnuda.

—¿Por qué te has teñido de rojo el pelo? —le preguntó.

—En memoria de una hermana mía —dijo ella.

La mezcla del rostro de varón con los pechos y la barriga henchida por el embarazo era mucho más de lo que Zeuxis esperaba de la naturaleza. Llevaba tiempo pensando en hacer una Dánae, la mujer poseída por Zeus en forma de lluvia de oro, y había encontrado al fin la modelo. Más allá del cuerpo de Mora, vio la escena ya pintada: una tormenta desatándose en el interior de una habitación excavada en la tierra, iluminada por tragaluces. Lluvia recorriendo la piel negruzca de una mujer andrógina y preñada en el mismo instante en que el dios la poseía recorriendo e inundando su cuerpo en gotas que formaban pequeños regueros de ámbar.

—Eurípides ha muerto —dijo ella, despacio, mientras volvía a tomar su ropa para vestirse.

Tuvo que sentarse para digerir la noticia.

—Anoche —añadió Mora—. Me están buscando para acusarme de su asesinato. Y necesito pensar. Esta mañana han detenido a Zbel, y creo que la condenarán a ella si no me encuentran.

—¿Quién es Zbel? —consiguió preguntar al fin.
—La centáuride —contestó ella señalando al cuadro—. Una esclava de Eurípides, medio bruja, amante de su mujer.

Zeuxis rio con desgana. Cada día se parecía más a su odiado Parrasio, el único pintor que lo había vencido en un certamen. Ni siquiera le había preguntado el nombre a su modelo. Si iban a ajusticiarla, ella lo estaría maldiciendo por haberla enfrentado al retrato de su demon malo.

—Pobre loca.

Mora le explicó lo que había sucedido. Zeuxis podía ver con claridad, como si ya la hubiese pintado, la jauría abatiéndose sobre el cuerpo de su amigo en la noche.

Al final de su relato la extranjera le preguntó a su vez por el banquete. Ocurrió la ira, claro, pensaba Zeuxis. Como una tormenta.

—Bebí demasiado. —Eso era todo lo que podía decir.

Entonces sonó por segunda vez la puerta. Golpes débiles. Mora lo miró agobiada. Si era la guardia de Arquelao no habría lugar donde esconderse.

—¿Quién llama? —gritó Zeuxis.

Los golpes se repitieron. Zeuxis dejó que Mora se internara sigilosamente en el patio. Pensando en la risa hierática de Arquelao, tomó aire para reunir el valor suficiente y abrió.

Ante él estaba Zbel, su modelo, la esclava de Eurípides que según Mora había sido detenida por la guardia de Arquelao. La tracia hizo una mueca que no llegaba a ser sonrisa. A Zeuxis le pareció una simple burla.

—Sálvame —dijo en un susurro, como contándole un secreto.

Y luego se desplomó hacia atrás, cayendo sobre el lecho de nieve que se había acumulado en la calle.

Zbel mejoró en pocos días. Para curarle los latigazos, Mora le preparó el ungüento de sábila, resina de pino, ajo y miel de caléndula que Khabale, la sierva nubia de Babu, le aplicaba a ella en sus tiempos de esclava.

Sabía que Zbel era un buen cebo para atraparla a ella, o eso pensarían los de la guardia, por más que solo el azar las había llevado a las dos a juntarse en aquella casa en la huida. O más que el azar su condición de salvajes. La obsesión artística de Zeuxis las unía como modelos por el simple hecho de que buscaba esencias humanas que la civilización disimula.

La tracia lo sabía también. En cuanto pudo hablar contó que la habían soltado para seguirla, lo había corroborado al salir de palacio. Pero se libró de los perseguidores refugiándose en el templo de Cibeles y utilizando el pasadizo por el que las sacerdotisas lo abandonaban en las noches rituales.

Tanto si Zbel había conseguido ocultar su rastro como si no, para escapar de Pela Mora necesitaba tiempo y dinero, los grandes regidores de la vida griega. Zeuxis aceptó esconderlas a ambas si posaban las dos para su Dánae. Mora como Dánae negra y Zbel como sirviente.

La bruja tracia les contó que, amenazada de tortura por el tribunal que presidía Arquelao, se había confesado culpable de la muerte de Eurípides. Pero cuando el rey iba a condenarla a muerte, uno de los consejeros convenció al resto de que mentía. No había ninguna razón aparente, dijo, para que se declarara culpable sin aferrarse a lo que la esposa de Eurípides y el resto de las mujeres de la casa aseguraban: que había dormido en un lecho del gineceo, junto al tálamo de Melitó, como solía hacer en calidad de guía religiosa suya. El consejero concluyó que si había renunciado a defenderse era porque imaginaba que la iban a torturar hasta que se declarara culpable, o bien porque quería salvar a alguien cuya vida valoraba más que la suya.

Entonces, para acallar la sospecha de que el juicio era una farsa, que sin duda se estaba extendiendo ya por los asistentes, Arquelao se había visto obligado a decir que si había dudas sobre la culpabilidad de Zbel él no iba a condenarla. Decretó un duelo de un mes en la corte por la muerte de Eurípides, pidió que se enterraran sus huesos en el cementerio de palacio, castigó a Zbel con veinte latigazos y la requisa de sus bienes... Y al hombre que, según decía, había desenmascarado a la sacerdotisa tracia lo obligó a ejecutar el castigo con el látigo. Después, cuando el castigo se cumplió, mandó que la expulsaran de palacio.

—¿Sabes el nombre de la persona que te salvó la vida y te azotó? —le preguntó Mora.

—Nunca se pronunció su nombre ante mí. Era un hombre bello como un demon. Y entrado en años, pero lampiño, con cutis de niña. Aunque hablaba el griego como una ateniense loca, era persa.

—Quieres decir que vestía como un persa...

—Quiero decir que vestía, se movía y gesticulaba como una mujer persa. Y apestaba a perfume lidio. Era persa.

No podía tratarse más que del extravagante Agatón. «Desconfía de Agatón», había escrito Sófocles en su mensaje para Eurípides.

Durante varios días las dos posaron para el cuadro, como si el tiempo y el sufrimiento se hubieran detenido. Las pasiones extremas se parecen, y Zeuxis aprovechaba la expresión de dolor en el rostro de la bruja Zbel para conectarla con el asombro de la esclava de Dánae ante el desencadenamiento de la tormenta divina. Llovía dentro de la sala.

Mientras trabajaba, Zeuxis contó a petición de Mora la razón de su estancia en Pela. Hubo un certamen en Atenas para señalar al mayor pintor de Grecia. Tanto él como su rival Parrasio fueron derrotando al resto de los pintores. El día de la final Zeuxis pintó un racimo de uvas. Tan bello era que un mirlo se detuvo a revolotear frente al cuadro intentando picotear las uvas, para asombro del jurado que lo estaba valorando.

Convencido por el suceso de que la victoria era suya, Zeuxis fue con todos a ver la obra de Parrasio, que estaba tapada por una cortina.

—Muestra tu trabajo de una vez y terminemos, Parrasio —le pidió.

—Hazme el favor de descorrer tú la cortina, Zeuxis.

Aceptó como un idiota, y al acercarse vio que la pintura de Parrasio era la propia cortina. La risa del jurado fue el veredicto de su derrota.

El fracaso marcó el verdadero principio de su arte, le dijo a Mora. Abandonó el engaño de la imitación de la realidad para buscar la esencia de la pintura, persiguiendo lo imposible: contar el mundo inmenso en cada cuadro, atrapar en imágenes la invisible Músika del cosmos. Se arruinó pronto, y ahora, para sobrevivir, había tenido que volver al arte del engaño como siervo de Arquelao. Una trampa de la que solo conseguía escapar escondiéndose en el interior de sus otros cuadros.

Cuando el de Dánae estaba acabado y la tormenta se desplegaba por fin en el iris de los ojos del espectador, la bruja tracia Zbel, ya recuperada, se fue como había venido, de noche y en silencio, sin decir adónde.

14
La hoguera
[Atenas, 411 AEC]

> ... como la sensata desconfianza,
> nada hay tan útil a los mortales.
>
> EURÍPIDES, *Helena*, 1617-1618

Llegaron tres días después del banquete, al amanecer, cuando el resto de la casa dormía aún. Mora bajaba en ese momento del gineceo por la escalera del patio. Al ver la comitiva se detuvo, pero en vez de retroceder, al final siguió adelante.

—Salud. Traigo mis órdenes del Consejo, traigo —dijo el guardia que estaba al mando. Mora lo reconoció, con su cola de caballo rubia como el sol y su rostro rubicundo. Era el mismo que llevaba de guardaespaldas el rey Arquelao en el mercado el día en que Eurípides la compró—. A ver el comedor —ordenó luego.

Le costaba un mundo explicarse. Pero no se bromea con los arqueros escitas de la guardia ateniense, único ejemplo de esclavos orgullosos de la ciudad y quizá de la especie. Eurípides se hizo a un lado y les indicó el lugar en que se encontraba la sala de banquetes.

Entraron en fila de a dos. Venía con ellos un viejo con un rollo de pergamino bajo el brazo, que pasó junto a dos arqueros a la sala. Eurípides se quedó en la puerta con el resto. Todos en silencio.

Fueron emergiendo los demás componentes de la casa, exceptuando a Melitó. Intentaban hacer sus tareas como si no hubiera hombres armados en el patio. Cuando el viejo magistrado regresó seguido de los dos arqueros, llevaba una caja abierta de la que asomaban varios rollos.

—¿Tienes otros libros, tienes? —le preguntó el escita al mando.

—Claro, ya lo has visto.

—Dice que si hay libros en algún otro lugar de la casa —aclaró entonces el magistrado, pero mirando al mando escita.

—Ah. Pues sí tengo.

—Vale, acompáñanos. ¿Dónde están?

Venían en serio.

—¿Por dónde queréis empezar? La mayoría están en el piso de arriba, repartidos por las habitaciones. Hay también aquí abajo, en mi dormitorio, o en la despensa. Y en la cochera tengo unos cuantos. Bueno, y en un cuarto del establo. Y tam...

—¿Tienes más libros de estos...? —lo interrumpió el magistrado.

Sabía perfectamente lo que estaban buscando, pero se acercó a mirarlo como si no entendiera nada.

—¿*Sobre los dioses* de Protágoras? No, estos son los cinco que me dio. Voy a enviárselos a... ¿De qué se acusa a los libros?

—De impiedad. ¿Y algún otro título de Protágoras, tienes?

Negó levantando la barbilla y las cejas. Que los buscara él, si quería.

—¿Y algún Protágoras? —preguntó el arquero.

Se quedó mirándolo, incapaz de entender.

—Dice que si anda por aquí tu amigo —explicó el magistrado.

—¿Protágoras? No. Se hospeda en casa de Calias.

—Allí ya no está. ¿Sabes adónde puede haber ido?

—Pues si no está donde Calias, será verdad lo que he oído. Zarpaba hacia Sicilia hoy mismo, estará partiendo ahora del Pireo, creo que tiene intención de ir a Siracusa, pero de eso ya no estoy seguro.

—¿Y quién te lo ha dicho?

—Cefisofonte.

—Dile a tu esclavo que baje.

—¿Cefisofonte?

—Sí.

—Ya no es mi esclavo, se ha emanci...

—Pues da igual. Dile que baje, tengo una orden de detención.

—Eso te iba a explicar: no está. Ya no vive aquí. Me pagó el dinero para su emancipación ayer mismo..., digo no: antes de ayer. Fue él el que me dijo que se iba en barco con Protágoras, a Siracusa, aunque no me lo tomé en serio, me parecía pronto para que hubiera barcos, pero...

—Entonces dile a tu mujer que baje.

—¿Melitó?

—Sí.

—Bueno, Melitó ya no es mi mujer...

—¿Se ha ido en barco con Protágoras y Cefisofonte? —El magistrado lo miró con impaciencia apenas contenida.

—No, no. Ella está aquí. Ahora es mi esclava. Y ya no se llama Melitó, se llama Querile.

El magistrado se quedó mirándole. Una sombra de ira cruzaba lentamente por su rostro.

—La casé con Cefisofonte —le aclaró—, eso es un poco largo de explicar. Pero después tuvo una infidelidad con él, traicionó a Cefisofonte, con su antiguo marido.

—¿Contigo?

—Bueno: sí, lo reconozco, se me fue la cabeza. Y entonces Cefisofonte la repudió.

—Ya.

—No solo eso: la esclavizó por su infidelidad y me la vendió antes de irse.

—Han pasado muchas cosas en esta casa en tres días, ¿no te parece? —dijo al fin el magistrado, con media sonrisa.

—Es cierto —se lamentó Eurípides—. Pregúntales a las esclavas. Están hartas: una presentación de un libro, una manumisión, un repudio, una boda, otro repudio, la despedida, la incorporación de una esclava nueva... Ha sido un no parar. Hemos tenido baño ritual, comitivas de ida y vuelta con sus cantos, y cada noche un banquete distinto: simposiaco, de despedida y nupcial, con su tarta de sésamo y miel. Hemos tenido de todo.

El escita estaba bastante inquieto, aunque afortunadamente el magistrado era un hombre práctico.

—Pero todavía debe de quedar en la bodega algo de vino —añadió Eurípides—. Si queréis un vino fresco, puedo pedir...

—No, muchas gracias... Y ya me imagino que cuentas con los testigos de la boda y de la emancipación...

—Sí, lo hicimos todo bien, tengo los testigos y los documentos —dijo Eurípides encogiéndose de hombros, como si no hubiera otro remedio—. Parecía que no se acababa nunca la firma de tanto legajo.

—¿Traigo mujer de pelos? —exclamó el guardia escita.

Eurípides lo miró aterrado.

—No puedes —dijo el viejo magistrado—. Ahora es su esclava. La denuncia ya no sirve.

—¿Denuncia? ¿Han denunciado a Melitó..., digo a Querile? ¿Qué ha hecho? Dímelo, porque se va a enterar. No se puede fiar uno ni de las esclavas.

Tampoco es que se esforzase demasiado en parecer escandalizado.

—No tiene importancia —dijo el magistrado—. Está bien: nos vamos.

—¿No me dais un recibo, para cuando vaya a recoger los libros?

—Recibo no hay, recibo —rio el arquero—. Ni libros. Nunca.

Era mañana de mercado y no había ensayo en la casa, así que poco después Eurípides le pidió a Mora que lo acompañara al ágora, con la idea de buscar a alguno de los miembros del Consejo y ver si podía recuperar los libros.

—Lo que quiero es que hagas el trabajo de Cefisofonte —iba explicándole el poeta—. Para ti va a ser muy sencillo. Y te pago lo mismo que a él. El trabajo en los ensayos en el patio lo conoces, pero a partir de ahora tienes que quedarte con los errores que se cometan, tanto en los versos como en la melodía y en los pasos de los bailes, para que se enmienden en el siguiente ensayo. Esta vez no hay prisa, aunque no es lo normal: *Orestes* está casi acabada, y las otras tres obras ya las tenemos a punto. De cualquier forma, que no se me olvide darte el texto cuando volvamos, para que lo leas y...

—Ya lo he leído —dijo ella—. Me pasó Cefisofonte las obras cuando hicisteis las copias para los actores.

—¿Sí?

—No sé si tenía permiso para leerla... —dijo cayendo en la cuenta.

—¿Cómo no vas a tener? Pues entonces más fácil aún.

—¿Y luego va a ser necesario que actúe alguna vez? Para eso no me veo preparada.
—¡No! —rio Eurípides—. Los esclavos y las mujeres no pueden actuar.
—Pues yo vi *Medea* en Cumas. Y actuaba una mujer maravillosa...
—Ah, bueno. Fuera de Atenas no siempre rigen las mismas reglas. Es un disparate, pero aquí está prohibido, para evitar escándalos. Y hemos perdido buena parte de los registros agudos del arco de voz en las obras. Antes ni se os permitía entrar a verlas, y siempre hay alguno que pide que se vuelva a prohibir. ¿Sabes quién era la actriz que hizo de Medea?
—Se llamaba Filé. La conocí luego.
—¡La Corintia! Es insuperable.
—Bueno, no me imagino a Medea hecha por un hombre —se burló Mora—. Se perdería todo.
—No creas. Ya verás como es posible. El gran Calípides en los ensayos no se esfuerza, pero en el teatro... Es mejor incluso que el extravagante Agatón.
—No sabía que Agatón actuaba. Creí que también era poeta.
—*Es* poeta. Solo actúa en obras que no ha escrito él mismo: antes casi todos los poetas eran los actores protagonistas de sus obras. Sófocles renunció a hacerlo: cantaba bien, pero tiene voz débil, y le costaba demasiado esfuerzo... Yo, que aprendí de Esquilo, como él, me di cuenta de que lo mejor es ver las obras entre el público, para entender sus reacciones y comprender cómo se moldean. Me libré de una buena.
—Bien, entonces ya no soy esclava de Melitó, ¿no? —continuó ella—. Ahora soy tuya, y ella también. Animales bípedos las dos, como decís.

—En realidad no cambia nada —intentó explicarle Eurípides—. Excepto que ahora se llama Querile. Cuando necesite escribir puedes ayudarla si no te parece mal. Aumenta tu trabajo y tu remuneración. De momento no va a ser libre por pura protección. En guerra se crea siempre una magistratura, la gineconomía, para localizar y castigar acciones de mujeres, como adulterios e impiedades. Aspasia es la que me ha buscado la argucia legal. Como marido me podían obligar al repudio, y ya lo he hecho, pero también a castigarla... Sin embargo los actos de una esclava... Bueno... Tengo mayor potestad sobre ella, y la polis no entra en eso.

—¿Todavía más? A mí me parece que tenéis tanto miedo de vuestras mujeres que las sometéis por ley.

—Pues sí, a lo mejor es eso. Pero yo a Melitó..., digo a Querile, miedo no le tengo, ¿eh? Ni aunque se ponga hecha una Erinia.

—¿Y a partir de ahora será libre como una esclava?

Eurípides se detuvo.

—¿Puede salir sola, como yo, con uno de esos pases? —siguió ella, deteniéndose también.

—Es verdad. No lo había pensado. Pero en principio sí puede. No sé si ella querrá.

—Seguro que quiere. Le dábamos mucha envidia las esclavas.

—Nunca me planteó la posibilidad de salir sola —dijo preocupado.

—¿Te extraña que quisiera? —preguntó Mora.

—Hablaré con ella.

Mora no sabía bien por dónde andaban. Llevaban callejeando desde que habían salido, por calles serpenteantes de casas cada vez más envejecidas.

De un recodo surgió de pronto un viejo corriendo, y enseguida, tras él, uno de aquellos enormes guardias escitas. Antes de que llegaran a su altura, el escita, más rápido, en vez de agarrarlo, le lanzó una patada por detrás, alcanzándole en el pie a la carrera. El hombre cayó rodando ante ellos.

—¡Tranquilo, tranquilo, ya es tuyo! —gritó Eurípides.

Tuvo efecto. El guardia se conformó con arrebatarle al viejo de un tirón lo que aferraba con las manos: el rollo de un libro. Se dio la vuelta y se marchó con su botín sin gastar con ellos ni una palabra.

—Vamos, Agapitos, levanta —dijo Eurípides ayudándolo.

Era el librero cantarín junto al que Mora había despertado en su primer día en Atenas.

—¡Ladrones! —gritó—. ¿Has visto? Se lleva mis libros. ¡Haz algo, Eurípides!

Tenía una herida en la oreja. Sangraba un poco.

—No pasa nada. Es un libro. Te lo devolverán.

—No. No los devuelven.

Mora se dio cuenta de que al final de la calle por la que iban había una explanada que daba al templo de Hefesto. Estaban junto al ágora, pero no se oía el bullicio del gentío de las mañanas de mercado. Había, al contrario, un extraño silencio en la zona. Doblaron para bajar por la escalinata que daba a la plaza y entonces vieron desde arriba lo que ocurría. Habían desmontado la mayoría de los tenderetes. En el centro del lugar se amontonaban libros arrojados allí de cualquier manera. Al lado, con una tea encendida en la mano y rodeado de guardias escitas, estaba el mismo magistrado cascarrabias que había tomado los libros de Protágoras de casa de Eurípides a primera hora de la mañana. Y a su alrededor, en corro, los clientes y comerciantes habían dejado sus labores para mirar en qué paraba la mañana.

Se llegó a ellos, cojeando, el otro librero, Crisantos, que celebraba que Agapitos estuviera vivo tras la escaramuza. Les explicó que les habían arrebatado las copias de todos los libros de Protágoras, y les habían pedido una lista de clientes que hubieran comprado alguno, aunque les dijeron, mintiendo, que no hacían listas de venta.

—¿Tú lo entiendes? —se lamentaba—. Pretenden hacerlo desaparecer para siempre. Quieren ejecutar a un libro como si fuera un hombre. Les he dicho que un libro es muchos hombres, y que acabar con él es una masacre. Y se ríen.

—Cosas de la guerra. No te preocupes —lo tranquilizó Eurípides—. Siempre quedará alguno por ahí.

—¿Tú tienes? ¡Escóndelos, por tu madre!

—¡Por orden de la Bulé...! —gritó el magistrado mientras varios guardias caminaban por entre los libros volcándoles encima un polvo amarillo que traían en sacos—, ¡reunida ayer en el Areópago...!, ¡anunciamos...!: ¡que todo el que sepa dónde se encuentra el meteco Protágoras de Abdera...!, ¡sofista impío...!, ¡informe de su paradero a cualquiera de los magistrados...! ¡Primero!

—¡Salvajes escitas! —murmuraba Agapitos junto a Eurípides y Mora, desde lo alto de la escalinata.

—Salvajes atenienses, me temo —corrigió Eurípides.

—¡Y segundo...!: ¡que todo el que tenga en su poder... libros en papiro o ya sea en pergamino...!, ¡o escritos en tablillas o soportes cualesquiera de escritura...!, ¡que los entregue de inmediato a uno de los diez magistrados...!, ¡antes de que se cumpla la última decena del mes corriente...!, ¡si no quiere recibir... el castigo de ostracismo... o muerte!

Y dicho eso, tocó con la punta de la tea el montón de libros. Se alzó una llamarada más grande de lo que calculaba, y saltó hacia atrás, asustado. El fuego se extendió sin problema por el montón de libros, brillando en los ojos de la muchedumbre silenciosa.

Mirad la Músika de los libros, hermanas, alzarse en llamas: el afán de destruir lo escrito es tan ancestral como el de escribir. Toda palabra está siempre amenazada por un silencio.

—¿Es esta la voluntad del pueblo? —gritó Agapitos.

El magistrado lo miró desde abajo, con cansancio y desprecio.

—Una ejecución de libros. Cada día veo una cosa nueva aquí —dijo Mora, con los ojos prendidos en llamaradas.

—Las quemas de libros —comentó Eurípides— suelen ser poco efectivas. ¿Cuánto tardaréis en volver a tener ejemplares de *Sobre los dioses* a la venta?

—Hay que dejar pasar un mes al menos.

—No te lo creas —le aclaró a Mora el poeta—: ya venderá antes alguno. La hoguera despierta el interés sobre los libros.

—¡Nada puede con la palabra escrita! —se emocionaba Agapitos.

—Tienen modos mucho más efectivos de destruir un libro: el principal es no mencionarlos, ¿verdad, Agapitos?

—¿Por qué iban a hacer eso? —protestó.

—Nunca he conseguido encontrar en tu puesto ni en ninguno un libro de Demócrito, el maestro de Protágoras, más joven que él. ¡Cualquier libro de los suyos!

—¿Demócrito?, ¡por favor! ¿Quieres que nos arruinemos vendiendo la obra de un desalmado?

—El mercado vive del ruido de las mercancías —añadió Eurípides—. Cuando se den cuenta de eso los magistrados, estamos perdidos. Aunque Demócrito se sigue riendo del mundo.

—Dicen que no ha muerto y que está en Atenas. Pero es mentira: yo no lo he visto —terció Crisantos.

—Nadie lo conoce y él nos conoce a todos —bromeó el poeta.

—También cuando arden los libros nos fascinan —comentó resignado Agapitos, con los brazos en jarras, absorto en la fogata bajo la peste a azufre.

Una tormenta imprevista se desató cuando la hoguera estaba ya casi consumida, preludio de un largo temporal que los obligó a encerrarse en casa un par de días. Poco después conocieron la noticia. El barco en el que viajaban Protágoras y Cefisofonte había naufragado no muy lejos de Atenas, tras chocar con los arrecifes de una isla a la que estaban intentando llegar improvisadamente para protegerse del temporal.

No se habían encontrado supervivientes.

15
El perseguido
[Tartesos, Iberia, 422 AEC]

El dinero, hombrecillo, a los sabios es dios;
lo demás, petulancia y agraciadas palabras.

EURÍPIDES, *Cíclope,* 316-317

El «Poema del agua» era, entonces, un mapa. Antes de embarcar, Aira lo bailaba y cantaba en la orilla, siguiendo la melodía monótona con la que lo habían aprendido de niñas, que el espíritu de Anula le soplaba en sueños y su delicada voz hacía brillar luego al vaivén de las olas. Entre las dos iban encajando en el litoral que se sucedía a babor los versos, que preveían los fondeaderos y los arrecifes, los cabos y los golfos, las islas o las desembocaduras de los ríos, las poblaciones y los promontorios...

Aira ayudaba en lo posible sustituyendo a Mora al timón de vez en cuando para que descansara. Avanzaban sin perder de vista la costa, y cada vez que alcanzaban un cabo su hermana resoplaba de alegría.

El primer día de navegación, con viento de popa como la noche anterior, descubrieron que la jornada había ocupado setenta versos, los últimos de los cuales describían una nueva rada con una playa para atracar sin necesidad de usar el ancla.

—Por la noche —le dijo a Mora a la mañana siguiente—, Anula ha vuelto a cantar recordándome los versos. Es como dormir abrazada a ella.

Ese día, antes de zarpar, Aira bailó ante su hermana los setenta versos de la jornada, y las dos los repasaron intentando interpretar los más complejos. Por lo general eran versos sencillos que hablaban de la realidad, descripciones claras del paisaje, aunque de vez en cuando alguno les resultaba incomprensible.

Versos extraños que decían cosas como:

Y si el vino te mancha la capa no fíes,
de la mano que surge en la nada.

O bien:

Mas conserva en la boca una fiera rugiente,
por pagar el peaje del sueño.

La transmisión del poema tenía fallas con respecto al paisaje. A veces algún verso erraba por culpa de una palabra truncada. Y el tercer día descubrieron, nada más salir, que había versos que no encajaban con el litoral. Entonces se dieron cuenta de que algunos no estaban en orden.

—Anula se divierte confundiéndonos, como siempre —protestaba Aira.

En las dos primeras jornadas habían podido cumplir el plan previsto por el poema. En la tercera, el viento cambió, y Aira pudo comprobar que los conocimientos de navegante de Mora no eran tan avanzados como ella misma creía. Estuvo media mañana peleándose con la vela sin conseguir avanzar.

—Hay que remar —dijo al fin.

Pero tuvo que remar sola Mora, porque Aira se había mareado y estuvo vomitando el resto de la mañana. Tenía unas arcadas tan convulsas que a punto estuvo de caerse por la borda más de una vez. Exhaustas las dos, vararon la barca en la arena de una playa, en la primera cala que encontraron, y se tumbaron a descansar. Ese día no navegaron más. Al anochecer encendieron fuego para alejar a las fieras y aprovecharon para cenar tortas de pan caliente.

Durante toda la noche oyó Aira con terror la risa incontenible de las hienas y los aullidos de los lobos. Su madre jamás permitía que nadie durmiera fuera de la cueva, y ella se prometió no volver a hacerlo.

Tras diez días de viaje en vez de los seis que habían calculado con el poema, llegaron a Puerto Menesteo de noche y extenuadas. Habían tenido que remar toda la tarde peleando contra el flujo de la desembocadura del río unido a la resaca del mar. Al llegar, uno de los vigilantes del puerto les contó que la nave de carga griega que iba a Siracusa, en Sicilia, había partido por la mañana. Ningún barco griego zarparía en los próximos días.

Mora se hundió.

—¡No es posible! —Aira se enfrentaba al marinero intentando que se desdijera—. Nosotros dos teníamos que ir a bordo.

El marinero rio.

—Sale otra algún día de la decena próxima. Pero si queréis ir en esta, la alcanzaréis mañana en la isla de Gadir. Va a estar allí todo el día cargando, y esta noche vuelve el Céfiro.

Tenía que ser el nombre de algún viento favorable. Aira convenció a Mora de que no les quedaban fuerzas para llegar esa misma noche.

—Me prometiste —le dijo— que en Puerto Menesteo íbamos a cenar en una taberna y dormir en una posada.

Además, unos tenderos le habían asegurado que en aquel puerto griego podría hacerse con papiro y tinta, porque en Puerto Ana no lo había conseguido. Quería escribir en un volumen el «Poema del agua» para no olvidarlo nunca más, porque no sabía si Anula estaría dispuesta a cantárselo otra vez cuando hubieran terminado el viaje. Y quedaba claro que para recordar el poema no podía contar con Mora.

La taberna en que cenaron estaba llena de gente, marineros griegos en general, aunque había una mesa con cuatro que hablaban, según Mora, etrusco, un idioma incomprensible. Todos comían de un enorme puchero de judías con ciervo. La tabernera, que era de la tierra, se compadeció de ellas y les hizo a la brasa unas cebollas y unas vainas de habas.

Poco después que ellas llegó un joven barbudo. Era uno de los hombres más altos que había visto Aira nunca. Tuvo que agacharse para entrar por la puerta. Pidió vino y guiso de ciervo en uno de los incontables dialectos de la zona y se sentó en una mesa justo al lado de la suya.

A Aira el joven no le pareció un marinero en absoluto. Iba muy bien vestido y con la barba arreglada. Le brillaban los ojos oscuros con intensidad. Había llegado con el brazo derecho escondido bajo la túnica, como si tuviera frío, pese a que la noche era buena. No se dio cuenta de que era manco hasta que vio que empezaba a comer sin sacar el otro brazo.

Le dio mucha pena que hubiera perdido una mano aquel hombre joven, alto, elegante, bello y rico.

Un rato después entró una mujer más extraña aún que el manco. Adulta, blanca pero de piel muy tostada por el sol. Llevaba un manto enlazado en un hombro y un seno al aire, sobre el que ondulaban las cuentas de varios collares pesados. Había más de tres pendientes deformándole el lóbulo de una oreja y una hilera de pequeños aros dorados que abrazaban el hélix de la otra pespunteándolo. El brazo izquierdo estaba atenazado por un largo brazal de oro que le cubría el bíceps.

Aira dedujo que era una prostituta, y se propuso no perder detalle. Nunca había visto una.

La mujer fue directa al mostrador de la taberna y pidió un cuenco de vino, nada más. Después se sentó descaradamente en la misma mesa del manco, sin saludar. Al principio el apuesto ibero ni se inmutó, pero cuando la prostituta alzó la cabeza para beber del cuenco Aira comprobó que la mirada del joven se posaba a hurtadillas sobre el seno de ella.

Después siguió comiendo sin mirarla.

A Aira le gustaba el desdén que mostraba el manco con la prostituta. El cuerpo es lo más sagrado que tenemos, eso lo había aprendido desde muy niña, y entregarlo por dinero es esclavizarse.

—He tardado mucho tiempo en encontrarte, Bite —le dijo la mujer al joven barbudo, en ibero, aunque lo pronunciaba fatal.

El manco la miró por primera vez, alerta.

—Vete, puta. Ese no es mi nombre.

Ya sabía Aira que aquel joven tan apuesto no podía conocerla.

Quizá por eso ella rio con ganas y bebió otra vez de su cuenco, distraída.

No era una risa agradable. Eso sí: por su maravilloso brazal de oro, labrado con grandes anillos superpuestos con perlitas y rosetas y espigas y pequeñas hojas de hiedra enlazadas en hilera, Aira habría dado en ese mismo momento, sin dudarlo, cinco leones lidios o seis.

Aunque no creía que sirvieran para pagarlo.

—Vamos a ver. ¿Cómo quieres venir conmigo, Bite? —le preguntó ella en un susurro, con una sonrisa que a Aira le pareció obscena—. ¿Por las buenas, paseando con tranquilidad, o por las malas, con los pies por delante?

A Aira le sorprendió el modo tan agresivo que tenían las prostitutas de seducir a sus clientes. Ella nunca se habría dirigido así a aquel hombre si quisiera encandilarlo. Menuda era ella. Incluso sin su melena roja y encrespada podía dejar a cualquier muchacho con la boca abierta. Y a un hombre también. A lo mejor si aquella pesada se largaba...

Pero entonces vio algo que la sorprendió más aún. Bajo la mesa que separaba a la prostituta y el joven viajero había aparecido una mano. La otra mano del hombre, que en verdad no era manco, como parecía. Y la mano estaba moviéndose muy despacio, extrayendo poco a poco un cuchillo de su funda, atada a la pierna, bajo el faldón de la túnica.

A Aira casi le entra un ataque de pánico. Miró un instante de reojo a Mora, que también había dejado de comer y no quitaba ojo a la extraña pareja. Pero desde su asiento Mora no podía ver la mano del manco.

Fue todo tan rápido que ya había acabado cuando quiso reaccionar: el hombre sacó el cuchillo, aunque la mesa interpuesta lo obligó a atacar en dos movimientos a la prostituta, y ella, rápida como un gato, le estrelló el cuenco de vino en la cara mucho antes de que pudiera alcanzarla.

Un chorro de vino salió lanzado en un arco y alcanzó a Aira y a Mora.

El joven apuesto cayó al pie de la mesa todo lo largo que era, sin llegar a perder la conciencia pero incapaz de levantarse, y al caer perdió el puñal, que se deslizó por el suelo de piedra hasta los pies de Aira, adonde llegó la prostituta luchadora a recogerlo, dedicándole antes de agacharse una sonrisa estupenda.

Los cuatro marineros etruscos se habían levantado, y a una orden de la prostituta prendieron al joven cada uno de un miembro para sacarlo de la taberna con los pies por delante, como había predicho ella.

Mientras salían, la mujer les pidió disculpas a Mora y Aira por el hilo de vino que les había salpicado las pecheras con un latigazo rojo. Hablaba en una extraña mezcla de griego y fenicio que Aira había escuchado también en Puerto Ana, de niña.

—¿Puedo pagaros la comida?
—No es necesario, gracias —respondió Mora.
—¡Eres guapa, negra!, ¿eh? —le dijo la prostituta a Mora.

Los disfraces no la habían engañado. A Aira le resultó extraño que aquella prostituta se fijara en su hermana antes que en ella. Y esa forma tan dulce de decirle *negra*, palabra que en muchos sonaba a insulto. Las mujeres también solían preferirla a ella: Mora no era guapa, al menos a primera vista.

Entonces la prostituta le lanzó una moneda a la pobre posadera, que estaba atemorizada tras el mostrador, sin atreverse del todo a esconderse.

—Para el vino, el cuenco y la cena de mi amigo y de esta mesa —añadió, señalando a la que compartían las hermanas—. Y lo que sobra, por las molestias.

—Gracias, señora —consiguió decir la posadera con la moneda aferrada en el puño.

—¡Buenas noches a todos, y suerte! Mañana le daremos a los peces un buen festín.

La tabernera guardó la moneda entre sus ropajes y la prostituta salió tan tranquilamente como había llegado, haciendo sonar el metal de las ajorcas doradas de sus tobillos a cada paso. Rompió el largo silencio que se produjo a su salida uno de los muchos marineros griegos que había por ahí.

—La he reconocido nada más entrar. ¡Es el demon de Zanusa Tursikina! Su barco es el peor de todos los piratas etruscos que infestan estas aguas. Ya lo era cuando lo comandaba su padre.

—Pero ¿no estaba muerta?

—Dos veces la han matado, una los fenicios y otra nuestros hermanos de Siracusa. Tiene un pacto con Perséfone y siempre vuelve —dijo otro.

—Su barco no navega —añadió un tercero—. Por las noches vuela o quizá se transporta en sueños allá donde ella quiere. Por eso no se puede huir nunca de Zanusa Tursikina. A ese pobre lo estaba buscando...

A la mañana siguiente Aira se levantó antes de que amaneciera y salió al mercado a buscar papiro y tinta. Cuando llegó al puerto, en donde había quedado con Mora, había bastante revuelo. Sobre una enorme birreme que no estaba cuando llegaron la noche anterior, vio a Zanusa Tursikina, la pirata, gritando órdenes a diestro y siniestro.

Mora la estaba esperando junto a la falúa. Le explicó que el ibero barbudo se había escapado en la noche y los piratas etruscos lo estaban buscando. Habían venido a registrar la barca a fondo, por si encontraban rastro de él.

—¡No! —exclamó Aira—. ¿Han visto los leones lidios?

Mora sonrió:

—Los tengo bien escondidos.

—Vale. ¡No me digas dónde están! —le pidió.

No quería saberlo. No se fiaba. Si un ladrón le preguntaba amenazándola, le diría al instante todo lo que supiese.

Para salir del puerto, tuvieron que solicitar permiso a los

piratas etruscos, que se aseguraron de que no iba nadie más en la barca y las dejaron partir.

Esta vez todo se presentaba a favor. El viento de popa soplaba con alegría empujando la vela y Mora había conseguido ya fundirse casi con el barco, cuya vela las llevaba a gran velocidad trazando una elegante estela quebrada tras la barca. Una larga playa de arena y piedra dio paso a un bosque de píceas que, obedeciendo estrictamente al poema...

... a la orilla se asoman en busca
de beber agua y sal confiadas,
como coro de ninfas en danza,
dibujando sus verdes siluetas
en espejo, gemelas, de mar.

Entonces le pareció que en aquel coro de ninfas una, la más pequeña, se adelantaba metiendo los pies en el agua, y agitaba los brazos y gritaba haciendo pantalla con las manos.

Aira se puso de pie junto al timón. Tenía muy buena vista. Se dio cuenta de que no era una ninfa sino alguien que pedía ayuda. Mora lo vio también.

Un hombre.

—Nos llama, Mora. ¿Sabes quién es? El joven ibero que la pirata secuestró anoche.

—Olvídate de él.

—No nos cuesta nada llevarlo.

—No podemos parar.

Aira vio con angustia cómo el joven se quitaba la túnica y se lanzaba al agua en taparrabos. Nadó en pos de ellas, pero jamás las alcanzaría.

—¡Mora! —gritó—. ¡Es un perseguido, como nosotras!

Entonces la vio dudar. Si algo se le metía en la cabeza no había solución, aunque cuando dudaba había hueco para todo.

—Namu nunca te lo perdonaría —añadió serena, confiada en su victoria.

Eso la remató.

Fue un milagro que la barca no se hundiera cuando el enorme ibero subió a bordo. Con el pómulo herido y el moratón extendido por la cara estaba mucho menos atractivo que la noche anterior. Aira le lavó con vino la herida y le explicó en ibero que se dirigían a Gadir y podían llevarlo allí. El tal Bite pidió que lo dejaran antes del puerto, donde pudieran. No quería llegar a Gadir en barco para evitar que Zanusa Tursikina lo localizara.

—Tampoco os conviene que sepa que me habéis ayudado.

Luego les explicó que su padre, gobernador de Peña Blanca, a la que los griegos llamaban Akra Leuké, un promontorio sobre un puerto al norte de Mastia, había arrestado a un hermano de Zanusa Tursikina que seguía como ella los pasos criminales de su padre, y lo tenía condenado en la cárcel por robo confeso, pendiente de juicio por asesinato. Zanusa lo quería a él para ofrecerlo a cambio de su hermano. Afortunadamente, había conseguido sobornar a su carcelero en el barco y había escapado poco después de que lo encerraran. Ahora se disponía a regresar a Akra Leuké, pero iba a hacerlo por tierra, desde Gadir, ya que ningún lugar de la costa era seguro para escapar de la pirata.

Dejaron que durmiera tomando fuerzas para la larga huida que le esperaba, y no despertó hasta que se aproximaban ya a la última cala que el poema señalaba antes de Gadir, rodeada por un hayedo.

Pese a que Mora le pidió con insistencia que no se entretuvieran, Aira comprobó que la herida en el pómulo de Bite estaba empezando a infectarse y dijo que no se iría de allí sin bajar para buscar algo en el bosque con que acabar de curarla. Y antes de bajar tuvo un acto de generosidad que la llenó de orgullo: además de entregarle su manto a Bite, y puesto que ellas no iban a necesitar la comida que sobraba ya, le dio la bolsa de cuero con las tres vasijas que Lilia les había preparado.

—Hermano: no podemos quedarnos sin comida —protestó Mora. Y le arrebató la vasija de confitura—. Una para nosotros.

—Te estás volviendo más avaricioso que un chacal, Hírom —le reprochó Aira—. Podemos comprar la comida que queramos en Gadir. Montones y montones de comida. ¿No te das cuenta?

—¡Cállate! Todavía no hemos llegado a Gadir —dijo Mora sin ocultar su enfado.

Bite convenció a Aira de que lo que decía su hermano era lo prudente, y rechazó primero pero agradeció al final las dos vasijas que le daba: le servirían para evitar Gadir y alcanzar en una jornada la población más cercana tierra adentro sin tener que entretenerse en recolectar o cazar nada.

Después, sin hacer caso de las protestas de su hermana, Aira se adentró con tranquilidad en el hayedo y buscó hasta que dio con un enorme arbusto de mirto en flor. Cortó un manojo de flores para hacer el ungüento y regresó al lugar en donde habían varado la falúa. Vio a Mora tumbada en el suelo, de espaldas, mirando hacia el mar, envuelta en el manto que Aira le había dado a Bite, pese a que hacía calor. Le agradó comprobar que se había tranquilizado. Bite no estaba ahí en ese momento.

—¿Sabes lo que he encontrado?

Mora ni se inmutó.

—¡Eh! Mira lo que tengo —gritó, agitando su ramo de flores blancas.

Al decirlo le dio un pequeño empujoncito con el pie, y en

vez de levantarse Mora rodó por el suelo aprovechando el impulso y se dio la vuelta, dejando el manto atrás.

Aira se quedó helada.

Su hermana estaba amordazada, con los ojos tremendamente abiertos y con las manos inmovilizadas a la espalda.

Un abrazo de oso la rodeó y la alzó en el aire. Chilló y pataleó sabiendo que se había equivocado. Imprudente, imprudente.

—A ver, pequeña. Porque tú eres también una chica, ¿verdad?

Le arrancó el manto y hurgó intentando rasgarle la tela que le comprimía los senos, jadeando a su espalda, sobre su oreja.

—¿Sabes hace cuánto tiempo que no estoy con una mujer?

—Por favor, Bite, por favor. No diremos nada. Nunca. Llévate la barca, ¡déjame! Te lo suplico.

—Muy bien. Muy bien. Pero solo si no eres tan cabezota como tu hermana. Dime tú dónde está el dinero.

—No tenemos dinero. Lo juro.

—Has dicho que podías comprar montañas de comida en Gadir —rio.

Imprudente Aira, imprudente. Aflojó la tensión porque el abrazo la estaba dejando sin respiración.

—Yo no sé dónde lo ha escondido. Porque te lo diría. Ella lo sabe.

—¿Ella? Eres muy mentirosa —dijo Bite.

Y rasgó por fin la tela dejando que sus dos senos salieran de prisión. Le dio la vuelta manejándola en el aire como una pluma y hundió en ellos la cabeza. Igual que sabía provocar el deseo de un hombre, Aira sabía también algún modo de detenerlo. Buscó aire. Se concentró en su estómago mientras Bite la volcaba en el suelo, de espaldas sobre su chafado ramo de flores de mirto. Cuando el ibero se sacó la verga del taparrabos y se tumbó sobre ella, el vómito que le lanzó fue copioso. Apestaba a vino agrio.

—¡Cerda! —gritó él golpeándole la cara con el puño.

Ese golpe le estimuló el rostro. De las tres hermanas, Aira era la más hermosa, todo el mundo lo decía, con su piel blanca de princesa y sus pecas, que parecían pintadas por el diablo del amor, pero también la que sabía armar un rostro más horrible. Lo contrajo arrugándolo, volteó los ojos para que quedaran en blanco y rugió con fuerza.

—¡Bruja! —gritó el, y agarró algo del suelo, cerca, alzando la mano.

¿Qué era eso?, ¿qué empuñaba? No podía verlo.

La mano se hundió en su cara haciéndola estallar en añicos, como si fuera un vaso de vidrio fenicio.

Miradla, hermanas. Mirad a Aira liberada, bella, rota. Se hunde en el agua. Se hunde, se hunde, siguiendo la Músika del «Poema del agua», el mapa que la llevaba lejos de ahí, a un lugar de salvación y de paz. La Músika es un camino dulce.

Escuchó entonces el último verso. Un verso que le entregó su hermana Anula a ella, la bella Aira, pero al que no supo atender:

Y si el vino te mancha la capa,
no te fíes de la mano que surge en la nada.

16
Tras la máscara
[Atenas, 411 AEC]

No hay mortal que sea libre.

Eurípides, *Hécuba*, 364

En pleno mes de elafebolión, tras la llegada de la primavera y la apertura del tráfico marino, con los barcos de los mercaderes y embajadores agolpándose en El Pireo, se celebraba la fiesta principal del drama griego, las Grandes Dionisias atenienses.

Mora disfrutaba cada día sentándose en la zona del teatro en la que confinaban a las mujeres, a un costado y en la parte superior de las gradas, junto a Melitó, a la que no se acostumbraba a llamar Querile, para tragarse las largas sesiones del espectáculo, desde el amanecer hasta el anochecer, con intervalos justos para comer una maza de salchichas en alguno de los puestos que se agolpaban a la entrada del teatro de Dioniso.

Antes de los días de representación de tragedias hubo una jornada de cantos de coros. Y también, en el segundo día, otra extenuante de comedias, de la que le sorprendió que dos de las cinco obras tuvieran como personaje al propio Eurípides y como asuntos varios la burla de él y de su familia, de su forma de escribir o, en unos versos sin duda incluidos a última hora en una obra de Aristófanes, el poeta cómico que había asistido al banquete, de los cuernos que le había puesto su esclavo Cefisofonte. Le parecía increíble que alguien se burlara así de un muchacho cuya muerte Mora había llorado con rabia hacía unos días. Pero le extrañó más aún que Melitó ni se inmutara cuando se burlaban de ella.

—Es quien intenta ensuciar el recuerdo de un muchacho muerto quien lleva ya siempre la mancha encima, aunque no la vea —le comentó—. A mí no me ofende.

Luego, durante el primer día de tragedias se representaron las cuatro obras de Sófocles. Era todavía noche cerrada cuando se sentó en su puesto, para que nadie se lo arrebatara: mujer, extranjera, esclava, sabía bien que si cualquier matrona se empeñaba en quedarse con su sitio lo lograría. Había aún muy poca gente. La representación empezaba al amanecer.

Quería sentir la pasión que sacudía al resto de los espectadores que llenaban el teatro, y no lo conseguía. Le gustaba, más que lo que ocurría en la escena, asistir al espectáculo del público que se entregaba unánime al devenir de la obra. Palpitaban juntos, enajenados, olvidados de su condición de orgullosos ciudadanos, transmitiendo al tiempo su asombro o su dolor, en brazos de Dioniso. Pero ella no podía formar parte de aquella tribu, no podía olvidar su condición de sometida. ¿Quizá por eso veía a los actores sin ver los personajes?: hombres enmascarados moviéndose por la escena, parecidos a atenienses en una mañana de mercado.

Como el resto de los griegos, como la mayoría de los pueblos que había conocido, los atenienses desprecian a los extranjeros. Y sin embargo es el dios-hombre Dioniso, una divinización de la idea del extranjero insolente e incomprensible, quien los une en el teatro o en la Asamblea, recordándoles a todos que no son ciudadanos solitarios, individuos aislados, personas o personajes de una representación: el papel que declaman a lo largo de su vida pertenece a una obra que, lejos de tratar de ellos mismos, como creen, forma parte de la vida de un grupo, por más que en su ensimismamiento lo imaginen creación propia y se crean hombres hechos a sí mismos.

Dioniso aparece en la Asamblea cuando votan, en las fiestas cuando bailan en corro y beben hasta perder el sentido, en la batalla cuando cargan al unísono contra el enemigo o cuando huyen presas del pánico. Pero los une más que nunca en la tragedia, los ata al héroe y luego entre sí, por medio del asombro conjunto, el temor, la intriga o los aplausos compartidos, hasta que el desenlace los deja sobrecogidos de pasión trágica.

Las obras de Sófocles, eso podía apreciarlo, brillaban muy por encima de su autor, el hombre taimado al que había conocido. En cierto momento de la última, un coro de marineros quedó solo en la escena mientras los dos héroes enfrentados de la historia entraban en la cueva que había en el escenario.

El hecho de que uno de ellos, un arquero herido gravemente, viviera confinado en una cueva hacía que Mora se identificara con él. Pese a ello, le sorprendió que una joven en la fila de delante se echara a llorar con el canto del coro que lo compadecía:

> *Esto me tiene asombrado:*
> *cómo así, cómo así, solo,*
> *la rompiente oyendo en torno*
> *con tal brío golpear,*
> *cómo allí tan lamentable*
> *vida pudo resistir.*

Sin duda aquella joven rica no se consideraba menos sometida que ella. Fue poco después cuando escuchó los versos que la sacaron de su aislamiento. Así, casi por descuido, llegó a emocionarse:

> *¡Oh, tan desgraciado ser que beber vino escanciado*
> *no lo pudo disfrutar por un tiempo de diez años!*

Una mujer a la que había amado más que a sí misma, cuya imagen la asaltaba siempre que probaba el vino, volvió con esos versos, y tras esa derrota, todas las de su vida.

A partir de ese momento quedó vendida al teatro. Al día siguiente, en vez de verlas, vivió a su pesar las cuatro obras de otro trágico, Jenocles. Conectó enseguida con el extravagante Agatón, actor principal en todas ellas, que era un cantante excelente, y ni siquiera le molestaron algunas escenas que de puro exceso resultaban patéticas: antes del final de la primera tragedia, treinta soldados entraron y raptaron, una a una, a las componentes del coro de sacerdotisas de Delfos —efebos disfrazados en realidad, buenos cantantes pero pésimos actores—, pese a que se aferraban al altar de Apolo suplicándole ayuda al dios. El público respondía con horror, el llanto apenas contenido.

Ahora, en el tercer día, era el turno de Eurípides.

—Mira: ahí está el caradura de Kínezos el Joven —le dijo Melitó, cuando la claridad ya presagiaba el amanecer—. ¡No le dará vergüenza!

Mora se fijó en el aedo espigado que bajaba las escaleras en busca de su puesto. En la distancia le pareció que tenía una cicatriz en la mejilla.

—¿Qué hace? —preguntó a la antigua matrona.

—Se dedica a escuchar las obras y a memorizarlas. Luego se las vende al dictado a los libreros, y a las distintas compañías para que las monten en otras ciudades.

—¿Y eso hace daño a tu casa? No sabía que Eurípides ganara dinero vendiendo sus obras.

—¡No! ¡Cómo las va a vender! No necesita dinero, ya le dan dinero las tierras de su familia.

Para Mora resultaba asombroso que algunos griegos entendieran todavía que la Músika no se puede vender y sin embargo compraran y vendieran sin ningún pudor cosas más sagradas aún, como la tierra y la comida, por no hablar de los hombres, mujeres y niños que explotaban esas tierras. De cualquier forma, parecía que con los libreros y los poetas como Kínezos, deseosos de vender poemas y hasta sueños, esos desajustes se iban a solucionar pronto.

Sin embargo aquel día, con las obras de Eurípides, la unanimidad del público se rompió considerablemente, algo que al parecer era habitual y constituía el primer reproche que se le hacía al poeta. Ya desde la primera obra, *Antíope,* se vio con claridad que el tema de las cuatro de la tetralogía iba a ser el de la locura. Y lejos de mostrar la locura heroica a la que los atenienses estaban acostumbrados en las tragedias, Eurípides buscaba retratar la locura real con la que todo el mundo está condenado a convivir alguna vez en su vida. Las heroínas y los héroes que representaban los actores Hegéloco y Calípides eran humanos: frente a la elegancia perenne de los personajes que encarnaban los actores de otras obras, su actuación remataba las frases con gestos vulgares, que provocaban asombro en gran parte del público y rechazo en algunos. No era fácil conectar con aquellos personajes egoístas e incapaces de vibrar con el dolor o el placer ajenos, así que de vez en cuando se alzaba la protesta de un espectador ofendido. Cuando una heroína saltaba y gesticulaba por el escenario enloquecida por Dioniso, hubo un espectador que, poniéndose en pie y haciendo bocina con las manos, le gritó a Calípides: «Mírate, mono», pese a que varios le chistaban, y más adelante otro le tiró parte de su almuerzo, algo que a Mora le pareció una naranja. Para intentar sofocar las protestas se desplazaban por los pasillos de las gradas guardias que amenazaban a los ciudadanos airados con su bastón.

Todo era más bien, o eso le pareció a Mora, una disensión propiciada por los argumentos: lejos de los héroes de Sófocles, mansos, justos y abocados irremediablemente a una catástrofe que no merecían ni podían evitar, los de Eurípides despreciaban todo lo que no fueran sus propios afanes, ensimismados como cualquier ateniense de a pie. Solo muy avanzada la obra se veía que su obcecación, tan exagerada como inocente, era el camino erróneo que los dirigía a la tragedia.

Pese a que conocía bien las obras y estaba más preocupada de que todo funcionara que de vivirlas, al final la Músika la arrebató. Calípides, que en los ensayos parecía un actor mediocre, aunque de voz prodigiosa, un efebo sin modales pero envejecido, con aires de rey y cerebro de sapo, se transformaba sobre la escena, tras sus distintas máscaras, irreconocible en sus personajes.

Sin embargo, en los últimos compases de la segunda tragedia, titulada *Lamia*, la estrella fulgurante de Calípides se había ido apagando poco a poco. Mora no sabía muy bien a causa de qué. La obra avanzaba renqueando a su final, y tras saltar con agilidad de la escena a la orquesta, el espacio en el que bailaba el coro, enfrentándose al público agazapado tras la máscara de su personaje, Calípides alzó las manos para pronunciar el duro verso que cerraba la obra y que Eurípides y ella misma habían manoseado tantas veces hasta descubrirlo tal y como era:

... ¡condenada a la vigilia, con los ojos siempre abiertos!

Pero en vez de eso, nada salió de la boca del actor. Giró sobre sí dando tres vueltas y quedó detenido no frente al público, sino de espaldas a él, con los brazos extendidos, mirando al cielo. Entonces, el pelirrojo Timoteo reprodujo con su aulós la cadencia del verso que el actor había hurtado a la obra, y afortunadamente eso sirvió como seña para que los efebos del coro la dieran por terminada y plantaran, al tiempo, la rodilla en el suelo aguardando con la cabeza gacha el veredicto del público, que empezó a aplaudir sin convicción, no del todo seguros de que la obra hubiera concluido, hasta que al fin Timoteo se plantó junto a Calípides, le dio la vuelta para que encarara de nuevo al público y, tomándole la mano, echó también la rodilla al suelo, gesto que imitó el actor: el propio Eurípides, sentado en los asientos de autoridades de la primera fila, se alzó aplaudiendo, y entonces lo siguieron, primero desde su entorno, con entusiasmo, y al fin el teatro entero.

¿Qué había ocurrido? Mora vio que Eurípides abandonaba su asiento con urgencia y rostro serio, y decidió seguirlo. Abajo, en la orquesta, Timoteo miraba de reojo al gran Calípides, posponiendo el momento de levantarse, quizá con temor a que el otro no lo siguiera.

—¿Adónde vas? —le preguntó Melitó, que aplaudía a rabiar.

—Ahora vuelvo —dijo.

Entró por detrás al edificio de la escena, fue al pequeño cuarto que servía de vestuario a Calípides y vio allí al actor erguido, hablando con Eurípides y Timoteo.

—No puedo quitarme la máscara —decía la estrella indiscutible del teatro griego.

—Tranquilo —le respondió Timoteo—. Estás agotado. Hay tiempo de sobra para descansar, yo te ayudo.

—¡No, no, no! Déjame. No es eso: si me la quito, ¿qué pasaría? ¡Me da miedo desvanecerme! —gritó.

—Espera —dijo entonces Eurípides—. Lo que necesitas, precisamente, es liberarte de la máscara un rato. Luego si quieres puedes volver a ponértela. La máscara te tiene apresado, por eso te da miedo soltarte.

Se había dado cuenta de que esta vez no se trataba de otro de sus habituales intentos de llamar la atención.

—¿Tú crees? —le preguntó Calípides después de un largo silencio.

—Estoy seguro. Verás. Despacio. Déjame ayudarte.

Aflojó las cinchas que sujetaban la máscara a la cabeza, ocultas tras la melena rubia que la coronaba, y de debajo de la máscara emergió poco a poco el rostro lampiño de Calípides.

—Es verdad... Me siento libre —dijo, mirando sin ver a un lado y a otro—. ¡Libre! Gracias. Tengo la boca seca, ¿dónde está mi copa?

Tenía los ojos anochecidos. Las pupilas le habían crecido tanto que ocultaban el iris pardo.

—¿Qué has bebido? —preguntó Eurípides.

Mora había tomado la copa que estaba sobre la mesa y, con la nariz metida en la boca del cáliz, estaba oliendo concentrada el contenido.

—Agua, azúcar, tila, menta... —dijo—, y una buena cantidad de estramonio —añadió arrojando al suelo el resto.

—¿Estramonio? —preguntó el poeta—. ¿Qué es eso? ¿Se le pasará a tiempo de comenzar el *Orestes*?

—Si ha bebido todo lo que parece que ha bebido, se le pasará, con suerte, en un par de días. Siempre que sobreviva —sentenció Mora escudriñando las paredes interiores de la copa—. Hay que intentar que vomite, pero no va a ser nada sencillo. Y después habría que acompañarlo en lo posible en el viaje que se dispone a hacer. Si se deja.

—Estoy feliz de teneros aquí, conmigo —añadió el gran Calípides, con el rostro iluminado—. Os quiero, os adoro.

¡Hegéloco!, ¡abrázame! —le gritó a su compañero de escena, que entraba en ese momento por la puerta con su máscara en la mano y se quedó allí detenido, con los ojos fuera de las órbitas.

Hubo que dedicar buena parte del tiempo que restaba a decidir qué se hacía con Calípides. Mora se ofreció a intentar guiarlo en el viaje, pero Eurípides decidió que se ocupara de él su hijo mayor, Eurípides el Joven, que sustituía a Cefisofonte como encargado de coordinar la puesta en escena: las entradas y salidas de los actores, los cambios de vestuario, los movimientos de las máquinas, las voces y la dinámica fuera de escena... Mora le pidió al joven que acompañara al actor en la medida de lo posible, le prohibió usar la fuerza y le aconsejó que ni siquiera se opusiera a sus decisiones por disparatadas que fueran, sino que intentara proponerle alternativas presentándoselas como más atractivas, como había hecho su padre para lograr que se quitara la máscara.

—El entusiasmo —le dijo— es una de las vías del estramonio para asaltar el interior.

—Tenemos que avisar ya al director del coro y al gobernador —pidió Timoteo—. Han envenenado a nuestro actor principal. No hay manera de que representemos el *Orestes*. Lo entenderán.

—Pero todo se ha perdido —se lamentó Hegéloco—. No concluir el estreno en Atenas es no llegar a ninguna parte.

—A menos que... —se resistió Eurípides.

—¿A menos que qué? No tiene solución —dijo Timoteo.

—A menos que Mora acepte hacer los cuatro personajes de Calípides.

Todos lo miraron. Y luego a ella, que se había quedado pasmada.

—Yo... Yo no puedo... —balbuceó—. Yo nunca...

—¡Claro que no puede! —dijo Hegéloco—. Canta mucho mejor que el imbécil de Calípides, pero no ha ensayado.

—Ni siquiera he venido los dos días del ensayo general aquí, sobre el terreno... —lo apoyó ella.

—¿Sabes lo que nos puede ocurrir si alguien descubre que hemos metido a una mujer a actuar en la obra? —preguntó Timoteo.

—Nos lapidarán —respondió anticipándose Hegéloco.

—¡Bah! Es una prohibición estúpida. ¿Y cómo se van a enterar? —preguntó a su vez Eurípides—. A nadie que participe le viene bien que se sepa, la complicidad está asegurada. Mora: ¡sí puedes hacerlo! Las otras obras quizá no, aunque te sepas los versos y las canciones, pero en esta conoces cada movimiento: y hay partes de la música y del baile que tú misma has cambiado.

Sin embargo Mora no tenía ninguna duda de que aceptar resultaría meterse en una pesadilla en la que no iba a resistir hasta el final. Eurípides había vuelto a excederse. Diez personajes a repartir entre tres actores, y Calípides tenía a su cargo cuatro totalmente dispares: una púber aterrorizada, un viejo furioso, un eunuco frigio loco y el mismísimo dios Apolo. Era un tráfago interminable de entradas y salidas con cada cambio de máscara y vestuario sincronizado al detalle con el resto de las apariciones de actores.

Aunque por otro lado, le fascinaba la posibilidad de salir y actuar, cantar... Y, más que nada, le unía a la obra la historia de aquellos tres condenados a muerte, recién salidos de la pubertad y desesperados por sobrevivir como fuera, contra el mundo, a costa de lo que pensaban, sentían y eran. Su situación le recordaba el estado de conmoción al que tuvieron que enfrentarse ella y sus hermanas para huir de su tierra.

—Eres de la misma altura que Calípides, alcanzas sin problema el registro de su voz en todo el arco...
—Y tienes su misma piel negra —se burló Hegéloco.
—... Te aclaras con albayalde los brazos y las piernas por si asoman en el baile... —seguía Eurípides, impasible.
—No puede ser. Me van a reconocer por las manos.
Las manos de Mora no eran pequeñas, con aquellos dedos acostumbrados siempre a llegar más lejos en cada instrumento. Pero eran, pese a las cicatrices de las quemaduras en las palmas, inconfundibles manos de mujer. Y aunque el movimiento de baile de las manos de Calípides las hacía fluctuar ligeras, constituían la parte más masculina de su cuerpo, como a menudo reconocía él mismo lamentándose.
—Ya he pensado en eso —dijo Eurípides—. He pedido que vayan a casa a caballo a recoger todos los guantes de Melitó..., digo de Querile.
—¡Bailar con guantes en las manos! —protestó ella.
—Y anillos. Eso basta para que las sientas pesadas y las muevas peor.
Mora comprendió que sus protestas se parecían cada vez más a una aceptación. Y entonces se lo planteó al fin claramente: ¿quería hacerlo? ¿Quería dejar de ser la esclava Mora y pasar a ser la princesa Electra, una muchacha enloquecida por las amenazas?, ¿volver a ser la que fue hace tiempo, perseguida y ansiosa de vivir?
—Lo haré —dijo al fin—. Con una condición.
Eurípides frunció el ceño. Siempre le sorprendía. Era un hombre muy intuitivo.
—Quiero a cambio libertad. La mía.
Hubo otro silencio, de nuevo demasiado largo. Le había arrojado con dureza las palabras. No se puede decir eso de otro modo.
—Estamos perdidos —se lamentó Hegéloco.

—El nombre de esclava me pone en trance de morir —añadió Mora.

Eurípides sonrió. Era un verso de su *Hécuba*.

—Esto va a acabar mal —exclamó Timoteo levantándose.

—Un esclavo no puede actuar —dijo entonces Eurípides—. No tiene persona, no tiene máscara, no se pertenece ni se representa, y no podría enajenarse para transformarse en otro. Si te fías de mi palabra —levantó la mano en un gesto que debía de resultar solemne para ellos—, tu libertad ya la tienes, actúes o no. No hay razón para la extorsión. Hazlo solo si aceptas, por el deseo de hacerlo. Si no, nunca saldrá bien, y es mejor dejarlo.

Se quedó mirando a aquel hombre absurdo. ¿Podía fiarse de su palabra?

Y sí: se fiaba de su palabra, por desgracia.

—Acepto, entonces, por el simple deseo de hacerlo —dijo, sin darse cuenta muy bien de lo que decía.

—Siempre que un hombre o una mujer deja de ser quien finge ser, y pasa a formar parte de los otros, ahí está Dioniso —lo celebró Eurípides.

Un escalofrío le recorrió la espalda a Mora. Por primera vez desde que llegó a Atenas se sintió libre. Y a punto de sufrir una crisis de pánico.

—Se va a hacer pis encima nada más salir, si no se desmaya —oyó que se lamentaba Hegéloco, ante el abismo que se abría a sus propios pies—. ¡Ni se imagina lo que es enfrentarse de golpe a más de diez mil espectadores!

17
El etíope
[Pela, Macedonia, 406 AEC]

En vuestras posesiones os sentaréis infelices.

Eurípides (fragmento de obra incierta)

El pintor Zeuxis decidió una mañana salir a recoger insectos, cortezas, bayas y frutos de invierno para su almacén de pigmentos, como hacía en cada temporada del año. Mora, que llevaba demasiados días encerrada, se empeñó en acompañarlo, pese a que él temía que la reconocieran.

—No te equivoques —le dijo el pintor—. Es asombroso cómo modificas las facciones, pero la naturaleza nos singulariza hasta de nuestros gemelos.

—En algún momento tengo que irme, y antes habrá que probar el disfraz —resolvió colocándose un pliegue del manto a modo de capucha.

Y ensayaba su rostro varonil ante los espejos de bronce de Zeuxis.

—No puedes librarte de tu personaje. El rostro que has ido construyendo para asumir ante los demás que eres Mora es tan ficticio como el que finges. Aunque se trata ya de una ficción ineludible.

—No podría engañarte a ti, que llevas toda la vida analizando rasgos faciales, pero con otros no es tan difícil. Venga —le dijo mientras untaba el dedo en uno de sus cuencos de pintura y se trazaba una raya negra en la mejilla—. Dime cómo puedo hacerme un tinte para oscurecerme la piel como la de un etíope. Casi nadie ve lo que se ve.

Llenaron en el bosque cuatro sacos de los materiales que Zeuxis utilizaba para elaborar sus pinturas, como flor de almendro, baya de ricino o cochinilla hembra de encina. Se cruzaron con muchas personas, gente que vive del bosque, que se fijaban especialmente en Mora, porque no se veía a demasiados negros por allí, tan lejos de Libia. Dejaron los sacos en casa y Zeuxis se dispuso a ir al ágora a comprar comida.

¿Qué mejor sitio que el ágora para probar su disfraz?, alegó ella para acompañarlo también. Por si acaso, no devolvió el cuchillo que había llevado para cortar hierbas.

En el ágora compraron todo lo necesario para comer los dos durante una decena, y nadie se extrañaba de que Zeuxis tuviera un esclavo nuevo, pese al color de su piel.

Y entonces apareció él, como convocado por los malos hados. Olió su perfume lidio antes de verlo, pero cuando el extravagante Agatón se abalanzó sobre Zeuxis para abrazarlo, Mora ya no tenía escapatoria.

—Hermano —dijo el poeta al pintor—, no te vi en el entierro de Eurípides. Tenía pendiente ir a tu casa.

El poeta vestía siempre con mayor sobriedad en Pela que en Atenas, pero esta vez llevaba una sombrilla de color púrpura, a juego con las sandalias, que lo hacía visible a un estadio de distancia entre la multitud.

La prueba parecía excesiva, así que Mora hundió el rostro en la capucha.

—¿Ha muerto? ¿Eurípides? ¡No es posible! ¡Si estuve hablando con él en el banquete del rey Arquelao!

Pese a que era poco dado a la comedia, Zeuxis logró transformar en asombro y dolor el miedo a que Agatón reconociera a Mora.

—Ven: acompáñame y te cuento todo. ¿Quieres comer o prefieres que nos emborrachemos en memoria de Eurípides?

—¿Llevo esto a casa o voy contigo? —preguntó temerariamente, a su vez, Mora a Zeuxis, con voz grave y acento nubio.

—¡Ve a casa! —exclamó el pintor sin conseguir disimular su preocupación ahora.

Agatón reparó entonces en el acompañante de Zeuxis. Lo miró con descaro.

—Dile a tu esclavo cara quemada que beba con nosotros —le rogó tomando a Zeuxis del brazo mientras miraba el rostro de Mora sin lograr ver demasiado—. Yo invito. ¿Cómo te llamas?

Mora se quitó la capucha.

—Hírom, el Chacal —respondió sonriendo con mueca ajena.

Agatón se quedó mirándola un buen rato, sopesando. Hubo un instante en que Mora pensó que la había reconocido, y se tanteó el cuchillo entre la ropa, aunque le llegó de pronto un olor inconfundible, y entendió enseguida que su gesto era más bien de deseo, semejante a otro que le había visto ante el joven Platón en el banquete de presentación del libro de Protágoras, en Atenas. El gesto obsceno con que al cerrar su inspección Agatón se elevó el labio superior con la punta de la lengua, a espaldas de Zeuxis, estaba dirigido a un efebo, no a una mujer.

Su madre, Namu la de las Tres Caras, hija de la Luna, se habría sentido orgullosa de ella.

Los dos pisos de la taberna de Atanasia bullían de gente ya a media mañana. La misma Atanasia, cuyas maneras oscilaban con naturalidad entre las de una prostituta y una matrona bondadosa, les consiguió una mesa junto a la escalera, por donde el trasiego era constante.

—Es una responsabilidad que no sé si estoy capacitado para asumir —le decía el extravagante Agatón a Zeuxis mientras hacía girar en su dedo meñique uno de los cinco sellos de oro y ónice que se repartían sus manos—. ¿Te das cuenta de que me he convertido en el mejor poeta trágico vivo de la Hélade?

—No me había enterado de que Sófocles hubiera muerto también —comentó Zeuxis, que estaba empezando a hartarse demasiado pronto de los aires del poeta.

La carcajada ronca de Agatón hizo que las cabezas de las mesas vecinas se volvieran. La audiencia espoleaba su histrionismo.

—¿Sófocles? ¿El sacerdote?, ¿el criado al servicio de Atenas? ¿El falseador de certámenes? ¡Pero qué gracia tienes!

Después contó que esa misma mañana había aparecido muerto en palacio el poeta macedonio Arribeo.

—¡En el mismo lecho de Cratero, amante a su vez del rey!

Mora recordaba ese nombre. Cuando lo acorraló en su perrera, el paje Cratero había implicado a Arribeo en la muerte de Eurípides diciendo que él había azuzado la jauría de molosos dándoles a husmear las orejas de la liebre.

—Lo primero que he pensado al recibir la noticia es que habría muerto traspasado por el amor. La envidia ha estado a punto de acabar conmigo también.

Sin embargo, explicó, los gritos de dolor y los vómitos de antes de morir no habían dejado ninguna duda: había sido envenenado.

—Cratero mismo ha torturado a sus cinco esclavos, y todos se autoinculpaban del asesinato.

Pero al parecer ninguno había podido acertar con el veneno usado, que al final resultó ser eléboro blanco. Así que se habían librado de la muerte.

—Eso sí: tres de ellos mutilados, y de cosas nada prescindibles, créeme. ¡Atanasia! —llamó Agatón—. Estoy convencido de que se trata de un crimen por celos del propio Arquelao, que no lo parece, pero es un hombre apasionado —seguía—. ¡Sí, querida! ¡Cabra, queso y vino para dos!

—Para tres —corrigió Zeuxis—. Es mi esclavo preferido.

Hírom, o Mora, le dio una patada bajo la mesa. Zeuxis la miró sin entender, no se había acostumbrado aún a su manía de no comer más que vegetales.

—¡Desde luego, tres! —corrigió Agatón añadiendo un dedo a los dos de su mano alzada.

El plato de cabra que le pusieron delante era lamentablemente generoso. Tuvo que idear un sistema para deshacerse de la carne con la colaboración de los perros que rondaban las mesas.

Por su parte, Agatón comía con apetito su ración mientras le explicaba a Zeuxis, que simulaba interés, cómo el rey Arquelao había organizado la búsqueda errática de los responsables de la muerte de Eurípides.

—Habrá matado a su padre y todo lo que quieras, corazón —le decía—, pero en el fondo no es más que un hijo de campesina: no encontraría al asesino ni aunque lo tuviera encima acuchillándole.

Su conclusión era que el propio Eurípides había montado la escenografía de su muerte.

—Tenía verdadera pasión por las puestas en escena impactantes, ¿no crees? Y ese ansia desmedida de pasar a la posteridad... Eligió morir como un héroe.

Comparó su muerte con la de Esquilo. El gran maestro de la tragedia había perdido la vida en el exilio siciliano al que se vio obligado cuando su discípulo Sófocles tomó las riendas del teatro ateniense. Las malas lenguas decían que había sido descalabrado por un águila que, confundiendo el brillo de su calva con una roca, le estampó en la cabeza desde lo alto la tortuga que había apresado, como hacen a veces, para romper el caparazón y comerse el cuerpo del reptil.

—Seguro que Eurípides pensó que conseguiría al menos superar al viejo maestro con un final de tragedia, y no de comedia.

El malestar de Mora fue creciendo, aunque intentaba distraerse con el trasiego de aquel prostíbulo. Los clientes subían por la escalera a las habitaciones de arriba en parejas bulliciosas, los pobres con mujeres y los ricos con muchachos, llevándose el vino y olvidados de la comida, ansiosos, divertidos, abrazados. Luego el amor, como siempre, los saciaba más de la cuenta y más deprisa de la cuenta.

—Yo a Eurípides lo amaba —rezongó Agatón sin dejar de masticar—, era mi querido maestro, por más que su influencia sobre mis tragedias haya sido bastante menor de la que tuve yo sobre las suyas. ¡Y eso sin hablar de las sátiras!

En casa de Atanasia, pensaba Mora, sucedía el amor tal y como lo habían reinventado en la civilización. Tras la gimnasia, uno soltaba unas monedas, otro las tomaba, y bajaban, cada uno por su lado, satisfechos pero con el deseo creciente de no volver a verse nunca más. Una venta pésima, y la peor compra.

—Reconozco que su sentido de la catástrofe era portentoso, ¿no te parece? ¡Sabio hasta el final! El héroe devorado por los perros...

—Pan nos confunda, ¿perros? —protestó Zeuxis—. ¿No decías que lo habían descuartizado unas ménades posesas?

—Perras, perros, ¡tanto da! —concluyó limpiándose las manos en el tapiz que cubría la mesa, tan grasiento ya que resultaba imposible distinguir las imágenes bordadas.

Se quedó un buen rato ensimismado, igual que Zeuxis, acaso pensando en dentelladas, desgarros y desmembramientos.

—Podrás comprender que he... he asistido a tantas desgracias que debería purificarme —dijo al fin. Y bebió un largo trago de vino—. Hace unos días me tocó fustigar a una salvaje, no hubo forma de librarse. Arquelao tiene una obsesión regia por la sangre.

—Te entiendo —comentó Zeuxis, que parecía ya harto de su cinismo.

—¿Y cómo se hace aquí, cuando quieres purgar la pena de sangre? Estos macedonios son unos bárbaros de cuidado.

—Pues ni idea —comentó Zeuxis—. Por unos latigazos a una esclava no tendrás que hacer demasiado sacrificio.

—Hay un templo tracio de Enodia —intervino el etíope Hírom.

—¡No lo he visto nunca! —le sonrió Agatón—. Pero, perdóname, no conozco en absoluto las costumbres tracias. Esa tal Enodia, ¿qué tipo de diosa es?

—Enodia es infernal. Vosotros la llamáis Hécate.

—Hécate servirá, claro —dijo el poeta soltando el hueso de pierna de cabra completamente despojado y brillante sobre el tapiz que cubría la mesa—. Llévame ahora mismo tú, Hírom.

—No está en la ciudad, sino en las afueras, en el camino de Icnas, remontando el Axio. No tiene pérdida.

—Ah, bueno. Pero tienes que prometerme que otro día me llevarás. ¡Niño, te has dejado ahí media cabra!

—He pasado muy mala noche —se excusó Mora con un mohín seductor de su Hírom.

El calor de la chimenea, sumado al humano en aquella

taberna, estaba empezando a descomponerle el tinte, pese a que las mezclas de Zeuxis lo habían convertido en una capa flexible más de su piel. Notaba una gota cayéndole por la espalda.

—Sí —añadió Zeuxis apoyando las dos manos sobre la mesa—. Muchas gracias, Agatón, pero nos vamos ya a casa, que...

—Espera. Te compro al esclavo.

Mora se dio cuenta entonces de que se había excedido.

—No está en venta —saltó rápido el pintor—. Y a Pausanias no le iba a gustar tanto, ¿eh? Tienes que pensar en tu futuro. Parece que no corren buenos tiempos para los poetas en Pela.

—Soy rico de familia, como mi amante, y podemos marcharnos a donde sea cuando queramos. Deja al menos que me suba con él al piso de arriba un rato. Sabré recompensarte si te compadeces de mí. Todas las cosas horribles de estos días me tienen hundido en bilis negra.

—De eso nada, que le vas a pegar la melancolía: estamos viviendo un idilio, y mira si lo tengo agotado que no quiere ni comer —cerró la discusión Zeuxis levantándose.

—¿No tienes compasión de un hombre aún joven que se siente viejo y hastiado en su opulencia? —preguntó ya riendo el extravagante Agatón.

—Pídemelo dentro de un mes.

—¡Atanasia! —llamó el poeta, y alzó de nuevo su mano con dos dedos estirados—. ¡Uno de piel blanca y otro de piel morena! ¡Jóvenes, inocentes, intactos y caros los dos!

—De nuevo varios rostros, en las mesas de alrededor, se volvieron hacia él—. Necesito sentirme dueño de las dos fases de la luna —añadió en voz alta, para que pudieran disfrutar todos de su ingenio.

18
El baile del frigio
[Atenas, 411 AEC]

Apolo nos ha sacrificado.

EURÍPIDES, *Orestes*, 191

Si se sentaba le temblaban las manos, y si se levantaba le temblaban las rodillas. La representación iba a comenzar, pero le resultaba imposible relajarse y entrar en trance antes de salir a escena. Intentó seguir el ritual ancestral que practicaban los actores y Eurípides le había mostrado una tarde: pese al inevitable uso de la máscara, se pintaban despacio la cara, como en las antiguas representaciones rituales, con una pasta que era mezcla de albayalde y miel, algo que no le hacía demasiada gracia porque conocía bien la agresividad del orín de plomo al penetrar en la piel. Se embadurnó el pelo de aceite para alisar los rizos y dejarlo pegado al cráneo. Antes de calzarse las medias y los guantes blancos de largas mangas que los actores se ponían al hacer personajes femeninos —símbolo de la piel pálida de las mujeres poderosas—, se aplicó el mejunje también para aclararse los brazos y las piernas.

Empezaba con un papel de mujer, pero tenía que hacer tres personajes más, los tres varones, cambiándose varias veces de vestuario y de máscara mientras el coro cantaba ante el público. Y era todo ese trajín lo que más la aterraba. ¿Por qué había aceptado?

Intentó alejarse del miedo concentrándose en la obra. *Orestes.*

Se trata de la historia de unos hermanos púberes y huérfanos, Orestes y Electra, a los que condenan a muerte. Enloquecidos por el pánico, elaboran para salvarse un plan salvaje: secuestrar a una reina, pasar a cuchillo a todos sus sirvientes y obligar al poderoso rey a que interceda por ellos. El delito del que se los acusa es también de pura violencia: incitado por su hermana Electra, el joven Orestes ha matado a sangre fría a los asesinos de su padre, que no son otros que la madre de ambos y el consabido amante.

Eurípides convertía las historias de héroes, le parecía a Mora, en historias de hombres y mujeres chiflados, en este caso muchachos atolondrados, casi niños. No le resultaba difícil buscar lo que la unía a ella, Mora, con la princesa Electra, el personaje más importante de los que iba a representar. Sí: ella también había sido una huérfana púber enloquecida por la violencia. Pero ahí se acababan las conexiones. Electra era la instigadora al matricidio de su hermano Orestes: una virgen cuyo amor por el padre se había convertido en odio a la madre. Mora no podía imaginarse odiando a muerte a alguien. ¿O sí? ¿Hírom, el Chacal? ¿Bite? No. Eso no estaba en su naturaleza. Entonces, ¿cómo podía evocar a Electra?

La máscara de Electra llevaba el pelo castaño y encrespado, y la boca entreabierta en un lamento. Se la puso. ¿Tenía que cantar con eso en la cabeza? Le quedaba un poco grande. Y al ajustar las cinchas el lino, endurecido por el yeso pintado que cubría la careta por fuera, le raspaba la cara. Se la quitó y volvió a poner más de una vez para comprobar que quedaba bien sujeta y no se desprendería. Ese era su mayor temor.

Paseó de un lado a otro del vestuario de Calípides imaginando que la máscara caía a sus pies y el público enfurecía al descubrir a una mujer sobre la escena.

El propio Calípides le había contado en el descanso de un ensayo que unos años atrás un actor maestro suyo había representado el personaje de Electra de una tragedia escrita por Sófocles llevando sobre la escena la urna con las cenizas de su hijo, muerto hacía unos días, como si fuera el atributo convencional de Electra: la urna con las cenizas del padre asesinado. Afortunadamente Eurípides había prescindido de ese elemento de la caracterización, pensaba. Ella ya llevaba el duelo dentro de sí desde el mismo día en que Hírom, el Chacal, arrojó a la hoguera a su hijo Subasu. Igual que llevaba dentro el mismo terror por la condena que Electra: desde entonces no había buscado otra cosa que sobrevivir.

¿Dónde estaba la venganza? Ese sentimiento resultaba ajeno a su educación, hasta que comenzó la destrucción. El tajo con que su madre había cortado la cabeza de Hírom era una muestra clara de venganza. Después Mora había sido perseguida, golpeada, violada, sometida y vendida, y de esas agresiones que habían calcinado su vida había obtenido, además del deseo constante de emborracharse, una sombra de venganza. Sí.

Su demon oscuro crecía dentro de ella. ¿Por qué no mirarlo?

Tanteó el cordel que llevaba al cuello. Ahí estaba. Tiró de él hacia arriba y asomó por el escote la bolsita de cuero que había cosido hacía tiempo. La abrió y volcó en la mano un mechón de pelo castaño, anudado.

Sus hermanas pensaban que era un mechón de su hijo Subasu, pero era, en realidad, un mechón de la cabeza de Hírom, el Chacal. Lo había arrancado antes de lanzarla también al fuego, en la pira en la que las sacerdotisas quemaban los cadáveres de los soldados de Cartago al abandonar el santuario, pese a que la cremación era una práctica que despreciaban. ¿Por qué le había cortado a Hírom, el malnacido, un mechón de pelo? ¿Por qué lo conservaba? Eso era el odio. El odio y el amor, decían siempre los fenicios, se parecen.

Qué sabían ellos del amor.

Cuando Eurípides la avisó de que la obra iba a comenzar estuvo a punto de gritar que no tenía fuerzas. Pero en vez de eso se colocó la máscara, apretó las cinchas y respiró hondo.

—Evoca a Dioniso —le dijo el poeta.

Era una frase hecha, que había oído a menudo en los ensayos. Aunque esta vez le molestó especialmente.

—Sí: vuestro dios va a bajar a rescatarme del público volando en una de esas grúas...

Eurípides se volvió sonriendo.

—Dioniso es solo una metáfora más. Tu propia capacidad de dejar de ser tú, y entrar en otra. La máscara ayuda, ya verás. Déjate ir.

«De esta te vas a arrepentir», se repetía, sin embargo, al salir tras él del vestuario.

En ese momento llegó Eurípides el Joven, solo, agobiado, cojeando. Traía noticias del gran Calípides:

—Me ha empujado por un terraplén y ha escapado corriendo y riendo. No he podido seguirle. Me he torcido el tobillo.

—Sobre todo, vigila que no vuelva e irrumpa en la escena. Avisa si lo ves venir —le pidió Eurípides.

Dispuesta a salir, Mora se agachó sobre el carro en el que se había tumbado ya Hegéloco con la máscara de Orestes, de rostro convulso. El doble portón de la escena se abrió ante ella y salió empujando el carro y mirando al suelo, pero eso no le evitó la conciencia de que su entrada había sido percibida por miles de miradas y había desatado un murmullo de emoción tras el que se armó, poco a poco, un silencio ensordecedor.

Se detuvo en el lugar convenido, junto al carro. Oyó que la puerta se cerraba tras ella. Levantó la cabeza.

Ved con Mora, hermanas, el sol cayendo en la tarde sobre Atenas en busca del declive, brillando aún en el mármol dorado, entre las grúas oscuras de la acrópolis, acechantes como buitres.

Desde allí, el teatro imponía. Se dio cuenta entonces de que además de los diez mil atenienses que ocupaban las gradas según cálculo de Hegéloco, desbordando los bancos de madera, en la ladera de la montaña, se agolpaban muchos otros que se habían ahorrado los dos óbolos del asiento: vagabundos, niños y mujeres en pie, acuclillados o sentados en el terraplén.

Bajó de la escena por una rampa sujetando ante ella el carro, lo dejó junto al altar que presidía la orquesta, el terreno circular en el que bailan los coros, entre la escena y las primeras filas de bancos, y avanzó hacia el público. Una ligera brisa le agitaba el pelo de la máscara. Tomó aire y comenzó a declamar con un grito, porque temía que su voz se diluyera antes de llegar a las gradas. Sin embargo la agobiante estructura abocinada que unía su boca con el orificio de la máscara, convertida en caja de resonancia, proyectaba la voz.

No existe palabra alguna tan terrible de decir,
ni sufrimiento o desdicha impulsada por los dioses,
cuya carga venga así a abrumar natura humana...

Y desde ese mismo momento un estremecimiento se apoderó de ella y fue Electra, arrebatada en vuelo por los versos. El público, entonces, estaba y no. Aquello era Atenas y era Argos, la ciudad en la que Mora, o quizá Electra, aguardaba sentencia contra su vida y la de su hermano Orestes.

Todo resultó aún más sencillo cuando oyó el sonido profundo del aulós de Timoteo y se volvió y vio a las muchachas de Argos, el coro de jóvenes travestidos, entrando tras él. Su primer canto, dialogando con ellas, lo generó directamente la Músika, sin esfuerzo por su parte. Solo había que dejar que la voz sucediera.

Para su sorpresa, la obra fluyó. El tercer actor sobre la escena, jovencísimo, que le había pasado inadvertido en los ensayos, se reveló ahí como un verdadero artista. Y Hegéloco se sobrepuso enseguida a su desastrosa intervención inicial: el matricida Orestes, enloquecido por un ataque de las Erinias, espíritus vengadores de su crimen, le debería haber dicho a Electra:

Tras de la agitación vuelve el reposo, hermana.

Pero en vez de eso, dijo:

Tras de la agitación vuelve el raposo, hermana.

Y pronunció con tanta claridad su lapsus que le valió en la ciudad el apodo «Raposo», del que ya no se libraría nunca.

Mora era consciente de que el momento más complicado de su actuación llegaría al encarnar al eunuco frigio, el esclavo encargado de abanicar a Helena de Troya, la mujer a la que los hermanos iban a asesinar como parte de su plan demencial para evitar su propia ejecución. Era un personaje que Eurípides había construido inspirándose en el eunuco frigio Kibaba, cuyas actuaciones como cantante soez en el prostíbulo de Aspasia le habían dado no poca fama en la ciudad. Se trataba de una escena de mensajero: el esclavo contaba al coro la matanza sucedida dentro de palacio. Estas escenas eran las más esperadas por el público, luego las aprendían y recitaban en sus fiestas familiares y banquetes. Y no eran escenas cantadas nunca, pero Eurípides había rizado el rizo. Tenía que cantar una canción frenética, inspirada en el nuevo y contagioso estilo oriental de Kibaba, en la que había que impostar el meloso acento frigio, correteando y saltando de un lado a otro sin resuello, como le había visto hacer a él en las visitas de Aspasia a casa de Eurípides...

La complicación principal venía, con todo, del poco tiempo que había para cambiar de disfraz de Electra y volver a salir encarnando al esclavo. Durante la escena anterior, en el interior del palacio se desataba una desenfrenada matanza de los servidores frigios que componían el cortejo de la reina, a manos del joven loco Orestes y un amigo suyo, pero oían perfectamente, surgido tras la fachada de palacio que representaba la escena, el griterío salvaje y los tajos de las espadas: las amenazas de los asesinos, las súplicas de las víctimas y los juramentos de todos.

Cuando vestida de Electra abandonó la escena ingresando en el supuesto palacio, fuera el coro entonaba un poema de quince versos. ¡Quince nada más! ¿Por qué no había escrito Eurípides treinta o cuarenta? No había tiempo para cambiarse de disfraz y mucho menos para encarnar al frigio.

Los portones se cerraron tras ella y corrió hacia el vestuario. Catorce. Ocultos dentro del edificio los propios operarios y ayudantes que cuidaban los detalles de la representación simulaban los gritos, las carreras y los golpes de la matanza que ocurrían en palacio. Trece versos. Eurípides la ayudó a cambiarse. Lo peor del atuendo era un torso de barriga desnuda y abultada, hecho como las máscaras de lino y yeso, que tenía que colocarse sobre su propio torso desnudo, atándolo con unos cordones a la espalda: una especie de cascarón de insecto enorme y terroso pensado para los pechos de un hombre que le oprimía los suyos de una manera agobiante.

—Recuerda que eres el único que sigue vivo de todo el cortejo —le decía Eurípides mientras ella intentaba no perder la cuenta de los versos que le quedaban: doce—. Y que te persiguen para cortarte la cabeza. Intenta que el público empiece burlándose de tu miedo. —Once—. Pero que acaben sintiéndolo y deseando contigo que te salves. —Diez quedaban: ¡solo diez!—. El miedo a morir es lo que te lleva al centro de la obra, ¡te iguala a Orestes, tu perseguidor!

Mora escuchaba la voz del trágico como en la lejanía. Enredada tras los versos (nueve) de la canción que debía culminar con su salida a escena. Ocho. No los oía, pero sabía que los efebos atenienses, siete, o más bien las muchachas argivas que representaban, estarían cantándolos a gritos como intentando tapar el ruido de la matanza de palacio. Salió del cuarto colocándose la máscara oronda y sin pelo del eunuco.

Seis. Le restaba tiempo de sobra, pensó con alivio.

—¿Adónde vas? —la apremió Eurípides.

Ella se había colocado de un salto ante la puerta.

—¿Eh? —dijo volviéndose mientras se ajustaba una cincha rebelde de la máscara.

—¡Por aquí! —le gritó el poeta, y comenzó a subir las escaleras que llevaban a la terraza de la escena.

Fue tras él tan a lo loco que casi se tropieza con el sonriente herma de Dioniso, el ídolo que durante las representaciones se erigía en el interior del edificio de escena para bendecir a los actores.

Cinco. Llegó arriba jadeando, cuatro. ¿Tenía que cantar en la terraza de la escena? ¿Un eunuco persa dirigiéndose al público desde el lugar en el que hablan los dioses? Tres. ¿Cantar moviéndose por la cornisa, en línea recta, a derecha e izquierda? Aquello no podía..., ¡no iba a funcionar!

Arriba, aguardando junto a la puerta, estaba Hegéloco disfrazado de Orestes. ¿Qué hacía ahí? Él no entraba en la escena hasta mucho más tarde, ¿o se le olvidaba algo? Estaba completamente perdida.

—Yo abro la puerta y sales —le dijo Eurípides. Dos. Quedaban solo dos versos—. Al final de la terraza hay una cuerda. Descuélgate por ella mientras cantas, baja a la orquesta y mézclate allí con el coro.

Se le agolpaban las quejas en la cabeza.

—¿Qué? —Es todo lo que dijo, peleándose aún con la maldita cincha de la máscara.

Era una verdadera locura. No iba a salir bien, estaba segura. Recordó con pesar el estruendo que el día anterior había provocado un error de canto de un actor: el pataleo de los espectadores sobre la tarima de madera de las gradas. Recordó que las obras de Eurípides, además de pasiones, desataban en el público la enfurecida protesta de los muchos que lo consideraban un poeta impío al que nadie debería permitir representar tragedias en Atenas.

Uno.

Eurípides abrió la puerta. Sonaba abajo el aulós de Timoteo adueñándose de la atmósfera con la nota prolongada que le daba entrada. Mora consiguió al fin que la cincha de la máscara encajara y se lanzó a la carrera por el borde de la terraza.

Se detuvo a mitad de terraza, mirando aterrorizada hacia

atrás, para cantar los primeros versos. Habría más de doce codos hasta el suelo. Su miedo real representaba con fidelidad el del personaje:

> *¡De espada argiva y la muerte escapé!,*
> *con mis babuchas bárbaras*
> *por los techos de cedro de los pórticos*
> *y dóricos triglifos,*
> *muy lejos, muy lejos, ¡oh tierra, oh tierra!,*
> *con bárbara premura...*

Orestes con su máscara de rostro demente salió de un salto por la puerta y se plantó en la terraza con la espada alzada. La asustó tanto que lanzó de corazón el grito que seguía, «¡Ayayay!». Las muchachas del coro desde abajo le señalaban la única escapatoria al final de la galería: una cuerda colgada que posibilitaba el descenso. Y hacia allá se fue corriendo.

Los espectadores rieron cuando se arrodilló en el bordillo con más torpeza de la que quería fingir: la barriga que no le dejaba ver bien dónde ponía los pies. Si se caía desde ahí... Se colgó como pudo de la cuerda y bajó aferrada a ella, despacio, mientras desde el coro le preguntaban lo que había ocurrido. Entonces vio que Orestes, arriba, le lanzaba un tajo a la cuerda, ¿con una espada de verdad? Ahora sí, bajó a gran velocidad.

Justo cuando tocó suelo la cuerda cayó enrollándose a sus pies, segada por completo en el segundo tajo.

Todo delirantemente bien coordinado.

Por fortuna los problemas acababan ahí. Los efebos del coro bordaron su parte animándola a ella en su canto y danza, que replicaban como en burla. La zona de las mujeres se agitó: varias bailaban puestas en pie sobre la bancada. Aunque una certeza la mortificaba: movían las manos al modo de las sacerdotisas de Tartesos. Estaban imitándola, así que los guantes y los anillos no habían conseguido esconder lo que era: una salvaje de manos como pájaros en vuelo.

Lo primero que aprende una sacerdotisa del agua, hermanas, es la función primordial de las manos. Las manos no se han hecho para manipular herramientas de trabajo sino para bailar. Las manos son el baile.

El mal estaba hecho, y en realidad el eunuco frigio, un personaje inadecuado para una tragedia, no había espantado, como temía, a los espectadores, así que siguió como si nada, incitando con su baile a que se levantaran algunos hombres aislados, hasta que al fin el teatro entero estaba puesto en pie bailando, mientras ella les narraba la carnicería de Orestes en el interior de palacio:

*Uno sale en fuga, otro muere,
otro encaja heridas, otro implora
su muerte eludir...*

Terminó la canción plantándose justo delante de la puerta de palacio, en la tarima de la escena, donde consideraba que sería más efectivo el susto del encuentro con su perseguidor, que ya estaría a punto de salir. Quedó allí con los brazos extendidos, para recibir el aplauso entregado de la multitud.

Fue una mala idea. Un error imperdonable.

Hegéloco, para mayor desgracia, había decidido que aquella escena era su última oportunidad para ganarse al público tras su error. En vez de abrir el portón con ambas manos, para lo que le molestaba la espada desenvainada, optó por darle a la puerta una magnífica patada que sacudió las dos hojas y las lanzó al exterior.

La hoja que tenía justo detrás Mora se la llevó por delante golpeándole con fuerza la espalda.

Parecía nueva. ¡Si lo sabía de sobra! Las chicas de campo tienen que andarse con mucho cuidado cuando pasean por la ciudad. Las puertas se abren hacia fuera de la calle. Incluidas las del teatro.

El público rio como si hubiera sido un efecto más de la escenografía. Pero lo cierto es que Mora cayó hacia delante y comprobó que sus problemas con las cinchas de la máscara del frigio no eran inventados: su cabeza calva rodaba ante ella.

Un silencio profundo acabó con el aplauso del público.

¿Dónde está el que huyó en palacio a mi espada?

Eso rugió Hegéloco plantado en el umbral, con la espada alzada y gesto poderoso, como si no hubiera sucedido lo que acababa de suceder.

Entonces Mora se lanzó a por la máscara de un salto, dio una voltereta de retroceso mientras se la encasquetaba y se plantó de rodillas a los pies de Orestes, de espaldas al público. Alzó la mano para acariciarle la mejilla. El gesto de súplica que había visto hacer a Melitó ante su marido:

Señor, te imploro al modo
bárbaro arrodillado.

No entendió la exclamación unánime de asombro que recorrió las gradas tras ella, pero quedaba claro que la ficción continuaba. Mientras respondía con adulaciones a las amenazas de Orestes, Mora se esforzaba en negar la realidad. Por fortuna solo había sido un instante sin máscara. Por fortuna no se había quedado quieta y nadie había podido identificarla. Por fortuna el albayalde le cubría el rostro y lo igualaba al de Calípides...

Unos instantes después, cuando como una sonámbula se quitaba en el vestuario los aperos del frigio y se enfundaba el manto viril y lujosísimo del dios Apolo para la última escena, recordó que estaba absolutamente prohibido que los actores se tocaran en escena. De ahí el asombro del público. Y le vino a la memoria la imprudente profecía de Hegéloco al comienzo: «Nos lapidarán».

—No sé por dónde voy, he perdido los versos —confesó al fin, al pie de la grúa, mientras Eurípides encajaba el gancho de la polea al cáncamo de las cinchas que llevaba el traje de Apolo y comprobaba la resistencia y seguridad del mecanismo.

Sin responder, el poeta le ató un cabo a la cintura, y agitó los brazos sobre su cabeza. Al ver su seña, el esclavo que manejaba la grúa comenzó a girar el cabestrante que descolgaba el contrapeso y alzaba a Mora por los aires, mientras otro guiaba el recorrido de su vuelo con la palanca que giraba el eje de la columna.

Solo entonces Eurípides le apuntó el verso con que arrancaba, evitando, al tensar el cabo que sostenía, que girara en el aire como una peonza:

¡Deja de atizar en tus ojos la ira...!

Cuando entró en el vestuario de vuelta con la máscara de Apolo en la mano, el gran Calípides estaba allí, de pie, mirándola altivo. Tenía el rostro embadurnado y blanco, los ojos volados y la sonrisa sardónica de los que pasean sin prisa por el infierno.

—Hemos visto el mar por un instante —dijo, emocionado—. ¡El mar! ¿Cómo habéis vuelto vosotros? ¡Nosotros, corriendo!

Tenía los pies sucios y ensangrentados.

Mora se derrumbó sobre una silla sin contestar. Estaba alucinada. Había entendido al fin aquella tragedia de final alegre provocado por su último personaje, el dios Apolo, que volando sobre la escena imponía la felicidad adjudicando un futuro claro a cada personaje. La desazón que sin duda provocaba ese final absurdo era mucho mayor que la de las obras que acababan con el protagonista subiéndose a una pira o arrancándose los ojos.

Eurípides se estaba burlando de Atenas, de los dioses, de la tragedia y, también, de las personas que asistían al espectáculo, identificadas con aquellos personajes locos. Pero sobre todo se burlaba de sí, de su oficio de poeta, de la simple idea de tragedia y hasta de la vida.

En ese momento el poeta entró sonriendo:

—Excelente, querida. Una actuación impecable —le dijo.

Se le cambió el gesto al ver a Calípides.

—¿Te gustan mis sandalias rojas? —le preguntó el actor alzando un pie con pereza y mostrando las llagas sangrantes de la planta.

Mora cerró los ojos con un suspiro. Sabía que al final de las representaciones había una celebración. Tenía necesidad de tres grandes copas de vino puro, que iba a beber en tres tragos, como los adoradores de Dioniso: la primera para el olvido, la segunda para la felicidad y la tercera para la locura. Por el interior del edificio de la escena se había cruzado al terminar con un efebo del coro que le gustaba y la miraba bien en los ensayos. Se lo iba a llevar al vestuario en cuanto tomara la tercera copa.

—¡Ya solo nos queda la sátira! —añadió entonces Eurípides tomando asiento frente a ella—. Así que espabila. ¿Repasamos algo? Qué alegría que sea tan corta, ¡y solo tienes tres personajes! No se me van a tranquilizar los nervios hasta que acabemos. Hay que empezar cuanto antes: la gente tiene muy poca paciencia. Y no querrás que se nos haga de noche en plena representación...

Los atenienses han creado y divulgado la democracia por pura nostalgia de una vida comunal que conocieron pero han olvidado, hermanas. Viven inmersos en esa ficción en la que cada hombre, supuestamente ajeno al ente tribal al que nos une un hilo invisible a través de nuestras madres, es un ente con voluntad propia al que llaman *máscara* o *persona*. Olvidados de su esencia, se entretienen fingiendo que cumplen delirantes deseos personales y recorren caminos escogidos por ellos mismos, sin saber que el grupo que los alberga determina cada uno de sus pasos, cuyo significado están condenados a ignorar.

La ficción los embriaga. Por eso, solo cuando Dioniso, su dios del vino, los unifica y sufren o ríen en el teatro, o se emborrachan y bailan juntos en los banquetes, o votan en la Asamblea en busca de una opinión común que casi nunca encuentran y podrían conocer solo con mirar dentro de sí, se sienten por fin en contacto y disfrutan diluidos en el grupo.

Ay: venid conmigo, hermanas, aunque solo sea por un instante, a la cueva, a las praderas que rodean la cueva en que nací. ¿No veis el sol alargando las sombras hasta que cruzan la explanada junto al mar? Ay. ¿No oís el graznido de los pájaros alborotando el árbol que comparten? Ay, ay. ¿No os sacude las entrañas el olor del humedal extendiéndose en la tarde?

Dichosa la que tiene al final del camino un lugar al que volver, si la tierra donde fue niña no se encuentra ya cubierta por el fango.

19
La reina de los piratas
[De Tartesos a Fufluna, 422-421 AEC]

... ¡Ah raudas perras mías!
¡Quieren cazarnos los hombres! ¡Seguidme!,
¡seguidme tirso en mano, aguerridas!

EURÍPIDES, *Bacantes*, 731-733

Maniatada y tumbada, Mora vio cómo Bite, el manco fingido, destrozaba la cabeza de su hermana Aira golpeándola frenéticamente en la cara con una gran piedra: una, dos, tres, cuatro veces, hasta que los miembros de la muchacha dieron sus últimos estertores.

Sus gritos se sofocaban bajo la mordaza.

Aira, Aira, la bella, la imprudente. Querida Aira, perdida para siempre... Le había revelado a Bite todo, poco a poco. Con el olor de su celo le había revelado que era una mujer, con sus palabras alocadas le había revelado que tenían las monedas. Con su amor generoso le había revelado lo vulnerable que era.

Y luego sin detenerse a razonar, nada más llegar a tierra la dejó a ella, Mora, sola con Bite. Mora no se fiaba de aquel hombre y sentía su deseo por Aira, su avaricia. Durante la espera no le quitaba ojo. Tenía la seguridad de que se habían equivocado. Y él, sin molestarse por su vigilancia, le agradecía el viaje con dulces palabras. Les debía la vida. Si algún día iban a Akra Leuké, Peña Blanca, allí estaría él para recompensar lo mucho que le habían dado, decía, intentando distraerla con sus palabras dulces.

¿Por qué rasgaba en tiras de lino el manto que le había regalado Aira?

Estaba adaptándolo a su cuerpo demasiado grande, dijo él, y continuaba con sus agradecimientos melosos. De pronto miró aterrorizado detrás de Mora, como si algo, alguien, se precipitara hacia ellos, a su espalda, una fiera, un guerrero... Mora se volvió en un movimiento instintivo y ya no pudo hacer nada, apresada por los brazos de Bite, incapaz de gritar porque una mano le tapaba la boca con un trozo de la túnica de Aira.

Ahora Aira estaba muerta, desmadejada sobre la playa. Era el final. La ruina que les llegaba del dinero, como siempre ocurre. Mora casi agradecía librarse del compromiso de sobrevivir. En pocos días había perdido a su hijo, a su madre, a sus dos hermanas y a todas sus compañeras del santuario. Nadie podía protegerla ya. Y Bite venía hacia ella, enorme, librándose nervioso del taparrabos, más excitado aún tras el asesinato de Aira, que le había frustrado la satisfacción del deseo. Comenzó a arrancarle la ropa a jirones.

No podía gritar. No podía huir hacia fuera, salir corriendo. Pero al menos sabía huir hacia adentro. Se enroscó sobre sí como había aprendido a hacer de las serpientes. Sintió que Bite la penetraba, nada más, ningún dolor, ni siquiera la humedad de las babas de Bite cayendo sobre su pecho, porque estaba lejos, al fondo de sí misma, a salvo del mundo y la ruina.

Bite acabó y se levantó. Ella casi no se daba cuenta. Aunque su deseo de morir, aquel anhelo blando de dejarlo todo hizo que Mora regresara, que asomara por una rendija. Ojalá ahora ese hombre no se olvidara de matarla.

Y eso iba a hacer. Por lo menos tenía en la mano la misma piedra con la que había acabado con su hermana. Mientras la alzaba con las dos manos, Mora pensó que había visto ya muchas veces el gesto de aquel rostro. No era ira ni violencia, sino ese rictus de curiosidad y arrobamiento con el que los niños se disponen a matar a un pájaro. Curiosidad ante la muerte.

Sabía que el dolor sería tan veloz que resultaría inapreciable. Y que al final estaba, por fin, la solución a todos los problemas. No necesitaba ni cerrar los ojos para huir de su vida...

La muerte te acuna. Te levanta y te hunde en olas sucesivas que prometen y fingen eternidad. En la oscuridad de la muerte, Mora creyó por un instante abrir los ojos, luego imaginó que respiraba y por último tuvo la ilusión de que se incorporaba aterrada en un lecho, gritando, y se palpaba el cuerpo reconocible.

¿Acaso estaba viva? No. En una nave se mecía entre los vientos de ultratumba. Estaba muerta. Un haz de luz mortecina entró por un costado, ampliándose luego para dar paso a un demon de figura humana.

—Feliz noche —dijo su voz.

Voz de mujer. Era una de las pocas frases que conocía en etrusco.

Estaba viva. Estaba en un barco, navegando sobre el reconocible vaivén de las olas. Sus manos vendadas no eran las manos de una muerta.

La luz se desvaneció y al rato llegó con más fuerza. La mujer que la había saludado traía un farol, que la iluminaba claramente. Mora la reconoció. Era Zanusa Tursikina, la mujer pirata.

La certeza de estar viva la llevó al desconsuelo. Volvió a tumbarse y se hundió en el llanto.

Pasó largo tiempo llorando o durmiendo. De vez en cuando la mujer pirata se sentaba en su lecho y le tomaba la mano vendada, acariciándola sobre la venda limpia, como hacía Namu algunas noches cuando era pequeña.

Sin embargo estaba decidida a morir. Rechazó el vino y la comida.

Muchas veces Zanusa vino a ofrecerle el calor de su mano. Le hablaba en la koiné que usan los marineros en los puertos, hecha de retazos de lenguas. Mora oía, pero no asimilaba el significado:

—Quiero que sepas que, aunque nada te hará recuperar a tu amiga, Bite, la bestia que la mató, ya tiene su merecido.

Había oído eso. Y más. Las frases le surgían después, a solas:

—Yo misma me encargué de matarlo, así que tu amiga está vengada.

Y las repasaba hasta conseguir descifrarlas:

—Ya no hay nada que temer, negra. No puede hacerte más daño.

En su mente Mora quería dibujar la imagen de Bite, el asesino de Aira, atravesado por una lanza. No lo conseguía.

Rechazar la comida le resultaba sencillo: Zanusa le ofrecía pescado fresco o carne seca, pero el vino, que ella siempre le dejaba en un cuenco, se convirtió en una tentación insoportable. El vino es la vía del olvido, y a veces, si la muerte no viene, el olvido puede resultar precioso.

Aun sabiéndolo, aguantó con firmeza varios días, o quizá un mismo día interminable de sed y delirio. Su mayor tortura era la seguridad de que de las tres hermanas había sobrevivido la única que no servía. Tanto Anula como Aira tenían el don de la Músika, la herencia de su tierra, y podrían transmitir los bailes con sus cantos y sus poemas, ahora que el santuario y sus sacerdotisas habían desaparecido. Pero Mora había dejado inconclusa su formación, por pura dejadez. Ella, la última sacerdotisa del agua, era una inútil desmemoriada, sin capacidad para hacer sobrevivir el legado milenario de su pequeño grupo, como quería su madre. De su cabeza habían desaparecido de un plumazo los pasos de danza, las melodías y los versos que ella les enseñaba día tras día, tapados por el humo y el olor de la carne quemada de su hijo Subasu.

Aquellos recuerdos no la dejaban vivir, y ante los presentes de Zanusa, renovados cada pocas horas, pensaba una y otra vez: ¿qué es el vino? El vino, se decía, es olvido.

Hasta que finalmente bebió. Poco a poco. Todo el vino.

Zanusa le trajo otro cuenco con un poco de fruta confitada. Entonces ella, poseída por el espíritu del vino, tomo un trozo de manzana y lo probó. Después, despacio, se comió el resto.

—¡Lo sabía, negra! —dijo Zanusa—. Ahora solo tienes que levantarte y venir conmigo afuera —añadió tendiéndole la mano.

La noche estaba plagada de estrellas. Por más que buscaba la costa, no se veía por ninguna parte. Se sintió perdida en la inmensidad, pero libre. E intentó hablar. ¿Dónde estaba su voz? Llegó a pensar que ya no la tenía.

—¿Qué poema... —preguntó al fin—, qué poema seguís para navegar tan lejos de la costa?

—¿Poema? Bueno, de día seguimos el poema del sol, que marca un derrotero claro. Pero cada noche leemos el poema de las estrellas, y ahí está todo detallado, preciso e interminable. Hasta el último verso de cada poema, que ninguna memoria podría asimilar: la Músika del cosmos.

—Quiero aprender ese poema. ¿Adónde vamos?

—Vamos a pasar el invierno a Fufluna.

—Fufluna —repitió intentando grabarse el nombre.

—Los griegos y los fenicios la llaman Populonia, ¿te suena así? Es una bella ciudad. Siento haberte secuestrado, pero no sabía dónde dejarte. Te llevaré de vuelta a tu tierra en primavera.

—No quiero volver. Mi hogar ya no existe. Estábamos huyendo.

—¿Y adónde ibais en aquel cascarón de nuez?

—Ya no lo sé... —admitió.

—Eso es normal a tu edad —se burló la etrusca.

Mora escudriñó en su interior buscando en vano la Músika del «Poema del agua». Quizá Aira decidiera venir a cantárselo en sueños más adelante.

—Mi hermana seguía un poema que lleva a Cumas.

—¿Vas a pedirle el oráculo a la sibila?

Zanusa le explicó que desde Fufluna era sencillo llegar a Cumas por tierra. Hablaron, después, de Bite, hijo, como él mismo había reconocido, del hombre que gobernaba Akra Leuké, Peña Blanca. Pero la historia del supuesto hermano de Zanusa se la había inventado.

—Si tuviera hermanos no habría continuado yo los trabajos de mi padre.

Una mujer de Akra Leuké le había contado a Zanusa, el verano anterior, que estaban siendo diezmadas por culpa de secuestros en los últimos meses, y a ella se le ocurrió ponerse de cebo para localizar al secuestrador. Bite cayó en la trampa y así cazó al cazador. Lo llevó ante el gobernador de Leuké para que lo encarcelara y..., sorpresa, resultó ser el padre de Bite.

Entre ambos tenían un próspero negocio de venta de esclavas que decidieron aumentar con ganado de su propio rebaño. Así que la cazadora se convirtió en presa. Afortunadamente su tripulación actuó rápido al ver que la comitiva no regresaba y consiguió sacarla a sangre y fuego de la prisión. En la operación Zanusa perdió cinco hombres y el barco. Tras reponer fuerzas en Fufluna, en primavera había regresado con el fin de acabar con los dos, padre e hijo. Aunque le había costado demasiado tiempo dar con el hijo, y no le quedaba ya para cazar al padre.

—Tengo un regalo para ti —le dijo al final de su relato.

Le gritó algo a uno de los marineros que enseguida le entregó una vasija. Era la vasija de fruta confitada en miel que les había dado Lilia en Puerto Menesteo.

—Cuando maté a Bite lo único que querías era esta vasija. Mientras enterrábamos a tu amiga la buscaste en tu falúa, la encontraste y la abrazaste como si llevara dentro el corazón de tu amiga.

Mora no recordaba eso, pero al fin sí fue capaz de rescatar la figura de Bite aferrando con las dos manos la lanza de Zanusa que lo había atravesado y dando pasos de borracho, lleno de asombro, antes de caer.

—Era mi hermana, no solo mi amiga —dijo.

—Lo siento, negra.

—Tiene dentro, debajo de la fruta y la miel, veintisiete monedas de oro y plata —le dijo Mora devolviéndoselo—. Ese dinero nos ha traído la ruina a mi hermana y a mí. Pero imagino que es un buen botín para una pirata.

—Y te habrás creído también que ya me han matado dos veces, ¿eh?

Zanusa le explicó que los fenicios y griegos califican de piratas a la mayoría de los barcos comerciantes etruscos como excusa para abordarlos.

—Pese a ser comerciantes, viajamos sin mirar asustados la costa, y también cada noche, siguiendo técnicas ancestrales que otros han desechado por avaricia. Ellos siempre llegan, pero siempre tarde.

—Disculpa. Me gustaba que fueras pirata... Que alguien robe a los fenicios el botín que saquean de nuestra tierra no me parece tan mal.

—Bueno —sonrió Zanusa—, entonces tendré que reconocer que no siempre zarpamos con mercancías en nuestra pequeña bodega...

—Ahora la vasija es tuya. Y te aconsejo que la tires al agua. Parece riqueza —le dijo—, pero es solo ruina.

Zanusa rechazó el consejo.

—Acepto de buena gana el regalo —le dijo—, si me prometes que lo gastaremos juntas en las tabernas de Fufluna.

En aquella travesía Zanusa enseñó a Mora el baile de amor de las mujeres, tan dulce frente a la danza agraz del amor de hombre. Y siguiendo el recorrido de ese baile descansó lo suficiente para mirar dentro de sí y avistar a su madre y a sus hermanas, que antes se le escabullían.

De noche Zanusa buscaba en las estrellas Tafros, el estrecho que separa las islas de Córcega y Cerdeña, pero antes de alcanzarlo su rostro se nubló una mañana y, como imitándolo, los cielos despejados se cubrieron y el mar apacible se convirtió en un dios feroz.

Con la gran vela arriada, el mástil abatido sobre la crujía de cubierta y la verga desmontada y tendida en la bodega, Zanusa Tursikina se amarró al estrado de timonel, y sus hombres a los remos, en busca del derrotero cambiante que enfrentara cada ola salvándolos una a una del naufragio. A Mora la obligaron a atarse a un poste de estibado en la bodega. Allí estuvo, mareada y deprimida, mientras a su lado los remeros de relevo se peleaban por volver a cubierta en un trasiego interminable.

De vez en cuando bajaba a descansar Kúkuro, el músico sardo encargado de coordinar la marcha de los remeros con sus cantos, y se ataba siempre a la barra de sujeción más cercana a Mora. Para dormirse cantaba una misma canción en su idioma, parecido al etrusco, que Mora se esforzaba en comprender.

La tercera vez que bajó Mora se dio cuenta, pese a que no lo entendía, de que ya conocía la canción, y la cantó con él. Kúkuro se alegró de oírla cantar con claridad en su idioma. Y accedió a contarle el relato del poema.

—Se trata de la historia de un caballero que está abrevando su caballo en un río y ve llegar una falúa como la que llevabas tú con tu hermana.

En la falúa, le dijo Kúkuro, va un marinero en busca del mar cantando una canción tan seductora que los pájaros se posan en la verga y los peces sacan la cabeza a la superficie para escucharla. El caballero pide viajar con él para aprender la canción...

—Conozco esa historia —se sorprendió Mora, que la había cantado de niña en el viejo idioma de sus ancestros, pero con distinta melodía.

—Si tenemos los mismos poemas en la cabeza, será porque alguna vez hemos viajado en el mismo barco —sentenció Kúkuro.

Kúkuro intentó consolarla revelándole que, como ella, tenía un pasado de oprobio. Su familia sarda, sometida durante generaciones a la esclavitud por colonos griegos, lo ayudó a escapar para sumarse a la tripulación del padre de Zanusa cuando era apenas un efebo.

Mora durmió en brazos de su vieja canción. En el sueño,

seducida por el caballero que había aprendido en su viaje en barco la canción del marinero, huía con él de su madrastra, celosa: si ellos se convertían en hiedra, la madrastra los abrazaba con abrazo espinoso de un rosal; si se convertían en vencejos, ella acechaba como gavilán; si se convertían en fuego, ella los apagaba en un torrente...

La despertó un vuelco de la embarcación que le pareció el último. Una gran jaula con cinco o seis palomas cayó de donde estaba colgada y se abrió al estrellarse. Los pájaros revolotearon asustados por la bodega.

Llegó al fin la calma y el barco reposó sobre el mar exhausto, y cuando todos hubieron descansado lo suficiente empezaron a plantearse buscar tierra. Volvieron a colocar el mástil y la vela, repararon las vías de agua que se habían abierto, y Kúkuro le preguntó a Mora por los pájaros.

—Cuando se rompió la jaula estuvieron revoloteando por aquí —le dijo—. Vi a uno escaparse por la escotilla en un relevo. Imagino que el resto haría lo mismo.

No resultaba nada fácil averiguar dónde estaban con el cielo tan nublado. Y al parecer los pájaros en mar abierta servían para orientarse, soltándolos para seguir su rumbo hacia la costa más cercana.

Mora lamentó no haberlo sabido para atrapar alguna paloma.

—No importa —le aseguró Kúkuro—. Zanusa Tursikina conoce otras maneras.

En vez de subir a lo alto del mástil, Zanusa se sentó en el estrado de timonel, mirando hacia popa, con las piernas cruzadas. Luego cerró los ojos y se quedó allí inmóvil. Sus marineros se sentaron en silencio en torno a ella.

—Todo a babor —dijo tiempo después, levantándose.

Entonces Mora recordó a su madre, Namu, haciendo eso mismo cuando ella era muy pequeña y buscaban la cueva última en la que se instaló el santuario. Como Zanusa, Namu se sentó a meditar, y cuando se levantó, señalando la colina rocosa en la que vivirían a partir de ese día, dijo:

—Está aquí mismo y creo que es enorme. Tiene una pequeña entrada en la ladera trasera de aquel monte.

Llegaron a Fufluna librándose por poco de una nueva tormenta. Allí Mora averiguó que cada luna salía una caravana de mercaderes que se dirigía hacia las ciudades etruscas de la Campania y pasaba por Cumas, así que decidió quedarse con su amiga unos días antes de partir, solo eso.

Fufluna, construida en honor al dios Fufluns, el Baco etrusco, estaba plagada de tabernas. De la mano de Zanusa y bajo los efectos del vino, descubrió Mora entonces la dicha de ser joven en una ciudad. Guardaría para siempre, de aquellos días, una sucesión de imágenes nocturnas, algunas soñadas y otras vividas, engarzadas con el sabor del vino etrusco y de los besos de Zanusa Tursikina: Zanusa y Mora huyendo por las calles del puerto con un ánfora de vino con la cabeza de Medusa pintada en la barriga, tras robarla en un carro. El demon de Namu estrellando la cabeza de la diosa contra la superficie del río. Zanusa dormida con el cuerpo sumergido en el pilón de una fuente. El demon de Anula cantando en la cueva en que nació y murió un poema del que solo recordaba un verso que decía: «Dame tus ojos para verme de lejos». Zanusa subida a un antepecho de la acrópolis gritándole furiosa al sol que no amaneciera. El demon de Aira izando una vela en la que aparece la sibila, un monstruo con cuerpo de vaca, cabeza de mujer y alas y garras de águila. Zanusa bailando sobre una mesa una danza tartésica en la que se iba desprendiendo de una serie interminable de prendas sin quedar nunca desnuda...

Zanusa le pedía que le enseñara más danzas como esa, pero no podía. Desde la muerte de Subasu se había apagado dentro de ella una luz. Y ya apenas lograba encontrar los pasos de las danzas, los metros de los versos, la Músika del cosmos.

Las caravanas partían y las lunas pasaban.

Hasta que en una de aquellas noches inolvidables, después de brindar en su taberna preferida del puerto, Zanusa comenzó a decirle algo que sus oídos se resistían a escuchar:

—Ha llegado la primavera, Mora mía...

Hacía algún tiempo que el frío se había ido, eso no podía negarlo.

—Nunca te he preguntado —la interrumpió— qué hicisteis con el cadáver de Anula.

Zanusa la miró extrañada.

—Creía que en Tartesos no os preocupabais por los cadáveres. Me dijeron que los arrojabais al huerto como alimento de los insectos, sin ceremonias.

—No es así exactamente...

—Bueno —tomó aire Zanusa—. Hicimos con él lo que me hubiera gustado que se hiciera con el mío. Cuando muere alguien de la tripulación lo envolvemos en una red de pesca con lastre de piedras y lo arrojamos al mar en aguas profundas. Me resultaba semejante a lo que creía que eran vuestras ceremonias: que el cuerpo vuelva a la tierra o al agua.

Mora asintió, pensativa.

—En fin: el mar ya es navegable, al menos para nosotros —continuó Zanusa, sin distraerse—. Si sigues queriendo ir a Cumas es el momento. Yo voy a Sicilia y puedo dejarte...

—¿Me quieres, Zanusa? —volvió a interrumpirla.

—¿Eh?

—¿Me amas? ¿Me deseas? ¿Quieres estar siempre a mi

lado, no separarte más de mí, como si fuéramos demon la una de la otra, o cuerpo y sombra? ¿Quieres que sea tuya para siempre, hasta la muerte?

Zanusa la miró de frente, rodeó su cuello con el brazo, sonrió.

—Eso es amor de hombres griegos o fenicios, que buscan aumentar sus posesiones, querida. Mi padre y mi madre no me educaron así. Yo te amo para siempre —dijo—, precisamente porque no eres mía, porque no sé si estarás cuando vaya a buscarte a tu dormitorio. No se ama lo que se posee.

No quiso entenderlo. El hijo del porquero de Hírom, que le había enseñado el arte de navegar y le había dado la semilla de Subasu, era la única persona que la había querido nunca. ¿Su amor era fenicio? No lo sabía. Solo que se trataba de un amor muy distinto del de Hírom, el Chacal. «Nuestro amor», le dijo una noche aquel muchacho, «se quedará para siempre en mi corazón.»

Se sintió niña y sola, muy desdichada. En vano le pidió a Zanusa que continuaran con su vida de diversión en Populonia. Ella le explicó que habían gastado el botín del buen tiempo —leones lidios incluidos—, en el vino del invierno, y ahora hacía falta dinero para el invierno próximo.

Entonces Mora hizo como si no pasara nada. Mientras Zanusa organizaba la partida, ella salía de casa para seguir bebiendo, a solas o con cualquiera. Se montó borracha en el barco, y pasó bebiendo la mayor parte de la travesía.

Pensaba que, además de alargar la juerga en lo posible, de esa manera resultaría sencillo afrontar con entereza la separación.

Durante el viaje, Kúkuro, el poeta sardo, le habló de la sibila de Cumas.

—Tiene más de setecientos años, y está tan encogida que parece una cigarra.

Al parecer, un día unos niños la habían cazado y guardado en el balsamario de vidrio en el que ahora vivía.

—Si lo abres —le aseguraba Kúkuro—, oirás a la sibila en un murmullo constante: «Me quiero morir, me quiero morir, me quiero morir».

La sibila era en realidad una ninfa profetisa de Jonia. De niña, había predicho la guerra de Troya y su causa: la belleza de Helena. Nadie le hizo caso, pero cuando la guerra sucedió el dios Apolo pidió verla. Ya era una joven bastante apuesta.

—Entonces es un santuario de Apolo —exclamó Mora, preocupada—. Estará dominado por hombres...

—Bueno: la sibila era escurridiza —le reveló Kúkuro.

El dios se prendó de ella y le ofreció alcanzar tantos años como granos de arena cupieran en su mano. La sibila era tan joven que apresó avariciosa un buen puñado de arena. Apolo le concedió aquella vida inmensa. Luego la tomó de la cintura para besarla... y se llevó un bofetón. «Una sacerdotisa del agua», le dijo, «elige a sus amantes, y no al revés.» Indignado, Apolo la amenazó con no entregarle la eterna juventud, imprescindible para soportar su vida sin fin, pero ella la despreció, y así se libró de quedar bajo su dominio.

Tuvo que irse de su tierra y cambiar varias veces de nombre y santuario, aunque Apolo se las apañaba para instalar siempre cerca un templo y se apropiaba de las grutas que iba dejando para convertirlas en oráculos suyos.

Mora conocía perfectamente lo que era huir de hombres airados de gruta en gruta.

Con el tiempo, le explicó Kúkuro, cuando la vejez la había librado de su belleza, la sibila simuló su muerte en Delfos, aprovechando la de una de sus sacerdotisas, e hizo que llevaran en barco el cadáver hasta Troya y lo enterraran, como suyo, en un bosque cercano a las ruinas de la ciudad y consagrado a Apolo, mientras ella huía a Babilonia. Tras una larga ristra de años allí, buscó de nuevo el mar y viajó a la Campania de la península itálica para instalarse por fin en Cumas, primera colonia de la Magna Grecia colonial. Hacía sus profecías en algún lugar incierto del laberinto de grutas que la lava y el agua han excavado en la roca volcánica de la zona, uniendo el subsuelo de Cumas con el lago Averno, bajo los infernales campos Flégreos, donde se encuentra la entrada más directa al infierno.

La voz con que la sibila pronunciaba en Cumas sus profecías llegaba monstruosa a los consultantes, transformada por los ecos de las galerías subterráneas. El terror les impedía enterarse del contenido de sus profecías. Por eso comenzó a escribir los versos de sus augurios, con una técnica que había aprendido en Babilonia, sobre las hojas de la palmera que crece a la entrada de su caverna. Dejaba las hojas con sus largas profecías amontonadas a la puerta de la cueva para que los consultantes las leyeran, y el viento las revolvía desordenándolas, llevándose muchas y haciendo incomprensibles los fragmentos que quedaban, por lo que los consultantes abandonaban el lugar maldiciéndola.

Un día el rey de Roma, el etrusco Tarquinio el Soberbio, le consultó a la sibila cómo podría dominar el mundo, y ella decidió coser las hojas sueltas de sus profecías en nueve rollos, los primeros libros de todos los tiempos, y se presentó en Roma ofreciéndoselos al rey, que quedó cautivado por aquellos extraños artefactos, almacenes de versos sin fin. Pero cuando oyó el precio que la anciana pedía por ellos, trescientos estateros de oro, los rechazó. Le extrañó que, en vez de regatear, la sibila encendiera una hoguera, tomara tres de los nueve libros y los arrojara al fuego. Después puso los seis restantes ante Tarquinio al mismo precio de los nueve.

El rey rio ante el disparatado comportamiento de la sibila.

—¡Vete de aquí, vieja loca!

Impasible, la sibila escogió otros tres libros del montón y los arrojó también al fuego. Y de nuevo pidió, por los tres restantes, el precio primero. Entonces Tarquinio se preocupó, y decidió reunir un consejo de sabios romanos antes de responder. Tras largas horas el vocal del Consejo le dijo abrumado el resultado de sus deliberaciones:

—Estos libros tienen el mismo tema de los sueños: el futuro. Entre sus muchos tesoros se encuentra el futuro de Roma y los consejos para actuar ante los peligros que enfrentará de aquí a su caída. El Consejo considera que has errado gravemente al dejar que la sibila quemara casi todos los libros. Te pedimos que compres los que quedan al precio que sea.

—Mira que al ver venir a la vieja intuí que solo me iba a traer dolor de cabeza —se lamentó Tarquinio.

—Hay algo más —añadió el vocal—. Es mucho lo que se encuentra escrito en esos tres libros. En cuanto a la consulta de cómo puede dominar Roma el mundo, la respuesta es dolorosa para ti: librándose primero de sus reyes, dice el oráculo. Hemos leído suficiente para caer en el desconcierto. Por ejemplo: hemos leído las palabras que te estoy diciendo y la respuesta que me vas a dar. Ya no sé si nuestras palabras nos pertenecen o las dicta la sibila... No me quejo: eso ha simplificado nuestro veredicto.

—¿Y?

El sacerdote sonrió con amargura ante aquella pregunta, como si corroborara a la perfección sus expectativas.

—Uno de nosotros ha encontrado el anuncio de su pronta muerte. Y después de leerlo no se siente nada bien. No sabemos si los libros revelan el futuro o lo provocan.

—Entiendo: no pienso mirarlos —dijo Tarquinio—. Los compro y los arrojo al fuego. Aunque..., entonces..., ¿no sería mejor...?

—Lo que quiero decirte es que debes comprarlos, pero no leerlos ni destruirlos.

Tarquinio se quedó mirándolo, sin saber si obedecer o mandar que colgaran de los pies, a la puerta de Roma, a todo el Consejo.

20
Libertad
[Atenas, 411 AEC]

> Efímero ser. ¿Y qué es uno?, ¿qué no?:
> de sueños la sombra es
> el hombre y, si un rayo de luz del gran Zeus
> —fulgor cegador— lo distingue entre todos,
> existe gozando.
>
> PÍNDARO, *Pítica VIII*, 95-97

La mayor parte de la noche siguiente a la representación del *Orestes* la pasó Mora en vela, sentada en el patio de la casa, intentando asimilar su libertad.

Había dejado de ser una esclava. Ahora era una meteca, como decían ellos, una extranjera residente, con algunos derechos. Uno fundamental: podía irse. El tráfico marítimo estaba abierto.

Melitó, la antigua matrona, ahora esclava y llamada por muchos Querile, la despertó poco antes del amanecer y le pidió que la acompañara a la entrega de premios.

—¡Es la parte más emocionante! ¡Hay premio para los mejores trágicos y para los mejores actores!

Melitó tuvo que explicarle que la gran fiesta del teatro era principalmente una competición. Los griegos ven la vida entera como un certamen en el que lo importante es la victoria y todo lo demás resulta superficial. Juego o batalla, como se quiera, pero siempre con un vencedor: desde cuando beben o conversan hasta cuando aman, y más aún cuando cantan, su vida es enfrentamiento, pelea: victoria o derrota.

—¿Y si las obras de Eurípides pierden, entonces todo el trabajo habrá sido un fracaso?

—En teatro no hay perdedores, no te preocupes por eso: son tres participantes y tres premios: primero, segundo y tercero. La victoria es inevitable. Ahora falta ver solo en qué puesto de gloria.

Intentar comprender aquel mundo resultaba agotador para Mora.

Por el camino Melitó le contó que de noche unos borrachos de una hermandad se habían cruzado con el actor Hegéloco y lo habían apedreado. Mora se temió lo peor: la profecía que el mismo Hegéloco había pronunciado al ver que ella iba a sustituir a Calípides se había cumplido.

—No te preocupes. Sucede a menudo. —Melitó se había dado cuenta de que Mora había sustituido a Calípides bastante antes de que se le cayera la máscara—. Lo apedrearon por matar a su madre, eso le gritaban.

Al parecer, tal confusión de la realidad con la ficción por parte de los espectadores era habitual tras las representaciones. No habían llegado a rematarlo: por fortuna uno de los cofrades recordó al resto que el mismo dios Apolo lo había perdonado en la obra.

El librero Agapitos había montado un pequeño puesto de libros a la entrada del teatro.

—¿Queréis el suelto de la «Canción del frigio?» —les dijo, ofreciéndoles un pequeño rollo de papiro atado con un lazo de cáñamo—. ¡Todos los sueños de Oriente por un óbolo!

—Ayer Timoteo me ofreció trabajo en su escuela, ahora que no soy de nadie —le comentó Mora a Melitó—. Quiere que lo ayude a enseñar baile y canto.

—Yo no le diría que no —le aconsejó la nueva esclava—. Todos quieren estudiar con él. Sabe enseñar y sabe cobrar.

—Pues me dijo que a los alumnos más avanzados les pedía el doble de dinero por sus clases... No parece un buen negociante.

—Al contrario. Los convence asegurándoles que antes de empezar tiene que enseñarlos a olvidar todo lo que han aprendido con otros. Es brillante promocionándose: se agolpan a su puerta.

—De cualquier modo —confesó Mora—, no es buena opción. Me ha pedido que me case con él.

—Es verdad, para eso estás mejor de esclava. ¿Y por qué no hablas con Aspasia? Te voy a llevar a su casa para que veas. Amor no les falta, ni dinero. Y para ti, con el ritmo que llevas...

—En Tartesos el cuerpo se considera más sagrado aún que la poesía. No se vende.

—Bueno, pero hay muchas formas de trabajar en esa casa, ya veremos.

En la orquesta habían instalado una urna junto a un podio de tres niveles. Cada tribu de Atenas seleccionaba entre los suyos un miembro del jurado, secreto hasta ese mismo momento, en que los estaban presentando.

Los jurados se acercaron al altar del teatro. Escribían el nombre de su candidato en una lámina de cera y la depositaban en una urna. Volvieron a su puesto y se hizo el silencio. Uno de los gobernantes electos de la ciudad introdujo en la urna el brazo desnudo y removió las tablillas. Extrajo una:

—¡Eurípides!

Hubo un grito unánime de alegría, que luego se matizó con silbidos de rechazo y pataleos ruidosísimos.

—Por Higía, me va a dar algo —dijo la antes llamada Melitó abanicándose con las faldas de la túnica.

El gobernador esperó pacientemente a que se hiciera el silencio, momento en que introdujo el brazo de nuevo en la urna y removió.

—¡Jenocles! —dijo.

Esta vez no hubo tanta escandalera. Solo las mujeres del grupo de la familia del pobre Jenocles se levantaron y corearon su nombre.

—¡Sófocles! —dijo el gobernador tras extraer la tercera lámina.

Nadie dijo nada.

—¡Sófocles! —leyó al extraer la cuarta.

El silencio se matizó en un murmullo mientras extraía la siguiente.

—¡Sófocles! —leyó el gobernador en la quinta lámina.

Y entonces Sófocles, sentado junto a Jenocles y Eurípides en la fila de las autoridades, se levantó con ambos brazos extendidos en señal de victoria. Tres músicos que estaban al fondo del escenario hicieron sonar sus trompas de caza tapando las protestas.

—¡No lo entiendo! —le gritaba Mora al oído a Melitó, que aplaudía bastante decepcionada—. ¡Todavía faltan cinco votos!, ¡no sabemos quién tiene más!

—¡Solo se sacan cinco! —le confesó disgustadísima y también a gritos Melitó—. Así deciden los dioses.

—Ya —dijo Mora, que sabía bien que tras la voluntad de Zeus siempre había algún sacerdote.

Sin hacer caso de los que protestaban impíamente por la decisión divina, Sófocles caminó hacia el podio agradeciendo los aplausos. El mismísimo rey macedonio Arquelao se puso en pie para abrazarlo.

—¿Y cómo sabemos cuál es el segundo si hay empate? —preguntó Mora.

—¡Segundo puesto! —gritó el gobernador alzando una

moneda para que todos la vieran—. ¡Mochuelo...: Jenocles! ¡Atenea...: Eurípides!

Esa le pareció a Mora una forma de elegir más al alcance de los dioses. La moneda giró sobre sí misma por el aire; el gobernador la atrapó en su caída de un manotazo y con una palmada se la plantó en el dorso de la mano. Agachó la cabeza para mirarla él solo, y gritó:

—¡Mochuelo!

Las trompas acallaron de nuevo las protestas. Eurípides y Jenocles saludaron en pie a las gradas y caminaron hacia el podio sonriendo.

El primer premio de los actores lo ganó a continuación el extravagante Agatón. Eurípides subió también al podio, de nuevo sonriente, para recoger la corona del tercer puesto que los dioses le otorgaron al gran Calípides.

Mora se excusó para irse antes del sacrificio del toro y el festín comunal que cerraban la fiesta. En la puerta, dormitaba el librero Agapitos.

A la mañana siguiente, una de las esclavas le dijo a Mora que Eurípides la esperaba en su cámara.

Solía encontrarlo mascullando versos que luego le dictaba, pero esta vez estaba relajado, dibujando sobre la mesa en un lienzo tensado sobre una tabla. Sabía por Melitó que de joven a Eurípides le había costado aceptar que era mejor poeta que pintor.

—Calípides ha vuelto de su viaje —le contó—. He pasado por su casa antes de ir al mercado. Se encuentra agotado pero vivo.

Luego le explicó algo de un dinero que Calípides había ofrecido para ella, al que se sumaba otro que el propio Eurípides le debía por su trabajo y por la salvación de la representación...

A los atenienses les encanta hablar de dinero, porque sus reglas sociales obligan a evitar el tema. Mora se entretuvo mirando el dibujo. Era de un hombre blandiendo una espada. Solo había pintado la cabeza y el contorno del tronco.

Entonces los interrumpió Eurípides el Joven. Sófocles venía de visita. Mora se levantó pero el poeta le explicó que podía quedarse.

—No sabe que eres libre —dijo.

Ella suspiró divertida. Para un griego lo que oye una esclava es como si lo oyera un animal.

—Creo que te puede interesar lo que me imagino que vendrá a decirme —añadió Eurípides—. Tu situación se complica bastante si a tu patrono, que soy yo ahora, le cae encima la que me parece que me va a caer.

Pero esto lo decía sin parar de pintar. Y Sófocles entró sonriente.

—Sírveme una copa, niña —le pidió a Mora sin mirarla.

Eurípides le ofreció asiento y le sirvió un poco de vino él mismo.

—¡Dioniso! —dijo el visitante tras beber, arrojando al suelo el poso de su copa.

—¡Evohé! —le contestó el anfitrión, bebiendo y volcando el resto a su vez.

Sófocles habló del enorme éxito de las Grandes Dionisias, del asombro otro año entre los embajadores y comerciantes llegados a Atenas, de las arcas de la ciudad a rebosar, tan necesario en tiempos de guerra. Eurípides levantaba de vez en cuando la cabeza del dibujo para asentir o sonreírle.

—Y encima he ganado, ¿eh? ¡A mi edad! No puedo estar más satisfecho.

Eurípides volvió a felicitarlo.

—El caso es que fuimos varios los que nos dimos cuenta de que no era Calípides el que cantaba en el *Orestes*.

Eurípides abrió los ojos con fuerza.

—No me mires así, que nos conocemos: se le cayó la máscara.

—Ya, yo ni me enteré, pero me lo han dicho —reconoció Eurípides—. ¡No quedan actores de calidad! Y eso que cada día están más endiosados...

—Algunos aseguran incluso que ni siquiera era un actor.

—¿Cómo?

—Una mujer, dicen.

—¡Una mujer! —repitió Eurípides, pensativo, parando un rato de pintar.

—Y además hay quien asegura que se trata de una esclava. Esa que compraste, ¿cómo se llama?

—¿Quién?, ¿Mora? —preguntó Eurípides.

—Tocó a Orestes en la mejilla al arrodillarse ante él. Y antes, de Electra, llegó a abrazarlo. Ya sé que hay que darle algo a la chusma para que disfrute. Pero una esclava poniéndole las manos encima a un héroe...

—Pues a mí eso... me pareció un gesto de lo más natural.

Sófocles se quedó un rato mirando a la mesa, con rostro grave. Los dedos tamborileaban en la madera hasta que hizo las preguntas:

—¿Soy el único que sigue creyendo en la contención de las pasiones?, ¿en el viejo orden heleno?, ¿en la belleza sobria?, ¿en el autocontrol?

—Por supuesto que no, hermano. El jurado también. Yo que tú no me preocuparía en absoluto. Estos jóvenes son cáscara sin bellota aunque a mí me arrastren, ¿eh?

—Pues yo diría que es justo al revés, que es esa insatisfacción tuya el principio de todo, y los arrastras a ellos. Canciones afeminadas y asiáticas, de ritmos quebrados y hasta enfrentados... Y la manía de dar voz a lo que piensan las mujeres, los bastardos, los esclavos, los bárbaros, los locos y hasta los púberes irracionales... ¿Y dónde están los ciudadanos ejemplares?

—En tus obras. Yo no podría competir contigo, maestro.

—Ya. ¿Y esa burla de los dioses...?

—Sí: los dioses siempre se burlan de nosotros —matizó el acusado.

—Claro que se burlan. Ahora parece como si para estar ante los demás hubiera que demostrar las pasiones, en vez de contenerlas. No sé qué va a ser de Atenas. Hay que reconocer que Esparta nos supera en muchas cosas. ¡Si supieras cómo envidio su disciplina!

—Pero bueno, a mi manera yo también creo en eso de la autonegación que tanto predicas.

—¿Autonegación? Yo hablo de autocontrol.

—Sí, sí. Como quieras llamarlo. Y tengo que reconocer que cuando la practico me va mejor...

—Nunca se puede saber con certeza si hablas en serio o te estás burlando de todo, hermano. Pero es igual. No me chupo el dedo. Solo te ruego que no me hagas más complicada la misión que me han encomendado. Te considero una persona mucho más valiosa de lo que la mayoría cree...

—Aprendí mucho contigo, es verdad —lo interrumpió.

—Gracias. Bueno, esto... —balbuceó Sófocles ahora, intentando recuperar el hilo perdido—. En fin, al grano: he conseguido imponerme en un Consejo deliberativo que se reunió anoche. Y por eso mismo el Consejo me ha encomendado comunicarte lo que te voy a comunicar.

—¿El Consejo de la Asamblea...?

—¡No! Uno que se ha formado.

—¿Otro fuera del oficial?

—Ya te enterarás cuando se haga saber.

—Hombres de primera línea, me imagino...
—Te lo aseguro.
—¿Y se ha formado un Consejo para hablar de mí?
—No. Para otras cosas. Pero saliste en las deliberaciones. Solo con mucho esfuerzo he conseguido clemencia ante ellos para ti...
—¡Bueno...!
—Sí, sí, sí, eso mismo: cle-men-cia —recalcó Sófocles guiñando los ojos—. Querían juzgarte por impiedad. ¿Eh? Después de lo del librito de Protágoras contra los dioses, y la que se montó aquí en el banquete..., ¡una mujer en la escena! Y esta vez iban en serio, están los ánimos como están. Te aseguro que me costó convencerlos de que te dieran una oportunidad. Me han llegado a acusar de complicidad. Me la he jugado por ti, hermano.
—Vaya, lo siento mucho, Sófocles. Y te lo agradezco de verdad...
El visitante se relajó un poco.
—No, si a mí me da igual si quieres tirarte a la salvaje esa por delante y por detrás...
¿Había enrojecido Eurípides que ahora bajaba la cabeza para seguir dibujando con gestos impulsivos? A Mora le extrañaba esa posibilidad, pues la vergüenza ante las cuestiones de sexo no era común en los ciudadanos griegos, y menos refiriéndose a esclavos.
—Oye, tú —le dijo Sófocles a Mora a continuación, sin reparar en que estaba hablando de ella, o acaso es que le daba exactamente igual—. ¿Estás dormida? ¿No ves que se me ha acabado?
Mora se colocó a un costado y le echó vino de la jarra con brusquedad bien medida, porque le cayó líquido en la túnica, pero no demasiado.
—¡Eh! Mira cómo me has puesto, inútil.

—Ya lo siento —dijo ella—. Trae y te lo limpio...
—¡Quita! Déjalo —y siguiendo con Eurípides—: Mira, por mí como si te comes a bocados a la esclava esa. Pero no sabes cómo estaban ellos, querían tus entrañas a la parrilla.
—Oye, hermano, no sé si recordarás que alguien entró en el vestuario del gran Calípides y echó una enorme cantidad de porquería en la tila que se estaba tomando. Te habrá llegado eco de la denuncia.
Eurípides dijo eso y luego continuó emborronando de negro el dibujo con fruición, la punta de la lengua asomando por la comisura. Pero paró otra vez, puesto que Sófocles parecía no encontrar respuesta:
—Si llego a cancelar la representación no me volvéis a dar coro en la vida —añadió—. Y luego, tú lo oíste: la gente aplaudía a rabiar. ¿Habría sido mejor mandar a todos a casa sin nada? Estaban encantados. Hoy en el ágora había muchos defendiendo que nunca se había visto...
—Antes de que me digas que fue la mejor obra te recuerdo que los dioses le dieron el tercer premio, no el primero —le señaló Sófocles.
—Sí, claro, tienes razón, pero es que las tuyas... Fue impresionante, esta vez has rozado la perfección.
—Gracias. —Sófocles tomó aire, relajándose de nuevo—. Le doy todo el mérito a los actores, que hicieron un trabajo increíble. Yo no me engaño: mi tiempo ha pasado ya —empezó a lamentarse—. La memoria me falla, ya no es tan sencillo encontrar el verso preciso. ¡Y encima me estoy quedando ciego! Desde hace un mes no veo nada de este ojo, cualquier día me encuentras con la garrota y un niño tirando de mí. —Se quedó en silencio, quizá dándose cuenta de que con lo del niño había dado pie a un chiste fácil—. Dudé muchísimo antes de aceptar el coro, te lo aseguro.
—Pues no lo entiendo, porque el resultado es una verda-

dera maravilla. Y la batalla naval que montó en escena Jenocles en el *Belerofonte* te dejaba sin aliento. Nunca había visto nada semejante. Da gusto quedar tercero así.

Había seguido dibujando su pequeña obra, cada vez más extensa. Ahora estaba coloreando las figuras de rojo.

—Un poco exagerado, Jenocles, ¿no? —dijo Sófocles—. Dirás que estoy forjado a la antigua, pero a mí esos saltos en el escenario, y venga, y va, con decenas de guerreros gritando y barcos rodando por la orquesta..., me parecen un lío fenomenal. Si por mí fuera, te habrías llevado tú el segundo, te lo aseguro. En fin, no te preocupes, ya tengo la solución. Desde luego una actriz no ha habido ahí ni por asomo. Es impensable, eso lo hemos negado...

—Menos mal...

—Entonces vamos a ponernos de acuerdo. La culpa ha sido de tu esclavo Cefisofonte, que lo ha manejado todo a tus espaldas. ¿Está claro? Tú mismo nos lo has entregado, y lo vamos a ejecutar.

—¿Cefisofonte? Pero si está muerto, naufragó en el barco con Prot...

—Eso no lo sabe nadie, hemos buscado un chivo expiatorio para que haya ejecución pública. Un idiota, que irá con un saco en la cabeza.

—¡No, hombre, Sófocles, no puede ser...!

—¡Un criminal que ya estaba condenado a muerte! ¿Sabes lo que he tenido que mover para que no tocaran a Melitó? Y solo por ti, aunque no me explico por qué te has compadecido de ella, pero me da igual. ¡No me vengas ahora a decir lo que tengo que hacer para salvarte el pellejo o agarro esa puerta y me largo por donde he venido!

—Ah, bueno, si es un criminal condenado ya... —Se aplicó en pintar los fondos de negro—. En fin, yo lo que quiero es que las próximas obras se puedan representar también.

Estoy preparando una tetralogía fundamental para después de la ronda por Ática de estas cuatro... ¿Sabes...?

—¿Ya te las han pedido al día siguiente de representarlas? —se extrañó Sófocles.

—Vinieron hace dos meses a pedirme copias. Las leyeron y negociaron. ¿Sabes de qué va a tratar la nueva tetralogía...?

—De eso precisamente quería hablarte.

—¿Ah, sí? —exclamó Eurípides sorprendido.

—El Consejo ha decidido cuál va a ser tu próxima tetralogía.

—¿Eh?

—Nada de esperar tres años para ir a Pela. Dentro de dos se representa la gran tetralogía macedónica de Eurípides. Te he conseguido casi un año para arreglar tus compromisos. La próxima temporada zarpas para allá.

Ahí Eurípides se quedó helado.

—Pero no puede ser, hermano. Mira: el verano que viene no puedo... Necesito al menos otro invierno para acabar antes...

—Sí puedes, te lo aseguro. Y la gente espera de ti algo importante. Atenas sigue en deuda con el rey Arquelao. La nueva flota ya está casi construida. En breve le damos a Esparta el golpe definitivo. Y si nuestro gran aliado tiene el capricho de que *tú* le escribas una tetralogía sobre su reino, pues *tú* la escribes y se acabó. Es tu obligación con la ciudad.

—Pero...

—Y desde luego olvídate de reyes en harapos, príncipes sonados y mujeres asesinas saliéndose con la suya. Tienes que contentar a Arquelao por más que sea un macedonio de mierda y no tenga ni idea de lo que vale o no vale en teatro.

—Pero...

—Y harías mucho mejor si no compusieras a partir de melodías policordes de prostíbulo persa, mejores para castañuelas que para viento. Tu aulós tiene más agujeros que un termitero.

—Pero...

—Si dejaras fluir tu genio y te olvidaras de todas esas técnicas enrevesadas que descubres, aprendes y practicas...

—Yo no tengo genio de ese, hermano, eso sí que lo he aprendido... La técnica es mi Musa.

—Y, te lo advierto, van a ocurrir cosas estos días, desde hoy mismo... Me callo porque me tengo que callar, pero ni se te ocurra pensar que esos cambios afectan a nuestro trato.

—Pero... dime una cosa solo, Sófocles.

—Pregunta, Eurípides, sin problema.

—No haces esto en beneficio propio.

—¿Beneficio? ¿Qué me estás diciendo?

—De Arquelao no hay sombra aquí.

—Perdona, no te entiendo, hermano.

—Él avanza en Tracia con sus tropas, y tensa Tesalia.

—Y a mí eso en qué me incumbe, si puede saberse.

—Estará buscando armas, digo yo, como guerrero.

—Es muy posible, y no lo niego.

—Y tu casa las fabrica, ¿no es así?

—Venga, hermano, venga, que me ofendes.

—Dime solo que no tienes ningún negocio con él.

—Las armas me las lleva un liberto.

—Y a Arquelao ni lo conoce...

—¡No lo creo! Yo recibo un diezmo apenas: ¡me roba!

—Ya se sabe. Entonces, tengo tu palabra: no negocias con el rey.

—¡Claro! —exclamó Sófocles levantándose nervioso—. Oye, ¿qué estás dibujando ahí? —Tomó la tabla con la tela y se la acercó a la cara hasta pegarle las narices—. Vaya: el frigio a los pies de Orestes. Y la máscara rodando. Qué gracioso. ¿Es para cerámica?

—Es un diseño para una copa de plata con figuras de oro que voy a pedir que me hagan —le soltó—. Me apetece emborracharme a lo grande, y me estás dando buenas razones.

—Pues nada, ya lo siento. Aunque lo cierto es que te lo has buscado tú solito. En fin: te cuento lo último que tienes que hacer y me marcho...

—Sófocles, perdóname —Eurípides arrojó el grafito sobre la mesa con disgusto—: les voy a dar una tetralogía absurda, les voy a dar un año al menos de mi vida yéndome a donde me digan, les voy a dar hasta un muerto, que no sé para qué van a ejecutarlo si están de acuerdo en que no ha habido una mujer en la escena... ¿No les basta? Me parece que al final voy a elegir que me ejecuten a mí. Me causa menos problema.

—Está bien. Me obligas a decírtelo muy claro: no son solo ellos, yo también tengo dudas. Tu comportamiento es... Siento que buena parte de tu obra se burla de Atenas... Y ahora: primero Protágoras arremetiendo contra los dioses en tu casa y luego tragedias representadas por esclavas en el centro de la polis, ¡y no sé si concebidas por ellas! Estamos en guerra, Eurípides. Para despejar todas las dudas de impiedad, le he prometido al Consejo que ibas a iniciarte en los misterios de Eleusis.

—¡No! ¡Los misterios de Eleusis no!, por favor, Sófocles...

—Los misterios de Eleusis, sí. Te estoy haciendo el favor de darte acceso a la vida eterna. Me lo agradecerás siempre. Eso o el juicio por impiedad. Y ya sabes cómo acaba ese juicio.

21
El sacrificio
[Pela, Macedonia, 406 AEC]

Oh, Febo, gran desatino pronunciaste...

EURÍPIDES, *Electra*, 971

En la ciudad de Pela, los muros de piedra rojiza de la casa en que vivían el extravagante Agatón y Pausanias encerraban un palacio pequeño pero imponente comparado con la casona enorme y destartalada que ambos habían compartido en el barrio ateniense del Cerámico.

El criado de Pausanias que aquella tarde abrió uno de los paneles del portón de roble para recibir a Mora, travestida en el etíope Hírom, el Chacal, se negaba a interrumpir el sueño de su amo, que al parecer solía prolongarse hasta el mediodía.

—Traigo un regalo del pintor Zeuxis, que me obliga a entregarlo en mano —le dijo el tal Hírom—. Puedo esperar aquí fuera a que salga.

El siervo miró con preocupación al visitante, que sintió lástima. Imaginó que Agatón lo reprendería tanto si lo despertaba como si no.

—Un momento —dijo antes de cerrar.

Volvió al cabo, hosco, y le dio paso. Quedó esperando a cubierto en los soportales del patio, sentada junto a un enorme brasero encendido.

Agatón tardó en salir, pero ordenó al criado que le llevara al esclavo de Zeuxis vino y fruta para la espera. Llegó fresco, con el sueño olvidado. Se había puesto unos calzones variopintos, una de esas prendas persas que abrigan cada pierna por su lado, y a su alrededor se expandía el perfume lidio, tan caro como pegajoso.

—Odio Pela —dijo sentándose, mientras tomaba de manos de Hírom el rollo de papiro regalo de Zeuxis—. El frío de aquí me estropea la piel y es una verdadera molestia para la pereza.

Lo desenrolló con gesto hastiado extendiéndolo verticalmente ante su rostro, y luego lo giró hasta colocarlo en horizontal.

En el papiro, Hírom, mirando con descaro al observador, mostraba su cuerpo de ficción, tramado por Zeuxis. Desnudo, recostado y semihundido en el jergón negro de plumas de un lecho cuyas cuatro patas simulaban garras: de león, las largas que sostenían la cabecera, y las cortas, a los pies, de águila. Los genitales lampiños del muchacho, acordes a su rostro de gesto ambiguo e infantiloide, ocupaban relajados el centro del cuadro. En el larguero de la base del lecho había un relieve nada casual, dorado sobre la madera: un leopardo y un jabalí embistiéndose.

Zeuxis había combinado con delicadeza la complexión corporal de su último discípulo, cuyos detalles guardaba grabados en la mente, con la piel de un etíope y la cabeza de Mora recubierta por la máscara que conformaba el rostro de aquel Hírom inventado: músculos en graduada extensión o retracción que ella parecía mantener con la misma naturalidad con que solía mostrar su propio rostro.

«Como siempre, después de retratar a este ser único en el mundo, este cuerpo real de alma fingida, solo lamento no poder acariciarlo», había dicho Zeuxis orgulloso al terminar su obra.

—Zeuxis es un maldito genio árabe, ¿no crees? —comentó ahora Agatón, enrollando de nuevo el papiro—. Ha captado la lujuria de tus ojos de potrillo al que nadie ha puesto aún freno.

Dejó el dibujo sobre la mesa y enfrentándose con descaro al supuesto original añadió:

—Pero yo prefiero los cuerpos reales. Qué pena que este sea todo artificio.

Mora tanteó entre su túnica el cuchillo curvo para cortar hierbas que ahora llevaba siempre encima.

—¿A qué has venido, Mora? —le preguntó entonces Agatón, recalcando su verdadero nombre—. Veo que no le tienes demasiado aprecio a tu vida. Pensé que habrías volado lejos de Pela después de tu torpe y muy arriesgada exhibición en la taberna de Atanasia.

Ella relajó el rostro.

—Viendo que no me denunciabas, he preferido asumir ya todo el riesgo.

Agatón rio de buena gana. Hablaron. Él no acababa de entender su deseo de averiguar el nombre del asesino.

—¿De qué te serviría? Yo, de cualquier forma, no tengo mucho que contar de esa noche que pueda resultarte útil.

—Por ejemplo, si fue el rey Arquelao quien lo mató.

—¿Y cómo puedo saberlo? Tenía buenas razones para hacerlo, desde luego. Burlarse del rey retratándolo en una obra pagada por él como asesino de su padre bastaría para que en cualquier reino rodaran las cabezas del autor y hasta del último del coro.

Mora misma había desaconsejado a Eurípides que escogiera como sátira la obra que iba a titularse *Arquelao*. En ella el héroe Arquelao, supuesto ancestro del rey actual e hijo mítico del buey sagrado Apis, sacrificaba precisamente un buey con dolor, como el rey macedonio había hecho con su padre, en una escena divertida para cualquiera que no fuera Arquelao...

—Aunque la verdad es que Arquelao es un verdadero patán, y se pasó la obra durmiendo —siguió Agatón: algo que ella misma había podido comprobar—. Y su mujer Cleopatra solo se preocupaba por las canciones para aumentar el repertorio de sus patéticas actuaciones en palacio.

El extravagante Agatón se aplicó entonces con fervor en la defensa sutil del rey, lo que tenía el efecto, con toda probabilidad calculado, de exculparlo a él mismo. A Arquelao, argumentaba, no le convenía que se pensara que utilizaba como alimento para su jauría a los poetas del flamante Banquete de los Afortunados que tanto le había costado reunir.

—Y ahora que me has sacado la información que querías —dijo—, ven, voy a mostrarte la casa...

—No puedo acostarme contigo —le advirtió Mora.

—¿Tan sencillo resulta leerme la mente? —rio de nuevo Agatón—. Pero bueno, si hay una prohibición habrá quizá también alguna manera de quebrantarla. ¿La religión de Tartesos no te permite el amor a los extranjeros?

—La castidad es un invento griego. El amor es lo que más diferencia mi tierra de la tuya. Y no: a las sacerdotisas del agua no nos está permitido ofrecerle placer a alguien manchado de sangre. No sé en qué medida ayudaste a matar a Eurípides, pero sin duda no intentaste salvarlo. ¿Fuiste tú el que lo besó? El beso era la señal, la marca de la víctima...

—¿Lo besé? No sé si lo besé. Arquelao había vuelto a emborracharnos a todos. Un beso es una señal equívoca, ¿no crees? ¿A cuántos besaría esa noche? Me gustaba besar a Eurípides, desde que me convertí en su discípulo. Tú también lo besabas, ¿no?, primero de esclava y luego en tu ascenso a liberta. Y ahora estás furiosa porque has perdido los besos del viejo, ¿no es eso?

No respondió. No era posible explicarle a alguien como Agatón el estado en que se encontraba ni las causas.

—Aunque, puesto que la solución es purificarse —ronroneó el poeta—, ya te dije yo mismo que lo necesito..., puedes llevarme al templo de esa Enodia tracia de la que hablabas. Si es diosa del subsuelo servirá igual para ritos de purificación y de amor, ¿no? Quizá podamos matar los dos pájaros de un solo flechazo. Y, ¿quién sabe?, el placer satisfecho trae a la memoria a veces cosas que el deseo no deja ver. Puede que complazca tu curiosidad, o te libere de ella de una vez por todas.

Unas horas después, mientras el sol bruñía el atardecer provocando el deshielo que agitaba ya el delta Termaico con charcos, regueros y chillidos de gaviotas, Mora caminaba bajo el repetido ladrido de un perro lejano, remontando el río Axio por su margen más suave. Pisaba una a una las huellas que iba dejando el extravagante Agatón ante ella, como un demon que quisiera borrar sus pasos. Y de vez en cuando se palpaba los pliegues de la túnica para cerciorarse de que el cuchillo seguía ahí. Más de una vez, a lo largo del paseo, calculó la cuchillada dejándose llevar por el deseo de venganza. ¿Por la espalda, entrando bajo las costillas, hacia arriba? Casi lo más sencillo era degollarlo.

—Lo creas o no —decía el poeta—, yo no fui consciente de que aquello iba a desembocar en su muerte. Hace tiempo que me di cuenta de que mi misión principal aquí consiste en amenizar con mi presencia y mis canciones las veladas de

Cleopatra, que se ha encaprichado de mí. Así que no he necesitado meterme en política en absoluto.

Para el paseo Agatón se había cambiado los calzones variopintos por otros rojos, lo que provocó no pocas burlas entre los ciudadanos con que se habían cruzado antes de dejar Pela.

—Se veía que lo estaban emborrachando, pero pensé que querrían darle un escarmiento —siguió.

Aspasia le había contado a Mora una vez el porqué de la excéntrica vestimenta de Agatón: seguidor de la escuela de Anacreonte, el más grande lírico de Grecia tras Safo, se declaraba «lidiópata» como su maestro: adorador enfermizo de las costumbres de Lidia, la satrapía persa del antiguo reino de Asia Menor donde se decía que habían nacido la poesía, el vino y el dinero, como ella bien sabía por las monedas de su ruina. Por eso se vestía del mismo modo en que Anacreonte aparecía en su retrato convencional: con lujosas ropas lidias de seda, provocando en los demás la impresión de estar ante una mujer, muy satisfactoria para él.

—Sea o no el asesino, Arquelao se ha cuidado mucho de que todos los implicados estén ya muertos, con la excepción, claro, de su amante Cratero. Eso, como ves —añadió deteniéndose y dándose la vuelta para mirarla sonriente—, me excluye.

Retomó el camino y le explicó que desde su punto de vista el rey no iba a tocar a Melitó —o Querile, si prefería— ni a Eco: como esclava e hija de esclava habían dejado de importar.

—Yo no buscaría por aquí al asesino. Arquelao habrá averiguado quién puso el dinero y dio la orden de la muerte de Eurípides, antes de matar a los que la ejecutaron. Si anduviera cerca ya habríamos visto rodar su cabeza. Yo buscaría en Atenas. Aquí solo falta que te cacen a ti, lo que parece que no va a resultarles muy difícil.

Mora no veía qué podía ganar nadie en Atenas con la muerte de Eurípides.

—Ah, el dinero, corazón. Los terrenos heredados de su padre, ¿no? Hay que ser muy rico para escribir versos en Atenas.

Quizá el regreso a Atenas era tan inevitable como la huida.

—En alguien estás pensando. Dime ese nombre —lo tentó.

Agatón rio.

—Bueno, todo el mundo sabe que Sófocles lo envidiaba. Envidiaba el virtuosismo de su Músika, la imprevisibilidad de sus tramas, su facilidad para descabalar las convenciones de la representación o desatar la pasión del público... Sófocles era, además, el más interesado en que el rey Arquelao quedara contento en Atenas: delante de mí le arrancó durante su estancia un contrato para convertirse en el principal proveedor del armamento de sus tropas. Las trabas de Eurípides a los caprichos del rey aplazaron una y otra vez la negociación, y lo tenían desesperado.

Así que Sófocles acusaba a Agatón y Agatón acusaba a Sófocles.

—¡Una caverna! —exclamó el poeta, sorprendido, deteniéndose en la explanada ante el santuario, en la encrucijada del camino que traían con otros dos.

Los recibió una sacerdotisa con máscara de yegua, a la que Agatón se sometió para la purificación. La sacerdotisa lo acompañó a tomar un baño lustral en el arroyo interno de la cueva.

Mora esperó fuera, contemplando los preparativos del sacrificio. Le sorprendía que un santuario tan cercano a la corte de Macedonia no estuviera aún dominado por Arquelao, pero no había ahí sacerdotes. Sin duda el temor que aquellas mujeres habían conseguido infundir alrededor como bacantes, con sus descuartizamientos nocturnos de reses, era más efectivo que el provocado por sus compañeras de santuario en la Cueva del Agua como ninfas del bosque salteadoras de caminantes perdidos.

La sacerdotisa yegua regresó con Agatón cuando ya era noche cerrada. Él venía desnudo, con el cuerpo untado de arcilla y harina, suelta y mojada la melena, que estuvo secándose junto a la hoguera.

Hubo entonces rebumbio de tambores y quejas de aulós. La ceremonia comenzó con un desfile lento en el que sacaron del interior de la cueva una imagen de dos codos de altura, hecha en basalto: Enodia o Hécate con sus tres cabezas de perra. La situaron junto al altar, encarando los tres caminos de la encrucijada.

La víctima, una pequeña cordera negra, venía al final del cortejo.

Al verla, algo se estremeció en el interior de Mora, que lamentó no poder marcharse antes del sacrificio. Media luna menguante despuntaba por entre los quiebros del horizonte cuando la sacerdotisa, tras coronar a Agatón con ramas de mirto, le pidió que entregara a la diosa su exvoto. El poeta lo sacó de un morral que traía y lo puso solemnemente al pie de la imagen, cantando:

> *Acabado al final doloroso trabajo,*
> *a ti, Hécate, entrego, del camino señora,*
> *las orejas que atienden el lejano ladrido*
> *de la muerte que acecha en la noche sin pausa.*
> *Tú mi súplica escucha, mientras limpias mis manos,*
> *y da vida que alargue de tu siervo el sendero,*
> *y al camino del Hades no me llames muy pronto,*
> *por allí donde todos seguiremos tus huellas.*

Mora se acercó para confirmar que el exvoto era lo que el poema aseguraba, y vio una reproducción tallada en madera de las orejas de una liebre, como cortadas a cuchillo, semejantes a las que le faltaban al cebo que llevaba Eurípides la noche en que murió. Agatón tenía más que ver con su muerte de lo que estaba dispuesto a reconocer, fuera el que fuera el tesoro que hubiera recibido a cambio. Con esa prueba podía volver a interrogarlo tras la ceremonia y quizá averiguar con seguridad, y sin necesidad de entregarle el cuerpo para su placer, si era Sófocles quien había dado la orden.

Por su parte, el poeta coronado de mirto volcó un jarro de miel caliente sobre el altar de la diosa y arrojó un puñado de granos de cebada a la cabeza de la cordera, gritando:

—Ninfas de esta cueva, bien halladas, y tú, madre, esposa e hija, virgen intacta y ancestral anciana recién parida, Hécate, yegua de mis pesadillas: que otras muchas veces pueda ofrendar yo sacrificios de perras o corderas en tu ara, vivo y feliz, como esta noche, mientras el infortunio sacude a quienes me odian, porque me he librado del mal y he hallado lo mejor.

De haber existido algún tipo de diosa, infernal o de los cielos, habría acudido allí a escuchar su plegaria y complacerlo en lo posible: era un actor excelente.

Y Mora no podía marcharse, pero la fuerza con que la cercanía del sacrificio la fascinaba le provocaba al tiempo una enorme repugnancia.

El oferente tomó entonces un cuchillo enterrado en la mies de un cesto y cortó un mechón de lana de la testuz del animal para arrojarlo al fuego con elegancia. A continuación, de un tajo bien medido, rasgó el cuello de la víctima con la misma precisión con que el canto de las sacerdotisas rasgaba la noche. Sobre el lebrillo bailó el reguero de sangre. A Mora le temblaba de rabia el labio inferior, pero no podía moverse.

Después, Agatón le entregó a la sacerdotisa yegua el cuchillo. Ella tomó de una pata la cordera para colocarla en posición, dio un corte y de un tirón dejó la carne blanca a la vista. Le desenfundó todo el manto negro en dos largos movimientos, veloz como un caballo cuando su jinete divisa ya la meta, y a continuación le abrió con suavidad la barriga por un costado.

Agatón atrapó en sus manos el hígado y lo colocó sobre el altar. Todos pudieron ver a la luz de la hoguera las manchas blancas en las ondulaciones de su superficie, y que le faltaba un lóbulo. El poeta quedó estupefacto.

—¿Qué temes, señor? —le preguntó la sacerdotisa.

Y él:

—Madre, estoy recelando ardides de un amigo lejano, del que a veces los augurios más funestos me hablan.

—Hasta Pela no llegan las quejas del Ática.

—Pero tengo algo en Atenas... —siguió él—. ¿Es tu diosa como todas o puede hacer que no haya sucedido lo que está ya hecho?

Ahora estaba llevando su personaje, su interpretación, por un camino desconocido para Mora.

—¡Voy a abrir a continuación el cuerpo entero para que goces de su frescura! —dijo con indisimulada alegría la seguidora de Enodia.

Sin entender qué embrujo le retenía la mirada, Mora se estremeció al ver que cortaba de nuevo la barriga de la cordera, esta vez con un tajo suave que la abría hasta el pecho. Y mientras Agatón se volcaba ávido sobre las entrañas y las iba extrayendo y observando una a una antes de depositarlas sobre el altar, la sacerdotisa yegua entregó la daga a una de las hijas de Hécate, que a su vez le ofreció un hacha.

Entonces, desde el otro lado del altar, Mora se dio cuenta de que la sacerdotisa hacía un gesto de dolor al atrapar el hacha, como si la espalda le molestara, y supo quién era y lo que iba a ocurrir a continuación igual que si lo hubiera vivido en una pesadilla larga y repetida. De un salto salvó el altar cayendo al otro lado y ordenó:

—¡No!

Todo demasiado tarde. Mientras se incorporaba volviendo a tomar impulso, el extravagante Agatón, que estaba inclinado sobre la víctima, volvió la cabeza para mirarla. Empinada sobre las puntas de sus pies, alzaba el hacha la sacerdotisa yegua, que descargó el golpe en la espalda del poeta, quebrándole la columna vertebral.

El cuerpo de Agatón se agitó convulso, bello por última vez, antes de caer deshecho, ensangrentado, sumiéndose más y más en la agonía.

—¡Corre la sangre convocada por la sangre, y con avaricia se ha cobrado el crimen con un crimen! —rezó la sacerdotisa al tiempo que se arrancaba la máscara caballuna y dejaba ver su verdadero rostro: el de la bruja tracia Zbel, amante de Melitó—. Órdenes del rey Arquelao —añadió dirigiéndose a Mora—. Era él o yo. No he podido escoger, igual que él se vio obligado a azotarme. De cualquier modo, el asesinato de un poeta, sacerdote de las Musas, lleva una maldición, que ha caído sobre él y ahora caerá sobre mí. Y tu cabeza tiene precio también, aunque a ti mi amor por Melitó me impide matarte. ¡Escapa de Pela antes de que sea tarde!

22
Una vida de heteras
[Atenas, 411 AEC]

... si Eros rubio las gemelas flechas tensa de sus dones:
la una otorga feliz vida, la otra solo confusión.

EURÍPIDES, *Ifigenia en Áulide,* 549-552

—¡Melitó, Mora!, Hécate me valga, qué alegría.
Fue Aspasia misma la que les abrió la puerta, vestida como para una fiesta.
—¡Mnimi! —gritó a una de las chicas—, sustitúyeme en la entrada, así te enteras un poco más de cómo va esto.
Comparada con cualquiera de las que conocía Mora, la casa de Aspasia era un verdadero palacio, con paredes lisas y firmes recubiertas de mármol o de estuco decorado con frescos.
Cruzaron el vestíbulo tras la anfitriona tamborileando con sus botines sobre un mosaico que representaba un sugerente trío de los dioses Ares, Afrodita y Hermes enredados en una red metálica que los sostenía en vilo. Mora llevaba los pies constreñidos por el cuero, con múltiples rozaduras en los empeines, y le costaba un triunfo mantener el equilibrio sobre aquellos alzados de corcho. Aunque no había conseguido convencer a Melitó de que fueran cómodamente descal-

295

zas dando un paseo, en vez de meterse con el carro en el atasco insufrible de la Panatenaica. «Esclava, sí, pero yo no voy andando, que me canso, y menos con estas nubes», había dicho su antigua ama antes de montarse.

—Dime: ¿qué tal tu nueva vida, Melitó? —cotilleaba Aspasia.

—Querile, me llamo ahora, ¡por favor!

—Ayayay, Queril-l-le, como un cochinillo listo para el sacrificio. —Se frotó las manos la anfitriona.

—Esta mañana me he mirado al espejo y me he dicho: por Hestia, si eres tan libre de mente, ¿por qué no habrás nacido extranjera?

—Bueno... —le dijo Aspasia—. Eso se arregla viajando un poco.

Hubo un revuelo de chicas que las seguían, con su halo de pereza. Entraron en uno de los salones que daban al patio y se fueron reclinando en los lechos.

—Sabéis la última, ¿no? —preguntó Aspasia a las visitantes—. Se ha sublevado la flota.

—Qué me estás diciendo —se agobió la nueva Querile.

—Lo que oyes —siguió la hetera—. Nadie se ha enterado por las fiestas. Pero mientras andaban todos en el teatro hubo un vuelco en el poder.

—¿Un vuelco? ¡Robo! Se han hecho con el mando y el Consejo sin consultar a la Asamblea —matizó la flautista Afrodisia, que se había soltado los broches de los hombros del peplo y estaba aplicándose un perfume espeso de mirra por el pecho—. Han asesinado a los principales cabecillas demócratas. Y nadie se atreve a protestar.

Decididamente aquella muchacha abusaba del perfume, que enseguida empezó a aplicarse también por las piernas. En la calle cualquiera podía advertir de lejos su llegada sin mirarla.

—A escondidas, así trabajan —se lamentó Afrodisia—: Se llaman los Cuatrocientos a sí mismos. Venga ya: se pueden contar con los dedos de las manos, y son la misma panda de oligarcas «escogidos» de siempre.

—Pero ¿quiénes?

—Los jefes de las hermandades... —apuntó Kibaba, el eunuco frigio, entrando por la puerta—. Iban varios hace un rato por la calle de celebración, borrachos como tinajas a estas horas de la tarde.

—¿Y qué más quieren? Si al final ellos mismos gobernaban —se rio Mora, que nunca conseguía interesarse por los problemas de la polis.

—Ya, pero se les estaba yendo de las manos —le explicó Afrodisia—. Después del desastre de la flota en Sicilia y la toma de Decelia por los espartanos que nos cortó el suministro...

—El grano está a un precio que lo mejor es robarlo espada en mano... —constató Kibaba.

—Y si añadimos el levantamiento de esclavos en las minas de Laurión, pues ya se habían echado a temblar —siguió Afrodisia—. La gente no aguanta más. Les decían las verdades a la cara, por la calle. Más de uno se ha encontrado la casa ardiendo al volver de noche.

—Por burlarse del hambre —razonó Aspasia.

—Ay, Hestia de mi corazón —exclamó Querile, antes llamada Melitó.

—Pero la flota ha dicho no. Menudos son los remeros. Allí está mi Doroteo. Me ha venido a ver esta mañana su cuñado Hecatón, que perdió una pierna y lo trajeron de vuelta. Está hecho un guiñapo. Dice que van a por todas, y lloraba de pensar que no podía ayudarlos...

—Cálmate, Afrodisia, que te va a dar algo —le pidió Aspasia.

—Me he puesto tan contenta que le he hecho las doce posturas gratis.

—El que estará contento es él —reflexionó Kibaba.

—Dice que la flota ha reclamado a Alcibíades, no sé si creérmelo...

—Alcibíades otra vez —se preocupó Aspasia—. El traidor que aconseja a Esparta. Lo crie a mis pechos y lo temo más que a un tornado.

—Ese me suena —dijo Mora—. Hablan de él las mujeres en casa. Uno muy guapo llamado a ser el sucesor de Pericles, ¿verdad?

—De momento, no tan llamado —matizó Aspasia—. Está desterrado, por la derrota de la flota en Siracusa. Se pasó a Esparta, para ver si recobraba su poder a sangre y fuego, pero de allí lo desterraron también por hacerle un hijo a la esposa de uno de los dos reyes. Ahora está de amante de no sé qué sátrapa persa. Verás como lo echan también de Persia.

—Obolé, Filis, Vany... —interrumpió Mnimi desde la puerta—. Os llaman.

—¿Las tres juntas? —dijo con ilusión una que tenía encima un gato persa.

—¡Ay!, ni se me ha ocurrido preguntarlo, Vany —dijo Mnimi azorada.

—No pasa nada, estás empezando, hija mía —la tranquilizó Aspasia.

—Tú intenta sacarles en la puerta el servicio que andan buscando, y así es más fácil manejarlos —le explicaba Afrodisia.

—Si queréis los paso al mismo salón, no creo que nadie proteste...

—Vale, y os cuento aquí una cosa antes de ir... —le contestó Vany.

—Pues a lo que iba: Alcibíades era muy buen chico —retomó Aspasia—, pero le pusieron de maestro a Sócrates, que se enamoró de él y, como era tan impresionable, le llenó la cabeza de pájaros... ¡Mira que convencerlo de que lo fundamental en la vida es la castidad! —resumió.

—¿La castidad? —preguntó Mora abriendo los ojos de par en par.

—Sí, hija, sí —le explicó Aspasia—. Aquí a cada niño le adjudican un sabio maestro que lo enseña a matar la intuición deteniéndose a razonar cada movimiento que da, primero, y a controlar su cuerpo, después.

Como Mora no acababa de entender esas relaciones hubo que explicarle despacio los mimbres de la pederastia, de la que tanto había oído hablar.

—Solo los de buena familia, ¿eh? Establecen con los pobres niños una relación apasionada a la que llaman amor —le aclaró Afrodisia—, para librarse y librarlos de nuestra «perversa» influencia.

—Idealizan la belleza de los niños como si fuera sobrenatural y atienden a sus caprichos más idiotas —se quejaba Melitó—. Enferman de amor.

—Es decir, como al final también con los niños se descontrolan y se convierten en sus esclavos, han puesto de moda la castidad —siguió Aspasia—, y Sócrates lleva la voz cantante: lo mejor es contenerse. Desde su punto de vista, pasar la noche con un niño en el lecho sin llegar a tocarle, por tonto que se ponga, te prepara para luego no dejarte engañar por nosotras.

—La castidad y la inmortalidad —dijo Melitó— se han convertido en las dos obsesiones de los atenienses. Van a acabar con vuestro negocio.

—Y con nuestro ocio —añadió Kibaba.

—Y ahora, de mayor, con el lío de la castidad en la cabeza —retomó Aspasia—, Alcibíades se ha vuelto todo lo contrario: incontinente.

—Las cosas siempre caen por donde más pesan —razonó Afrodisia.

—El caso es que no rige. Ya verás como se las apaña para volver y ponerse al frente de la ciudad por aclamación.

—Os lo cuento deprisa que nos tenemos que ir ya —dijo Vany poniéndose en pie mientras Obolé le anudaba el moño—. Anoche estuve con uno que lleva todo lo de Alcibíades en Atenas.

—¡Noticias frescas! —se emocionaba Aspasia.

—Resumido: dice que de momento no vuelve ni loco. Justo acaba de lograr una alianza del sátrapa lidio con Esparta, y el perdón del rey cornudo. Así que le lleva el oro lidio a Esparta, en vez de traerlo aquí. ¡Me voy corriendo!

—Pues los espartanos y los persas, aliados, nos van a hacer la séptima postura —cabeceó Melitó.

—No van a dejar ni las migas —convino Kibaba.

—De una manera u otra Alcibíades volverá a hacerse con el poder. Y si no será otro peor.

—Lo que yo te digo —comentó Afrodisia cerrando el tarro de perfume—: siempre acaba de guía de las hermandades el menos indicado. Y son los guías los que destruyen la ciudad. Cuando uno de esos machos ensimismados se hace con el apoyo de la mayoría hay que echarse a temblar. Nos la clavan por cualquiera de las tres vías: tiranía, oligarquía o democracia, saltando de una a otra a conveniencia.

—Siempre que caigan ellos arriba —confirmó Melitó.

—¡Disolución inmediata de las hermandades! —secundó Obolé desde la puerta—: ¡Abajo el Consejo! ¡Toda decisión directa de los votos de la Asamblea!

—¡Mueran los guías y sus hermandades! —gritó Kibaba.

—Ya estamos: muerte, no, Kibaba. Basta con que los castren —lo reprendió Aspasia.

—¡Qué dices! ¿Premiarlos, encima? —protestó el eunuco persa.

—¡Y voto para las mujeres —añadió Afrodisia—, por el bien común y por el reparto!

—¡Todas a la Asamblea!, ¡por el reparto! —gritó Kibaba.

—Pero bueno, niñas, ¿qué habéis bebido, si puede saberse? —se reía Aspasia.

—Ninnía, tienes trabajo: el baile del frigio, arriba, en el salón —interrumpió Mnimi dibujando su figura estilizada en el vano y dirigiéndose a una que andaba tocando la lira desde que había entrado.

—Ya empezamos —protestó la tal Ninnía—. ¿Quién es el pesado?

—Un tal Hipias de Élide, me ha dicho, muy altivo —respondió Mnimi—. Y no para de hablar. Me ha enseñado su manto, su diadema, sus ajorcas... Dice que solo come de su huerto y que lo que lleva puesto se lo hace él, hasta los anillos.

—Para mí es el único sabio de Atenas: no pisa el mercado —dijo Aspasia.

—Pues sube tú, si quieres —le ofreció Ninnía—. La última vez pretendía recitarme la *Teogonía* pero al revés, para asombrarme con su memoria.

—Ha venido también el poeta que mandaste a llamar, Aspasia —añadió Mnimi—. ¿Adónde lo llevo?

—¡Ah! Dile que pase aquí.

—Pero ¿para qué queremos un poeta ahora? —preguntó Kibaba.

—¡Qué emoción! —exclamó Melitó.

Mnimi se marchó a la carrera, porque sonaban de nuevo impacientes aldabonazos.

—¿Qué es eso del baile del frigio? —preguntó Mora.

—Se ha puesto de moda. Aunque solo fuera por enseñárnoslo bien te tendrías que instalar con nosotras, Mora —resopló Kibaba.

—¡Sí, por favor! —secundó Afrodisia—, y tienes que explicarnos también cómo hacer bolsas higiénicas con tripa de ternera, que con las de lino te quedas aún más preñada que sin ellas.

—Por no hablar del mal persa —se lamentó Ninnía saliendo, lira en mano.

—El mal griego, querrás decir —protestó Kibaba.

—Oye —le preguntó Melitó a Aspasia—, ¿y qué le ha pasado a la hija de Obolé para que la echen de la verdulería? Me enteré ayer.

—Nada, que el otro, el pequeño, se ha hecho banquero. La sombra del oprobio se cierne sobre la familia.

—Pero cómo ha podido caer tan bajo —se asustó Melitó.

—¿Y yo qué sé? —se preguntaba también Aspasia—. Obolé les ha dado siempre ejemplo de esfuerzo y trabajo, y los ha educado a los dos con mil sacrificios. Le pusimos el mote —le aclaró a Mora— por lo poco que cobraba cuando empezó: un óbolo, un revolcón.

—Le vendrá del padre —resolvió Afrodisia—. Gajes del oficio: nunca sabes de dónde sale cada criatura.

—Te advierto que cuando el padre es el mismo pasa igual —apuntó Melitó—. Cada uno a lo suyo.

—Nunca son del mismo padre —desmintió Afrodisia—. No puedes volver a follarte a un hombre, todo fluye. Hasta tú ya eres entonces varios revolcones más vieja...

—Yo le he dicho a la niña que se venga a practicar honradamente las doce posturas, como su madre —dijo Aspasia sin reírle la cita.

—Si hay algo peor que trabajar, eso es robar —concluyó Kibaba.

—¡Bienvenido, Kínezos el Joven! —saludó Aspasia al hombre que entraba.

Mora reconoció con agrado al aedo vendedor de sueños al que habían roto la mejilla de un cabezazo en la taberna del Hipocampo. La cicatriz le daba el aire épico de los héroes de sus cantos. Kínezos también la vio a ella, nada más entrar, y le lanzó una sonrisa desprovista de rencor.

—Siéntate con nosotras —dijo Aspasia haciéndole un hueco en el lecho entre Melitó y ella—. ¿Has traído el material?

Por toda respuesta, Kínezos sacó de un bolsón que llevaba al hombro una tablilla de plomo y un estilo.

—¿No será lo que me estoy temiendo? —dijo Kibaba.

—A ver, ¿cómo se llama el afortunado? —preguntó el poeta.

—¡Sófocles! —gritaron al tiempo Melitó y Aspasia.

—¡Ah! ¡Un verdadero maestro! —exclamó Kínezos, y se puso a escribir con el estilo sobre la tablilla, Mora no sabía muy bien para qué.

—Pide que un demon le devore sus partes sin dejar rastro —dijo Melitó, soñadora.

—¡Qué manía! —protestó Kibaba—. De eso nada: ¿no ves que es la mejor vía para que alcance los orgasmos extremos exclusivos de la mujer?

—No había caído —reflexionó Melitó.

—Qué tontos son los mitos de machos —protestó Afrodisia.

—A mí me lo vas a decir —rezongó Kibaba—, que he paseado por las tres orillas del río del sexo, como el adivino Tiresias.

—Las dos orillas, será —le corrigió Melitó.

—No sabes nada, Melitó. El amor está lleno de orillas —aclaró él.

—Pon que le dé un síncope y se quede frío como un nevero ya mismo —propuso Aspasia—. Lo importante es librarse de él por la vía rápida.

—¡No! —se revolvió Melitó—. Antes quiero que sufra de verdad.

—Primero hay que ver a quién vais a invocar para el conjuro —pidió Kínezos el Joven.

—¡Hécate! —gritaron todas a una.

—Esa no falla —reconoció el poeta.

Les costó mucho acordar el tipo de muerte, hasta que a Afrodisia se le ocurrió uno que complacía a todas: ahogado. Luego estuvieron allí devanando distintas variantes de sufrimiento para colocárselos al trágico vencedor de las últimas Dionisias, y cuando Kínezos dijo que ya no cabía ni un mal más en la tablilla, la enrolló y la atravesó con un clavo que traía en su hatillo, a golpes de un martillo bendecido, decía, por el dios Hermes.

—¿Quién se la lleva?

—¡Yo! —pidió Melitó—. La voy a poner en la tumba de mi pobre Caris para que me ayude y la cosa no se eternice.

—Tienes que volver otro día para hacerme a mí otro encarguito —le pidió a su vez Afrodisia.

—Siempre que sea antes de tres días —le advirtió Kínezos—. Vuelvo a mi tierra, Quíos, de camino a Persépolis.

—¡Persépolis! —se sorprendió la hetera—. ¿Y qué se te ha perdido a ti en Persia?

—Buena pregunta. Pero ya no quedan tiranos en Grecia que paguen bien a los poetas, y cantarle a la democracia es complicado: la Asamblea condena mañana lo que ayer premió. Dicen que el rey Darío es generoso con quienes cantan sus hazañas, y su hermana y esposa más.

—Oye, Aspasia —interrumpió Mnimi por enésima vez—, hay un viejo desnudo en el vestíbulo que quiere verte.

—¿Desnudo con la lluvia? ¡Qué ínfulas!

—No sé, me parece que no rige del todo... Habla como declamando, y está muerto de frío. No me he atrevido a darle un manto —se disculpó Mnimi—, a ver si va a ser un robacapas y sale corriendo...

Se oyó que gritaban fuera, muy cerca, con voz de pito.

¡Ayay! ¡Ayay! ¡Ay, triste de mí!...

—¡Mi madre, que viene! —se asustó Mnimi dándose la vuelta.

... ¿A qué lugar me arrastro, infeliz?
¿Adónde irá mi voz extirpada?
¡Eh, eh, destino!, ¿adónde te has ido?

Y lanzó un gran estornudo.

—Pero..., pero..., ¡Sófocles! —exclamó Aspasia aterrada.

Todos se quedaron de mármol al ver entrar al anciano al que estaban maldiciendo.

—¿Cómo me vienes así? —dijo la anfitriona intentando sobreponerse—. Toma —añadió quitándose la túnica para que se abrigara.

—Gracias, hija. Ya no hay... ir-r-respeto por la vejez! —dijo el otro levantando el índice admonitoriamente.

—Vaya tajada lleva —comentó Afrodisia.

—Como que estaba en la celebración del golpe de los Cuatrocientos —explicó Kibaba—. Lo he visto cuando me los he cruzado.

—Por Zeus —exclamó Sófocles—, ¿no parezco un... un ff-frigio con esto tan corto? Dame algo más dd-dórico, te lo ruego, ¡la app-pariencia de un sacerdote lo es tt-todo!

—Pero ¿dónde te has dejado la ropa? —le preguntó Aspasia, ya más repuesta.

—¿Eh? Ha sido uno de esos ss-sucios holgazanes. Me lio para que me desnudara yo pp-primero y luego ivv-voló con la túnica!

—¿En la calle, lloviendo?

—En un hueco de la muralla que yy-yo me sé... —Volvió a levantar el índice.

—Bueno, ¿no te tengo dicho que vengas a mi casa a buscar niños y no te juntes con el primero que...? ¡Ah!

Sófocles se había derrumbado dándose un cabezazo contra el suelo.

Afrodisia se volcó sobre él.

—¡Está frío como un nevero!

—Madre mía, sí que son efectivas estas tablillas —dijo Melitó.

—Aquí que no se nos quede, por Hécate, que el gobernador me monta una de cuidado —se lamentaba Aspasia—. ¿Respira?

—Sí parece.

Entre todas lo alzaron en volandas para llevárselo al hogar a ver si entraba en calor. Quedaron allí solo Kínezos y Mora, que se levantó y fue a sentarse junto a él. Le acarició la cicatriz.

—No fue nada, en realidad...

Los dedos se le posaron sobre los labios obligándole a callar.

Cuando Eurípides entró en su cuarto, hacía rato que Mora había acabado de escribir en él la traducción al griego del «Poema del agua».

—¿Qué podría ofrecerte a cambio de un tesoro así? —dijo Eurípides al recibirlo.

—No está permitido aceptar recompensa por un poema. Y hay otro que me gustaría regalarte.

—¿Otro poema de Tartesos?
—Tartesos no es más que el nombre griego de un cuento griego. Mi tierra se llamaba así: Gar, 'Tierra'. Y el poema no es solo de allí. Se lo oí en otro idioma a un poeta sardo. Es también un periplo, pero hacia el interior de quien canta. La historia de un caballero que está abrevando su caballo en el río y ve una barca llegar con un hombre cantando...
—Sí —dijo Eurípides—. Lo conozco. Es una breve y muy hermosa canción de Simónides. —Y cantó:

... las aves sin cuento volaban también
su testa buscando, y ascienden los peces
del agua profunda, a la bella canción...

—Ese. Y con esa melodía lo cantaba el sardo. Pero no es breve —dijo ella—. El poema que puedo cantar yo tiene más de dos mil versos.

Eurípides tomó aire. Estuvo desconcertado un tiempo, mirándola, sin saber qué decir.

—Quédate en esta casa —dijo al fin—. Me gustaría... Necesito que escribas para mí todos los poemas que tienes en la cabeza.

—Lo sé. Necesitas esclavas que escriban.

Esta vez sí que lo dejó sin palabras.

—Me han hecho un hueco en un barco que sale del Pireo en tres días. Me voy a Persépolis —añadió ella.

Disfrutaba viendo los esfuerzos del poeta para esconder su decepción. Cada vez estaba más viejo.

—¿Has conocido a otro marinero que ha cantado para ti desde su barco? —preguntó él entonces, con una sonrisa que no acababa de helarse.

—El poeta Kínezos el Joven —respondió.

—Me alegra de verdad —dijo Eurípides dándose la vuelta, desenrollando el papiro que le había entregado para echarle un vistazo y caminando hacia la puerta—, y te deseo muy buen viaje.

Soltó el volumen dejándolo cerrarse, se detuvo en la puerta y se volvió a mirarla. Se había rehecho rápido.

—¿Crees que tras la iniciación a los misterios de Eleusis voy a convertirme en otro creyente camino de la eternidad, como Sócrates? —dijo cambiando de conversación, quizá para siempre—. Se acabarían todos los problemas. Tú tienes experiencia en viajes místicos, ¿no? ¿Se puede participar en esos ritos sin volverse idiota?

Mora rio, aunque era tristeza lo que empezaba a sentir. Nunca le había oído hablar tanto y tan seguido. Y eso le impedía disfrutar de su desquite.

—Mi madre decía que un hombre alimenta a su dios igual que una niña alimenta a su muñeco —le respondió—. Los dos fingen, pero la niña afirma y aprende a vivir, mientras que el hombre niega y quiere olvidar la muerte.

Le explicó que en su tierra las mujeres se hacían pasar por sacerdotisas de una diosa ancestral capaz de aniquilar a quien pretendiera dañarlas, aunque al final siempre llega el día en que esos hombres pierden el miedo. La historia de Eleusis no debía ser muy distinta.

—Después de hacerse con el poder, pero atemorizados por su agresión sin salir del engaño, los nuevos amos reproducen para aplacar a la diosa su Músika, los poemas y bailes que cuentan el mundo, la sabiduría que conservaban aquellas mujeres, como si fueran memoria de sucesos reales vividos por dioses reales. El miedo a la muerte transforma la Músika en una gran mentira sagrada.

—Teatro que los espectadores convierten en realidad —se rio Eurípides.

—Como los que apedrearon a Hegéloco.

—Si no fuera trágico resultaría gracioso —se lamentó el poeta antes de salir, olvidado quizá de su otro desasosiego—. Y es así: esa ficción de la eternidad que da Eleusis quiere negar la muerte, pero solo sirve para destruir la vida. Es una plaga que se va a comer el mundo.

23
La sibila
[De Fufluna a Cumas, 421-412 AEC]

... el monte Zosterio, en donde la virgen,
sibila, siniestra morada posee,
de fosa grutesca encubierta la entrada.

LICOFRÓN, *Alejandra*, 1278-1280

Cuando Kúkuro acabó de contarle la historia de Tarquinio el Soberbio y la sibila, Mora estaba alicaída.

—Me horroriza que los primeros libros estuvieran ya rebajados a la condición de mercancía.

—Ni una sola cosa por la que nadie pueda llegar a tener interés está libre de convertirse en mercancía: las piedras blancas, el asombro, los sueños, una canción, la ira... La sibila sabe eso. Vivir en una cueva no impide desconocer el mundo.

—Sigue siendo desolador.

—Quizá —intervino Zanusa, que había llegado hacía un rato a escuchar en silencio el final del relato de Kúkuro—. Pero con su venta de los *Libros fatales* a Tarquinio la sibila demostró para siempre que el dinero y el mercado son una falacia. Y que Tarquinio mismo caminaba hacia la ruina.

—Hay distintas versiones del final de Tarquinio y solo una verdad en la que coinciden —le explicó Kúkuro—: no pudo resistirse a mirar los libros, y padeció punto por punto todo lo que le auguraban a él y a su hijo, Sexto Tarquinio. Te ahorro sus aventuras. Finalmente fue destronado y expulsado de Roma, y pidió refugio en Cumas, en donde buscaba con ansiedad los consejos de la sibila, que no supo entender jamás.

—Lo verdaderamente preocupante es dónde estarán esos libros ahora —comentó con gesto de impotencia Mora.

—Ahora se guardan en un templo, en el corazón de Roma —le respondió Kúkuro.

—Un arma terrible para ese pueblo —reconoció Zanusa—: la estúpida seguridad de tener el futuro escrito en las manos. Basta leer para decidir.

—No hay cuidado —la tranquilizaba el sardo—. Los romanos son unos salvajes cabezahuecas. Nunca llegarán a entender el sentido de las predicciones de la sibila. Mira Tarquinio mismo, que era etrusco, en qué quedó cuando se puso al frente de ellos.

La nave viraba en ese momento.

—En un rato atracaremos en el puerto de Cumas —explicó Zanusa—. No es una ciudad que tenga demasiado aprecio a los etruscos. Vamos a parar solo a dejarte, y seguimos viaje.

De pronto, Mora fue consciente de que se separaban.

—Voy contigo a Sicilia —dijo entonces.

Pero la reacción de la pirata no fue la que esperaba:

—Esta vez no puedes venir.

Le confesó que en realidad su destino era Akra Leuké, la Peña Blanca en la que aún gobernaba el padre del traficante de mujeres Bite.

—Voy a acabar lo que empecé. Pero te prometo que volveré a buscarte.

—¿Otra vez venganza? ¿Desde cuándo has asumido así la ley de los hombres?

—Es la última vez. Volveré a buscar contigo otra forma de vida.

—De cualquier modo volverás siendo alguien peor. ¿Y si mueres?

—Toma —añadió Zanusa entregándole un león lidio—. Guardé el último. Quédatelo tú y espérame. Que nos sirva siempre de memoria de nuestro primer y último botín conjunto, y de nuestro invierno más feliz.

Al ver llorando el barco alejarse, Mora se juró que no volvería a llorar por amor. Entró en la primera taberna que encontró y entregó a la tabernera una gorgona etrusca de plata. Era todo el dinero que tenía además del león lidio, que había guardado en el intersticio de la mejilla y el arco molar inferior, como hacen las matronas cuando van a la compra.

Estuvo bebiendo varios días, sin apenas comer. Cuando cerraban se iba a dormir a la playa.

Una mañana la tabernera le sirvió un gran cuenco de vino.

—A este vino invita la casa —dijo—. Tu dinero se acabó con el anterior. Creo que debes agradecer que sea el dinero y no tú lo que se ha acabado.

Todo tiene un final, pensó Mora, contenta de que hubiera en el cuenco vino suficiente para emborracharse una vez más. Pasó la mañana tomándose el cuenco, despacio.

—Hay por aquí una profetisa que vive en una cueva, ¿verdad? —consiguió preguntar a la tabernera antes de irse a dormir la mona.

A la mañana siguiente llegó a la cueva de la sibila, a unos doce estadios de la ciudad, poco después del amanecer. Había dormido toda la tarde y casi toda la noche, y ahora tenía un hambre canina. Plantada en la boca de la cueva, apoyada en un bastón, una mujer anciana contemplaba su ascensión sin moverse. Una vieja madrugadora, pensó. Era calva, aunque alguna pelusa blanca surgía descuidadamente por su cráneo, aquí y allá.

—Hola. Vengo en busca de la sibila. Me llamo Mora.

—Yo soy Maris —dijo ella sonriendo.

Le faltaban varios dientes pero tenía tres como de oro. No llevaba ningún tipo de perfume, y desprendía un desagradable olor a estofado rancio.

—Me envía mi madre, Namu.

—Ah —dijo Maris. Y se quedó mirándola.

—¿Puedo verla?

—¿A quién?

—A la sibila.

—Claro —dijo. Y seguía mirándola con aquel gesto, una sonrisa plácida.

—¿Dónde está?

—Espera un momento —dijo, y se dio la vuelta al fin para entrar a la cueva.

Caminaba muy despacio, así que Mora se dispuso a esperar. Junto a la boca de la cueva había una inmensa palmera centenaria, de tronco tan grueso que ni en corro con sus dos hermanas habría podido abrazarlo. Mora se sentó en un banco de piedra que había al pie de la palmera. Ni la vieja volvía ni salió nadie más.

De tanto dormir se le había quedado la inercia. Cuando despertó, la vieja estaba confortablemente sentada a su lado. De vez en cuando, chascaba la lengua, arrobada.

—Perdón. Me he dormido —le dijo.

—Sí —le contestó con suavidad—. No tienes que pedir perdón por eso.

Aquella vieja transmitía paz.

—Bueno. Entonces, ¿puedo ver a la sibila?
—Claro.
—¿Dónde está?
—¿Quién? —preguntó la vieja. Y se quedó mirándola. Pensó que a aquella mujer le fallaban el entendimiento y la memoria. ¿Qué edad podría tener? La piel arrugadísima le recubría los huesos de la cara, muy pegada a ellos, excepto en los mofletes algo carnosos. Y la nariz, que no había dejado de crecer en todos los años de su vida, y los ojos, muy grandes también, le daban un aspecto como de cigarra, reforzado cada vez que se frotaba las manos.
—Soy Mora... —intentó explicarle de nuevo.
—Ya lo sé —dijo ella—. Yo soy Maris.
—Me envía mi madre, Namu.
—Sí.
En ese momento a Mora le sonaron horriblemente las tripas. La vieja rio a gusto.
—Qué hambre tienes —dijo.
—Me gustaría ver a la sibila.
—Claro —dijo la vieja.
Entonces una lágrima se le deslizó a la vieja desde la comisura del párpado, por el costado de la gran nariz, y luego trepó a la punta ganchuda, desde donde cayó sustituida por otra, y otra más.
—¿Estás llorando? —le preguntó Mora.
—Sí —dijo.
—¿Por qué?
—De alegría —dijo.
—¿Qué ocurre?
—Ha venido Mora, la hija de Namu —dijo cabeceando, como si no pudiera creerlo—. Justo a tiempo.
—Ah —dijo Mora.
Ella también se estaba emocionando.

—Y trae consigo el espíritu de sus hermanas muertas Anula y Aira —siguió la vieja—. Y el de su madre muerta, sacrificada, Namu. De mi pequeña y querida nieta Namu.

Entonces se dio cuenta del tatuaje que la vieja llevaba en la muñeca. El uróboros, la serpiente que se muerde la cola. El mismo que tenían grabado ella y todas las sacerdotisas de la pequeña comunidad en la que había nacido.

Mora no sabía si abrazarla o recostarse en su regazo. Su cuerpo eligió lo segundo. La vieja le acarició con manos ligeras la cabeza. Ella era la pequeña, al fin y al cabo. Necesitaba con más fuerza el consuelo.

Estuvieron las dos allí, un buen rato, unidas al pie de la palmera.

En el santuario había una veintena de sacerdotisas, tres de ellas bastante mayores y el resto jóvenes, aunque impregnadas también de la contagiosa voladura mental de la sibila Maris. Estuvo casi una luna descansando en el interior de la cueva, sufriendo la abstinencia de vino, pese a que en el santuario había bastante. Temía que muy pronto tendría que tomar decisiones trascendentes. Hasta que un día la sibila entró en la estancia de la gruta que le habían adjudicado enarbolando una tea.

—Ya sé que no te has recuperado todavía, pero tenemos un poco de prisa. Ven conmigo —le dijo con un brío nuevo que jamás hubiera podido imaginar en una mujer de su edad.

Y sin más se dio la vuelta y echó a andar por la gruta. Mora se levantó y la siguió confundida. Caminaba con pasos cortos y rápidos, muy distintos de los del primer día. Salieron de la cueva. Era de día. Y entonces la sibila se detuvo, con la tea encendida, mirando a uno y otro lado.

—¿Adónde iba? —preguntó.

Mora no tenía ni idea.

—Estamos fuera de la cueva —dijo la sibila, como repasando sus actos.

—Sí —confirmó Mora.

—¡Ah, no!, ¡qué tonta! —exclamó, y volvió a entrar.

La siguió preocupada. La cueva no parecía pequeña, y para ella era absolutamente desconocida. Maris se adentró por galerías en las que abundaban las encrucijadas. Con lo despistada que parecía, escogía sin pensarlo el camino cada vez que los túneles se bifurcaban o trifurcaban, y eso no dejaba de provocarle a Mora una enorme inquietud.

Caminaron y caminaron y caminaron. Más de lo que una vieja de setecientos años o así puede soportar, incluso más de lo que la joven Mora podía soportar, caminaron por aquel lugar tenebroso, con frecuentes cambios de nivel y cada vez en un ambiente más caluroso. Cuando Mora se encontraba ya abrumada por el cansancio y el murmullo constante del interior de la tierra, que a veces se convertía en rugido, el camino entró en un continuado ascenso y eso la llenó de esperanza. Una luz lejana y creciente acabó sobreponiéndose a la de la antorcha de la sibila.

Salieron por fin a la superficie.

Atardecía en un paisaje infernal, una gran llanura, yerma y abrupta, plagada de montículos y fisuras, lomas y cañadas, fumarolas y solfataras que lanzaban vapores al aire, llenándolo de un lento olor a azufre. La luna llena se había asomado a contemplar el espectáculo antes de que anocheciera, y una bandada de vencejos chillaba y maniobraba retorciendo al unísono la figura de su demon inmenso, cambiante y traslúcido. La sibila se detuvo apenas a sofocar la llama de su tea incrustándola en el hueco de una roca, y echó a andar de nuevo, antes de que Mora tuviera tiempo de tomar resuello.

La muchacha protestó.

—Lo siento, querida —dijo la vieja sin detenerse—. Has tardado mucho en llegar, así que no hay tiempo que perder.

Había lagos de barro ardiente y fuentes de humo y arroyos termales sinuosos por entre los montículos de tierra cenicienta, teñida de tonos sucios y amarillentos. Ajena al espectáculo, la sibila la guiaba en la penumbra del atardecer hacia no se sabía dónde, relucientes las dos bajo la luna agotada.

Ascendieron por la pendiente suave de un montículo, y una vez arriba la sibila se sentó en una especie de trono natural que las peñas habían formado para ella en un extremo. Al lado había otro más pequeño. Mora lo ocupó deprisa, antes de que la anciana cambiara de opinión y volviera a ponerse a trotar sin destino.

—Bueno —dijo la vieja—. Ya hemos llegado.

Desde allí se dominaba aquel paisaje salpicado de calderas volcánicas, efusiones gaseosas y llamaradas repentinas. A un costado, un lago azul aún brillante formaba un círculo perfecto.

—Eres mucho más joven de lo conveniente —le reprochó la vieja—. ¿Se puede saber por qué mi hija no vino nunca a sustituirme?

No sabía bien quién era la hija de la sibila, y se lo dijo.

—¿No conociste a tu abuela? Se llamaba Lisa. La madre de Namu.

—Lisa. ¡Claro!

—¿Y por qué no vino a relevarme?

—Creo que se enamoró ya mayor de un joven viajero libio, y abandonó la cueva sin avisar a nadie.

—¡Lisa, Lisa! ¡Vaya! Siempre fue un desastre. ¿Tú has visto que cumpliera sus obligaciones alguna vez? ¡Nunca! ¿Y Namu? ¿Puede saberse por qué Namu...? —entonces cerró los ojos, renunciando a averiguar nada más—. En fin. Namu ha muerto, y tus hermanas también, así que la heredera eres tú. No nos queda otro remedio. ¿Has recibido la educación correcta?

Mora se sonrojó.

—No. Yo también he sido un desastre, como la abuela —confesó al fin.

La anciana meneó la cabeza disgustada.

—De cualquier modo, eso no importa. La herencia es para ti.

Mora elucubró sobre el carácter de la herencia. Ojalá fuera un pendiente. Se había hartado de uno de los cinco que llevaba repartidos en las orejas, el único que no le había regalado Zanusa Tursikina.

—La ceremonia es muy sencilla. Yo digo unas palabras antiguas, no creo que entiendas nada, pero vienen a contar que la diosa Madre nos ha traído aquí con su luz y tal y cual. Luego te nombro sibila. Y tú aceptas con otras palabras fáciles de recordar que...

—¿Cómo que me nombras sibila? —dijo Mora sonriendo.

—Te nombro sibila.

—No me puedes nombrar sibila. Yo no soy sibila.

Qué gracia tenía la vieja.

—Todavía no. ¡Vamos allá!

Aquello se estaba poniendo difícil.

—Espera, Maris. ¿Para qué queremos otra sibila? Tú eres la sibila, ya basta.

—Pero es que me estoy muriendo.

¿Cómo?

—De eso nada: ¡te he visto venir corriendo delante de mí! Y créeme que ha sido muy difícil seguirte.

—Ya. Es una vitalidad engañosa. Me he tomado uno de mis mejunjes —dijo con una risilla.

Mora empezó a agobiarse de verdad. ¿Qué quería aquella anciana volada? Le habló con firmeza de su educación incompleta e ineficiente. No sabía ya ninguno de los poemas que se había aprendido en su momento. No sabía bailar tampoco, se le quedaban los pies paralizados. No sabía cómo se comporta una sibila. No sabía nada.

—Eso son tonterías. Y en realidad yo tampoco sabía ni sé ser sibila. Ni nadie. Pero a tu edad ya has conocido todo lo que hay que conocer. Otra cosa es que no sepas que lo sabes.

—¡No! —protestó, empezando a enfadarse—. Yo soy casi una niña, y tú has vivido un montón de años, ¡tantos como granos de arena caben en un puño de la mano! Además, no quiero llevar dientes de oro.

—¡Ah, ja, ja, ja!

La carcajada de la sibila fue sincera y hasta habría resultado divertida para Mora si no estuviesen perdidas en aquel paraje inhóspito.

—No te creas todo lo que te dicen —continuó la vieja—. ¿Cuántos años me echas, jovencita? ¡Solo tengo ciento y pico o así! ¿De verdad creías que...? Ja, ja, ja. En cuanto a la abrazadera de oro para los dientes, no va con el cargo. Mira: los dientes no son de oro, son dientes de buey esculpidos. ¿Lo ves? —preguntó mostrándole presumida los restos de su boca—. Y el médico etrusco que me la puso murió hace tiempo. Ya nadie hace cosas así.

Mora se quedó bastante chafada por haber demostrado tan a las claras su candidez. La sibila le explicó que Amaltea, la primera sibila, le había pasado el título a su hija Demófila y esta a Herófila y, luego, rompiendo la línea matriarcal, pasó a las llamadas pérsicas, que en realidad eran hebreas. Y luego una ristra de nombres hasta llegar a Deífoba, la cual, por fin, le pasó el título a Maris.

—Lo que sucede es que las profecías les parecen más eficaces a los hombres si las hace una vieja, cuanto más vieja mejor. Así que tú vas a tener que simular que lo eres, como hicimos las demás al principio. Está todo muy bien preparado en la cueva, no te preocupes... Las chicas conocen a la perfección cómo funcionan las cosas.

—Pues es igual —concluyó Mora enfurruñándose—. De cualquier forma, no quiero ser sibila.

—No pasa nada, no te preocupes. Para ser sibila no hace falta quererlo.

—Ya: pero mi abuela no quiso serlo, ¡y no lo fue! Yo debo de ser como ella: no sirvo. ¿Qué voy a hacer aquí?

—Bueno: es un trabajo sencillo. Cantar poemas y bailarlos, tocando la cítara y el resto de los instrumentos, hacer profecías para los que pasen, y también, lamentablemente, para reyes y militares, eso sí es una verdadera matraca.

—Estoy enamorada —decidió confesarse al fin—. De una pirata etrusca. Viene a buscarme dentro de una luna o dos, como mucho, para retirarse e irse conmigo a vivir a Fufluna.

Entonces Maris agachó la cabeza.

—¿He dicho algo malo? —preguntó Mora.

—Querida, mira en el fondo de tu corazón y pregunta por Zanusa.

Ese consejo la hirió de gravedad. ¿Cómo sabía su nombre Maris?

—¿Ha muerto?

La sibila no levantó la cabeza. Mora se dio cuenta con pavor de que ya había llorado la muerte de Zanusa, y se había emborrachado con aquella tristeza hasta conseguir remansarla. Imaginó su cuerpo caído, en el barco en llamas, empezando a arder por el pelo. Y el de Kúkuro, el poeta sardo, a su lado. Intentó llorar de nuevo, pero no pudo. La sibila, entonces, comenzó a cantar un poema de juerga etrusco que Zanusa y ella habían compartido muchas noches, aquel verano.

Cantaba bien, la vieja.

Mora cantó con ella. Luego las dos guardaron silencio un rato.

—De todas formas no lo entiendo: ¿qué pasa con Cumas? ¿Por qué estás tú aquí, y no te quedaste con tu hija y con tu nieta en nuestra tierra?

—Oh, bueno, es una larga historia, pero es la historia de siempre. Los cartagineses nos invadieron poco a poco, hasta que nos dimos cuenta de que estábamos en una guerra constante en la que solo un bando golpeaba, y hubo que alejarse de la costa, siempre más adentro, en busca de nuevas cuevas. Entiéndeme, los fenicios no fueron los primeros. Siempre ha sido así: un día llegan guerreros, y matan a todos los hombres para ocupar su puesto. Cuesta años pacificarlos y que dejen de tratarte como a una esclava, pero entonces llegan los siguientes. No se acaba nunca. Y los cartagineses no se dejaban pacificar: algunos venían con sus mujeres ya sometidas, y cada vez había más. Decidimos viajar a tierras lejanas por mar, y en todas partes era igual: mujeres buscando un sitio en donde instalarse en paz. Deífoba, que estaba casi tan vieja como yo ahora, hizo un viaje a Iberia, visitó a mi madre y le pidió que me viniera con ella a Cumas. Yo dejé a mi hija Lisa en la Cueva del Agua, en una anterior a las que has conocido, para ponerse al frente del santuario cuando mi madre ya no pudiera, con el cometido de seguirme al cabo de veintiún años, o como mucho veintiocho...

—Pero si siempre llegan guerreros va a pasar lo mismo. Al final nos acabarán encontrando aquí también.

—Bueno, puedes convertirte en sacerdotisa de Apolo, si no le ves otro remedio.

—¡Pfff! Muchas gracias, conozco los modos de Apolo.

—O escapar en busca de otro lugar. Las cuevas de la Montaña Pura de Napata...

Mora había oído hablar a Namu de la Montaña Pura y la ciudad de Napata.

—Aunque no sabemos dónde está Napata, ¿no? —preguntó.

—Un viajero me dijo que en el Alto Egipto, remontando el Nilo, en el reino de Nubia. Si hay un nombre, habrá un camino.

Eso le sonaba.

—Ya. Y si hay un camino, llegarán después otros guerreros. ¿Para qué ir?

—Pues no sé, es un intento de que siga materializándose la Músika que llevamos dentro. Antes no hacía falta, porque estaba en mente de todos, pero cada vez menos gente encuentra los versos. Andan desorientados: cuando se miran por dentro no se conocen. Y luego, si alguno da con el filón..., ¡cree que son suyos, los versos! ¿Has oído alguna vez algo igual? Los venden y los compran.

—¿Y no fuiste tú la primera que le vendió a Tarquinio tus profecías...?

—Ah, ja, ja. ¡Yo no!

—Vale, pues la sibila que fuera.

—Para Tarquinio, como para cualquier rey, lo único importante era el dinero. ¿Cómo hacer que conservara los poemas y los valorara?

—Pero se quemaron muchos.

—No te preocupes. Tarquinio no consiguió comprender el enigma del valor de los libros, aunque es muy sencillo: valen lo mismo nueve que tres, porque en cada poema, en cada historia, está el hilo que lleva a todos los demás. Lo que intentamos no es preservarlos, sino materializarlos. Son un legado que no puede perderse, siempre está ahí, en el fondo de cada uno. El olvido constante en que los vamos hundiendo no los destruye, solo los esconde y los aplaza.

—Por eso mismo yo no puedo ser sibila. Yo no sé nada. He venido... He venido a ver si aquí se puede completar mi formación. Quiero aprender a hacer poemas como mis dos hermanas. Y a retenerlos en la memoria.

—No hace falta «aprender» a hacer poemas —dijo al fin la sibila—, si quieres decir lo que imagino con esa palabra. Solo tienes que cantarlos.

Mora rio.

—Es imposible. Ya lo he intentado.

—¿Y con la melodía no te vuelven?

—Nada. ¿No lo entiendes? Yo no tengo el don, y punto.

—¿Qué don? —le preguntó la vieja guiñando los ojos como deslumbrada.

—El don de hacer poemas. Músika.

—¡Ayayay!

La sibila estuvo un buen rato riéndose.

—No sé qué tiene de gracioso.

—Es que no se trata de tener el don o no tenerlo. Todo el mundo lo tiene, ¿qué te has creído? Se trata de atraparlo o no atraparlo. Y para eso, como en cualquier arte, hace falta una maestra y una aprendiza. Esa es la base.

—Mi madre era mi maestra, pero nunca le hice caso.

—Tonterías. A tu madre la llevas dentro, eres su carne, su sangre.

—Ah.

—Una aprendiza necesita una maestra que le enseñe lo que una madre no puede, o un maestro, tanto da. A ver: si los versos no vuelven con la melodía, será porque los has escrito en algún lado. Pero todo tiene solución. Piensa: ¿dónde los pusiste?

—En ninguna parte.

Le explicó que su hermana Anula los leía en algún lugar de su mente. Y que cuando murió, el demon de Anula se los dictaba a Aira en sueños.

—Ellas dos vienen conmigo. Pero a mí nadie me dice nada.

—¿A qué edad aprendiste a escribir?
—No me acuerdo.
—Los encontraremos, ya verás. La escritura es un problema, porque se convierte en algo obsesivo, pero nos puede ayudar a encontrarlos. La Cueva del Agua en que aprendiste a escribir, ¿era una cueva de verdad o era un estúpido templo de los de ahora?
—Una cueva.
—Pues ahí están. Seguro. Tienes que pasear y...
—¡De eso nada!: he recorrido la cueva completa y ahí no hay ni rastro.
—Te estarás equivocando de cueva.
—¡No! He paseado por la cueva de mi infancia, una y otra vez, despierta y en sueños. ¡Y nada de nada!
—Pero algo haces mal. A ver, vamos a intentarlo juntas, busca en ti.
Mora cerró los ojos.
—No puedo ahora. Estoy pensando en Zanusa —se lamentó—. Me duele el corazón.
Otra vez volvió a cantar la vieja. ¿Qué era eso? Una melodía...
No. Era *la* melodía. Con el cuerpo hirviendo por dentro y la piel helada la reconoció. La nana que Namu le cantaba: una canción solo para ella. Cantó con Maris:

> *Mora tiene cara*
> *de caracol.*
> *Muerde la manzana,*
> *huele la flor...*

¿Cómo la había podido olvidar?
—No la habías olvidado —respondió Maris, aunque ella no había llegado a hacer la pregunta—. Es que no te atiendes.

Y haz el favor de no volver a prescindir de la nana. A partir de la primera Música vuelven todas. Y ahora, ve a la cueva.

—¿A cuál? —dijo ella jurándose que no volvería a fallar.

—¿Qué pregunta es esa? A la que tienes que ir. Ve de una vez y mira en el suelo, en las paredes, en el techo. ¿Estás allí?

Mora inspiró, cerrando los ojos y entrando en trance.

—Sí. ¿Por dónde busco?

—No se trata de buscar, se trata de encontrar. A lo mejor eso es lo que no entiendes. ¿No hay nada escrito en las paredes?

—No. Bueno... —Bajó entonces la voz un poco avergonzada—. Sé que no, pero no puedo verlo. Estoy a oscuras.

La sibila se puso en pie, airada, murmurando algo que Mora no entendió.

—¡Alma de cratera! —dijo al fin, recobrando su calidez—. Todo tiene una explicación. ¿Nunca se te ha ocurrido encender una tea?

—¡Pero la luz no me hace falta! He estado otras veces con luz.

—Eres un verdadero desastre, no sé qué vamos a hacer contigo. Vamos a ver, ¿hay teas en algún sitio de la cueva?

—Había teas junto al surtidor del arroyo... —dijo.

—¿Y a qué esperas para encender una?

Obedeció a la sibila y sobrevoló a oscuras el lago de la lejana Cueva del Agua, sintiendo rebullir crecientes, abajo y encima, los dientes de las estalagmitas y las estalactitas. Se demoró como siempre, con especial placer, en hacer saltar chispas sobre la paja y avivarlas soplando hasta lograr una llama suficiente para prender la tea. Poco a poco se iluminaba la cámara descomunal. Alzó la tea y miró en la pared más cercana.

El «Poema del agua» entero brotó inmenso, con cada uno de sus versos escrito sobre la roca, como si un árbol centenario hubiera crecido ante sus ojos, veloz, en un instante.

Leía los versos, podía leerlos en cualquier dirección, desde el final del poema hacia atrás, o todos a la vez, y vio que además en derredor brotaban muchos, incontables poemas. Al tiempo, mientras paseaba por aquella caverna desconocida en la que había pasado gran parte de su vida, oía reír a la sibila. Al fin abrió los ojos.

—Madre mía —dijo—. Ya está.

—Escucha, Mora. Puede que la próxima vez no sea tan sencillo, pero ya conoces el camino. Tienes que darte cuenta de una cosa: tú eres la cueva. Y te lo advierto: son demasiados poemas y muchos no estarán ahí escritos porque no los has oído nunca. Para tener acceso a todo es imprescindible que te libres de la escritura también. La escritura los separa del baile y de la melodía y se diluyen. Consiste en encontrar la punta del hilo, atraparla y tirar de ella: puede ser un paso de baile, un verso truncado, unas notas sueltas... Luego, cada poema es la llave de otro. Así que resulta difícil...

—¡Enséñame, Maris!

—Lo siento, pequeña. Ya encontrarás a tu maestra. Yo no sirvo. Estoy también en tu sangre y debes buscarla fuera. Y además me voy. Pero deja de preocuparte, sabes más de lo que hay que saber. Todos podemos destapar un poema, o más bien, nadie puede y hay que aprender, cada vez, a hacerlo.

—Si tengo que ser sibila, dime al menos antes cuáles son los problemas a los que voy a enfrentarme en el futuro, y lo que debo hacer.

—¿Y cómo quieres que lo sepa, hija mía?

—¡Eres sibila!

—Ah, ja, ja, ja. Nunca me había divertido tanto... Esfuérzate por ser buena —dijo al fin—. Pero eso ni siquiera es suficiente. Hay que tener también mucha fortuna. Y sobre todo, si fracasas no te preocupes. El fracaso es indicio de honestidad.

Para aceptar el legado de la sibila, tenía que recitar con ella las viejas palabras de un lenguaje que nunca había usado pero también guardaba en sus entrañas, le dijo Maris.

—No pongas esa cara —seguía—, es muy sencillo. Da igual que no hagamos la ceremonia, en el fondo: has venido, estás aquí, después de todos los peligros, así que ya has tomado la herencia que te corresponde. Eres la sibila, más allá de lo que quieras hacer. Pero mucho mejor si no perdemos las formas. Dame un abrazo antes. Y luego te ruego que te vayas. Venid a recoger el cadáver mañana. Prefiero estar sola, para morirme tranquila. ¡Qué descanso!

El velatorio de la sibila no fue triste para las demás sacerdotisas. Al contrario, se reían evocando los despistes constantes de Maris. Hubo canciones y bailes. Como en todas las cuevas en las que Mora había vivido, se dispuso en una estancia retirada de la caverna una tinaja de barro tumbada y tapada con los restos del cadáver mezclados con broza: un bálago de hojas, paja, corteza, astillas y hierba seca. Cada dos noches un par de sacerdotisas entraban en la cueva y hacían rodar la tinaja destapada mientras cantaban una canción, para que los restos se removieran y orearan. Antes de dos lunas el cuerpo de Maris ya se había confundido en la broza, y entonces las sacerdotisas lo esparcieron por el huerto arrojándolo a puñados como alimento de los frutales.

La abrazadera para dientes de oro de Maris pasó a formar parte de los juguetes de las cuatro niñas que había en la comunidad.

Mora se cuidó mucho de decir a las demás que Maris la había nombrado sibila. Desde luego ella no compartía la alegría del resto. Se sentía muy desgraciada y sola. La muerte de Zanusa, su amada, y de su recién conocida bisabuela culminaba un reguero de pérdidas que la dejaba, de una vez por todas, en la soledad más absoluta. Había seguido un mapa inesperado, se dijo amargamente, el «Poema de las muertas», no el del agua.

Así que nada más acabar la ceremonia de despedida de Maris, se retiró al pequeño habitáculo que le habían asignado cuando llegó y se echó a dormir. Resistió allí encerrada tres días seguidos, lamentándose de su suerte. Pero nadie parecía echarla en falta, hasta que se hartó y salió de la cueva y se sentó junto a la palmera.

Amanecía.

Al cabo de un rato, vio llegar un grupo de soldados. Los tres primeros venían a caballo, uno de ellos engalanado con un casco con penacho de colores. Los seguían diez o doce caminando. Iban todos armados con lanzas cortas y escudos oblongos decorados con estrellas.

Se plantaron ante la cueva. Uno de los jinetes desmontó y se dirigió a ella.

—Dile a la sibila que el sacerdote Hirpes, el Zorro samnita, desea verla —exclamó en un griego excelente.

Pronto le llegaban a consulta los primeros sacerdotes armados: los peores soldados, de los que hacen pasar su voluntad por la divina.

—¿Qué quiere Hirpes? —preguntó.

El otro la miró despectivo. Si le decía que ella era la sibila las carcajadas no se harían esperar.

—Hirpes ha sitiado la ciudad de Cumas —añadió— y se dispone a tomarla, pero no tiene nada contra la sibila. Quiere charlar con ella para ver si se puede evitar la destrucción del santuario.

Mora entró en la cueva, despertó a Delfiní, la sacerdotisa asistente de Maris, que aunque todavía era joven tenía la melena completamente blanca, y le contó la situación.

—Los samnitas tomaron la cercana ciudad etrusca de Volturno hace dos años a traición, en plenas fiestas teatrales —comentó Delfiní asustada—. No dejaron un varón vivo. ¿Y qué vamos a hacer ahora?

—¡Eso es lo que venía a preguntarte!

—La sibila no pregunta. La sibila responde —dijo Delfiní alejando de sí cualquier responsabilidad.

—¿Y cómo sabes tú que Maris me nombró sibila?

—Estábamos esperando todas tu llegada.

Quedaba claro que la solución era cosa suya. Pidió a Delfiní que le mostrara el lugar desde el que la sibila pronunciaba los oráculos. La llevó a una sala natural de la cueva, amplia pero muy poco acogedora, pensada más bien para abrumar a los solicitantes. Había eco y varias corrientes de aire procedentes de cañones, túneles y chimeneas que conectaban el suelo, las paredes y el techo de la estancia con otras de la cueva. En el centro de la sala habían colocado una plataforma de roca a la que tenía que subirse para hacer las profecías.

—Debajo hay un nicho en el que encendemos una pira de hojarasca de menta y belladona. El humo se cuela por las grietas y les hace toser y atontarse.

Mora ordenó rebajar la luz apagando dos de las tres teas, se envolvió en un manto oscuro y se sentó en el trono.

—¿Se me ve la cara?

—Solo se te ven los ojos —dijo contenta Delfiní.

Estuvo practicando los movimientos que podía hacer sin descubrirse, y luego pidió que dieran paso a Hirpes, el Zorro samnita. Llegó acompañado de su lugarteniente, el hombre que había hablado con ella a la entrada.

—Adelante, adelante —les dijo imitando la voz cascada de Maris—. Los solicitantes deberían llegar solos a mi morada. ¿Temes a la sibila, Hirpes?

El Zorro le susurró algo a su lugarteniente, y este salió de la estancia.

—Sibila —comenzó—, tengo la ciudad de Cumas sitiada, y mañana la tomaré a sangre y fuego...

Hablaba el griego mucho peor que su lugarteniente.

—Si conoces el futuro y no tienes ninguna consulta —lo interrumpió—, no necesitas a la sibila. Puedes irte.

Se quedó desconcertado. El humo entraba apoderándose del ambiente poco a poco, y Mora pensó que resultaría raro que se pusiera a toser.

—Tienes razón —dijo al fin Hirpes, el Zorro samnita—. Mi consulta es sobre si tomaré Cumas o no.

Antes de responder, Mora optó por un largo silencio que le pareció preceptivo, mientras el humo empezaba a extenderse por el aire de la estancia. En realidad, no tenía ni idea de la respuesta adecuada. Decirle a Hirpes que conquistaría la ciudad era embravecerlo. Pero si le decía que no y después la tomaba, seguro que vendría sin pensarlo a cortarle el gaznate. Ahora bien: su convicción de que iba a entrar triunfal en Cumas al día siguiente, pese a los imponentes muros que la guardaban, solo podía deberse a su confianza en algo más seguro que la fuerza. Y eso concordaba con el hecho de que hubiera tomado por sorpresa la ciudad vecina. La astucia y la traición eran sin duda las armas de guerra del Zorro samnita, y poco importaba su ánimo para la batalla.

La otra pregunta que se hacía es cómo se comportaba una sibila durante uno de sus famosos éxtasis proféticos. El poeta Kúkuro no le había dado detalles.

Optó por simular un temblor corporal, ligero al principio, hasta que hizo traquetear el trípode en que se sentaba. Gimió varias veces y por último, con todas sus fuerzas y con una voz ronca sacada del esófago, bramó las palabras ancestrales que había repetido en la ceremonia de aceptación del cargo de sibila, incomprensibles hasta para ella.

El eco de la caverna ayudaba, y al general samnita el espectáculo lo convenció bastante. Parecía al borde de un ataque de pánico, pero aguantó a pie firme hasta que ella, jadeando, concluyó la representación, momento en que hizo una inclinación de cabeza y se retiró lo más deprisa que pudo, aunque sin darle la espalda, como ante un tigre a punto de saltar.

Sin embargo a ella su propio espectáculo solo consiguió decepcionarla. Confirmaba, por si le quedaba alguna duda, que era una impostora. Anula y hasta Aira, sus hermanas, se habrían convertido de inmediato en verdaderas sibilas. ¡Pero ella! Ni sabía nada, ni servía para nada.

El texto que el general Hirpes, el Zorro samnita, encontró al pie de la palma que crecía a la entrada de la cueva estaba «traducido» al griego y escrito en verso sobre cuatro de sus hojas, unidas entre sí por un cordel. Mora se tomó su tiempo para meditarlo. Los últimos eran los importantes:

> *... y cuando las murallas de Cumas den paso a tu sombra*
> *si ardiente no quieres caer fulminado del rayo*
> *mantén alejada tu mano del antro en que vive*
> *la virgen sibila y gobierna el destino su verso.*

Cumas fue tomada esa misma noche, tal y como cuentan los historiadores, gracias a la traición de varios griegos de familias venidas a menos en los últimos tiempos, que sorprendieron a la guardia que defendía una de las puertas menores de la ciudad y la abrieron. Los conquistadores habían aprendido a comportarse como civilizados, así que, siguiendo la gran tradición guerrera, respetaron en lo posible la ciudad, pasaron razonablemente a cuchillo a todos los varones sin dejarse tentar por el alto precio de los niños en el mercado y, a continuación, violaron una por una a las mujeres para seleccionar como esclavas las que consideraron mejores y vender el resto. De esta manera tan sencilla se instalaron en las casas a vivir una vida parecida a la que los cumanos vivían antes y ellos envidiaban, con las mujeres maltrechas y los enseres intactos que les habían arrebatado.

Mora había librado al santuario con sus versos de la furia del general Hirpes, el Zorro samnita, pero la vida allí se hizo difícil, y maduró aprendiendo a fingir que era sibila e improvisando sus profecías con la ayuda de Delfiní, que enseguida se mostró como una excelente consejera.

Ocho años resistió Mora el asedio del Zorro samnita al santuario con la única defensa de sus versos. En ese tiempo Mora recuperó su capacidad infantil para componer canciones, tocar instrumentos, cantar y bailar. Pero la mayor lección no la aprendió hasta el final: no es tan importante lo que un verso dice como lo que su destinatario entiende. Día a día veía decrecer en Hirpes el temor a su poder falaz mientras aumentaba su deseo de hacerse con el control del santuario, no contento con gobernar la ciudad y el templo de Apolo.

Por fin Mora decidió huir del lugar, incapaz ya de asustarlo con sus tretas. Con ayuda de una mujer de Cumas que había nacido en el santuario, contactó con un comerciante egipcio que arribaba a aquella costa entonces por primera vez, y le pagaron para que las sacara de allí. Se internaron todas una mañana por los pasadizos de la cueva que daban a los campos Flégreos y el lago Averno, donde Maris le había otorgado su título antes de morir, y caminaron luego hacia el segundo puerto de Cumas, junto a las termas de Bayas, en donde las esperaba el barco del comerciante.

Cuando subió a bordo, ocho años después de convertirse en sibila, lo primero que hizo Mora fue entregarle la bolsa de oro acordada al comerciante egipcio y agradecerle el riesgo que corría por salvarlas.

—Ningún riesgo para Babu, querida —dijo el tipo sonriendo. Y, tras contemplarlas una a una de la cabeza a los pies, dirigiéndose a alguien sentado bajo un toldo en el estrado del timonel, añadió—: Las tres viejas no sirven. ¡Babu no las quiere! A esa edad no las compran en ningún mercado.

—Pues descuéntalas del pago y las tiras al mar —dijo saliendo de las sombras Hirpes, el Zorro samnita, gobernador de Cumas y sacerdote de Apolo.

Y tras confirmar que le pertenecía a ella el título de sibila:

—Celebro que en realidad seas tan joven. La tarea de violar a una vieja no resultaba tan agradable.

Le llevaría bastante tiempo a Mora comprender por qué Hirpes consideraba necesario violar él mismo a la sibila, y así aprendió que un poema nace cada vez en la cabeza del que escucha. En la del Zorro samnita el oráculo que le había entregado en su primera consulta lo obligaba a arrebatar la supuesta virginidad de la sibila para anular la maldición de la profecía:

... si ardiente no quieres caer fulminado del rayo
mantén alejada tu mano del antro en que vive
la virgen sibila...

Mora esta vez decidió defenderse con fuerza, dispuesta a morir. Hirpes, el Zorro samnita, no utilizó entonces su proverbial astucia. La golpeó tanto que la violó cuando estaba ya inconsciente.

24
El ritual del sueño
[Atenas, 411 AEC]

... al poeta así
Eros instruye, por falto de Musas que esté.

Eurípides, Estenebea (fragmento)

La luna llena declinaba en Atenas cuando, tras una larga sesión de meditación, Mora recorría el patio de la casa dormida. El barco a Quíos en que viajaría con el aedo Kínezos el Joven no zarpaba hasta el amanecer, pero ante el empeño de Querile, antes llamada Melitó, de acompañarla había decidido abandonar la casa sola esa misma noche y librarse de la despedida.

Entró en la antesala del dormitorio de Eurípides y dejó sobre la mesa el poema prometido, el viaje en barco del caballero para aprender la Músika que mueve el cosmos. No pudo resistir asomarse al dormitorio. Todo estaba en orden. Mora había puesto en el vino de la cena adormidera para impedir que el insomnio de Eurípides le fastidiara la huida. Todos habían bebido, pero él a lo loco. ¿Para olvidar que su esclava liberada se le escapaba sin remedio? Se extendía por la habitación el olor de la vela de belladona, aún no consumida, que utilizaba el poeta para combatir el insomnio. Se acercó a él. Roncaba tendido de costado sobre el jergón.

Hubo de pronto una pausa en la respiración y Mora se sobresaltó. El durmiente se giró para colocarse boca arriba, dejando al descubierto una cicatriz que tenía en el torso. Era la huella de una herida grave, un corte largo hecho probablemente por una espada. Solo un buen médico lo habría podido librar de la muerte.

Pasó la yema del dedo con suavidad por aquella cicatriz. Cada ciudadano griego es un guerrero: la guerra constituye su tributo a la ciudad hasta que la edad les impide servir. ¿Cómo era posible que un hombre criado entre necedades como esa pudiera acceder con tanta facilidad a la Músika? Para ella todavía suponía un esfuerzo agotador entrar en la cueva de su infancia. Pero había comprobado que a Eurípides los versos le surgían a borbotones.

Tuvo entonces una idea peregrina. Un disparate. ¿Y si practicaba con él el ritual del sueño? Quizá, si lograba meterse en sus sueños pudiera acceder al terreno en que acumulaba los versos un poeta ateniense.

Era también una forma de despedirse, se dijo, intentando engañarse de algún modo. Y en distintas ocasiones Mora había podido notar el deseo por ella que el viejo trataba de esconder tras su fingida castidad griega. Bien visto, ahora podría satisfacer de hecho ese deseo. Y a él no le haría mal, lo disfrutaría en sueños otras veces.

Tenía tiempo de sobra, hasta que amaneciera.

Aunque no. Era una imprudencia. Decidió largarse.

Sin embargo, sus manos perdían un poco el control siempre ante un hombre así, desnudo y expuesto, por viejo que fuera. De hecho ellas solas habían pasado ya de la cicatriz a la barriga, y la estaban masajeando.

Cuando quiso darse cuenta estaba subida a horcajadas sobre su cuerpo. Tomó posesión de él y comenzó la danza.

No había realizado ese ritual de intrusión en los sueños de un hombre demasiadas veces, porque el acceso de hombres al santuario estaba prohibido: solo entraban por la fuerza. Para buscar hombres las sacerdotisas se veían obligadas a asaltarlos, lo que además ayudaba a crearles la fama de brujas que alejaba a la gente del santuario: corrían historias que las mostraban como ninfas bellas que sorprendían a los buscadores de setas bañándose en los arroyos y los embrujaban con su amor.

Mora aprendió junto a sus hermanas y bajo la dirección de Namu el ritual del sueño, y pudo practicarlo durante algún tiempo con un pobre muchacho vagabundo que llegó en cierta ocasión al santuario y al que alimentaron y cuidaron las tres turnándose con él para las prácticas. Como el chico no se enteraba de nada, Mora tuvo problemas de conciencia: consideraba que estaban abusando de su cuerpo. Pero Namu le explicó que donde mejor se encuentra el cuerpo de un hombre es en manos de una mujer, siempre que lo tratara, como ellas hacían, con respeto y cuidado, y le aseguró también que si le pidieran consentimiento el muchacho lo daría de inmediato, aunque la ansiedad con la que por lo general se comportan en estas situaciones los varones no adiestrados lo incapacitaría para la prueba.

—El ritual del sueño tranquiliza a los hombres —decía Namu—. Es nuestra forma de intervenir en sus delirios de violencia y pacificarlos un poco.

Fuera del proceso de aprendizaje, realizó también la intrusión con el odiado Hírom, el Chacal, alguna vez durante los meses de convivencia en Cartago. Aunque al principio se libraba de él sin acercarse, el comportamiento cada vez más violento que tenía con ella le hizo intuir que aquello podía acabar mal, así que decidió apoderarse de sus sueños.

Con el Chacal le salió bastante bien. Y consiguió apañarse asaltándolo solo un par de veces, lo que le ahorró sufrir más a menudo la repugnancia que le provocaba, sobre todo por el tipo de sueños que vivía.

Namu le había explicado que era mucho más fácil entrar en los sueños de alguien cuando el vínculo sexual es constante, porque el propio cuerpo se encuentra plagado de turbulencias cuando aborda otro por primera vez, más allá de la inútil sobreexcitación. Pero para ella con Eurípides resultaba relativamente sencillo apartar el velo elemental del placer y adentrarse en el cuerpo tomado.

En cuanto a él..., la relación de los hombres con el sexo siempre había sido un misterio para Mora. Su madre nunca consiguió aclararle gran cosa al respecto: «Su deseo es más poderoso que su miedo a la muerte, pero mucho más frágil que el vuelo de una polilla», le dijo una vez. Lo único que conocía a ciencia cierta es que había que andarse con cuidado cuando se enamoraban, sobre todo si eran civilizados. Tenían cierta propensión a reprimir sus pasiones, lo que las convertía fácilmente en violencia.

Lo primero, recordó, era encontrar una puerta de acceso: que la imagen de Mora apareciera por alguna razón en el sueño de él. Susurró su propio nombre al oído del amante dormido, una y otra vez, pero no hubo respuesta. Aceptó que, pese a lo que había pensado, no atraía al viejo lo suficiente. Iba a abandonar cuando se dio cuenta de que estaba dentro de un sueño, caminando al lado de Eurípides, sin conciencia de haber traspasado umbral alguno.

«Olvídalo, Melitó: yo lo he olvidado. Todo volverá a ser igual cuando acabe la guerra», le dijo el poeta en el interior del sueño.

Así entendió que el deseo de Eurípides la había confundido con su esposa: y no con el fantasma de la joven que

Melitó había sido alguna vez, sino con la que convivía con él ahora, de belleza en trance de vejez.

En los sueños todo se dilata sin control, el miedo o la alegría. ¿Era una punzada de envidia o de celos lo que la abrumaba? Le costó arrebatarle el control y hacerse ver. Comenzaron a vagar despacio por una maraña de sucesos trabados, hasta que encontraron una melodía a la que aferrarse. A esas alturas conocía algo la música de Eurípides, se unió a la cadencia de la que sonaba ahora: podía cambiar solo con evocar una canción nueva.

Fue Eurípides entonces, transformada, pero sin dejar de ser ella misma. Trepó con furia a un barco ardiendo del que saltaban hombres en llamas. Posó con avidez los labios en el seno blanco de su madre. Alanzó el estómago de un guerrero que saltaba contra ella con la espada en alto y le hacía el tajo de la cicatriz del torso. Contempló a una gorgona de piel negra dentro de una jaula, que no era sino ella misma. Penetró con enorme placer a un gimiente muchacho que le daba la espalda y al volver la cabeza resultó ser Cefisofonte. Bailó solitaria en la escena de un teatro inmenso y vacío en la noche. Huyó por un enjambre de salas plagadas de puertas falsas de los ladridos de unos perros rabiosos. Y luego, en la noche, la huida se hizo más y más pavorosa: se hundía en charcos de superficie helada y quebradiza o caía sobre la nieve. Los perros dejaron de ladrar, pero ahora oía sus pisadas, hasta que tropezó y sintió sobre ella los hocicos...

De algún modo logró escapar de aquella pesadilla que entonces no podía comprender, y se vio paseando en sueño ajeno, sí, pero ahora consciente de ser ella misma. Junto a Eurípides caminaba en una procesión, con una antorcha en la mano. Delante de ellos, los portadores de una estatua de madera de Dioniso se habían detenido en la entrada de un puente. En la orilla a la que se dirigían, varios hombres y mujeres andrajosos y enmascarados reían, silbaban, los insultaban y se levantaban los faldones de los mantos enseñando sus genitales. Había asistido a un ritual semejante en la ciudad etrusca de Fufluna, y su amiga Zanusa Tursikina le explicó que era el modo de asustar al demon gemelo que camina siempre a nuestro lado y solo el día de nuestra muerte se muestra para anunciárnosla.

Se propuso alejarse de aquella escena aprovechando el impulso del rechazo de los que insultaban, pero se dio cuenta de que se hallaban en la procesión de iniciados para Eleusis y, cambiando de idea, buscó algo casi tan complicado como escapar de un sueño: mantenerse en él.

Entraron al santuario de Eleusis en pleno anochecer: una y dos y tres veces entraron. Y en el patio participaron de una danza en corro en la que los que iban a iniciarse se enredaban y renovaban, trazando en la tierra con su recorrido un laberinto por el que iban internándose. Melitó y Aspasia le habían enseñado los pasos de ese baile, la joría, y aunque intentó aferrarse a él, se dio cuenta de que ya se encontraba sentada entre la multitud de iniciados en una sala con graderías, que tenía en el centro un pequeño escenario con un templete y un altar. Como ella sobre Eurípides fuera del sueño, una sacerdotisa cabalgaba sobre un hombre tumbado en el altar.

Se sucedieron entonces, surgidas de la puerta del templete, escenas que se utilizan para contar el mundo desde siempre. La serpiente muerta tras enfrentarse al guerrero del inframundo que acosa a la ninfa del agua. El rapto de la ninfa. La ninfa en su forma triple asistiendo a la crucifixión de su hijo joven, desnudo y barbado, o crucificada tres veces, barbada y con los pechos desnudos al aire. El descuartizamiento del hijo de la ninfa por las tres ménades. La ninfa bailando frenética en el monte enarbolando la cabeza de su hijo hincada en el tirso. La ninfa dolorosa y joven reconstruyendo y abrazando el cadáver descuartizado de su hijo... Las escenas ancestrales que nutren nuestros sueños y los frescos de los pintores, convertidas siempre por los sacerdotes en vía para apoderarse de las voluntades.

Unida a Eurípides fue abatida por el guerrero, fue crucificada, bailó desnuda al pie de su propia cruz, mordió la manzana del deseo y de la dicha y del conocimiento, caminó por el maravilloso sendero de luz lunar por el que todas caminaremos y volvió renovada a la vida, en brazos de su madre.

Al final se impuso una imagen sola, el gran secreto de Eleusis, del que ninguno de los iniciados puede hablar bajo pena de perder la eternidad (y por si acaso también bajo pena de muerte): la madre sentada y convertida en trono del hijo, en cuyas manos la cápsula de adormidera madura se abre para mostrar y esparcir sus incontables semillas.

Tras la penumbra alcanzó a ver que se hallaban en el interior de una cueva, y ya no en Eleusis. No era una de esas inmensas cuevas sagradas que su madre localizaba para usar como santuario, sino una mucho más sencilla. Y el agua estaba fuera: un riachuelo.

Allí encontró el terreno de la Músika de Eurípides. Caminó al ritmo de sus caderas, para evitar el estruendo de las batallas, hasta alcanzar la melodía que formaba el esqueleto de los poemas de aquel hombre.

Eso quería: alimentarse de la Músika del poeta, respirar los versos, trazar cada paso de baile. Vagó por allí, seducida...

¿Qué hacía una cueva en la infancia de Eurípides?

La Musa está en todos, se dijo, pero aquel viejo había establecido con ella una relación especial. Sus poemas tenían la voz de las mujeres, los bastardos, los esclavos, los niños, los bárbaros y los locos... Su gusto por las personas, por la vida, le hacía llevar a flor de piel el murmullo de la especie.

¿Con qué guía iba a avanzar, si no, por el camino oscuro que por fin había emprendido?

Esos pensamientos bastaron para distraerla, y cuando quiso darse cuenta fue incapaz de detener el orgasmo por el que caía, pese a que sabía que ese era el modo más sencillo de delatarse.

Los espasmos de Eurípides en su interior le descubrieron que caía con ella. A duras penas contuvo el grito cuando él abrió los ojos, de un verdor apagado por la luz mortecina de la vela de belladona.

Todo lo hacía mal, siempre.

Por fortuna la miraba sin verla: no había salido del trance.

Antes del amanecer, Mora esperaba en el patio a que bajara Melitó encendiendo el fuego del altar mientras un esclavo uncía el caballo al carro. Se había dado cuenta de que no podía irse sin despedirse.

Sobre el altar estaba todo dispuesto para el sacrificio matinal. Desde que había sido acusado por Sófocles de impiedad, Eurípides había adoptado la costumbre de hacer un sacrificio cada mañana para evitar habladurías.

Al menos, durante su estancia, Mora había conseguido que en aquella casa no se sacrificaran animales ni siquiera para alimentarse. Tenía que reconocer que como esclava había sido escuchada, no tratada como un animal. Recordó también a la esclava perezosa, su compañera de habitación a la que Melitó dejaba dormir en paz saltándose el horario de sus tareas. Pensó avergonzada que a ella le resultaba fácil ver la miseria de los demás. Lo difícil es ver la propia.

Apartó esos pensamientos: para que existieran Babu el esclavista, el falso manco y asesino Bite, o Hirpes, el Zorro samnita que la había violado y vendido, era necesaria gente como Eurípides. No hay mercado sin compradores.

En ese momento salió el poeta de sus habitaciones, le dio los buenos días y fue a la fuente a llenar una olla de agua para cocer la cebada. Traía mal aspecto, como si un demon hubiese estado amargándole el sueño.

Quizá el pobre viejo había comprado por descuido en el mercado un demon malo que se había dedicado a torturarlo desde entonces.

¿Y qué iba a hacer ella en Persépolis con un poeta adulador de tiranos?

—Mora, estoy avergonzado —dijo él volviéndose de pronto—. Quiero pedirte disculpas por haberte comprado, antes de que te vayas.

—¿Sigue valiendo la invitación a quedarme? —le preguntó.

Lo había dicho, al fin.

—No..., no lo digo por eso —balbució él.

—Hay condiciones, por supuesto —siguió Mora—. Quiero que me enseñes todo lo que sabes de poesía. Quiero que me lleves a la cueva en donde naciste. Otra condición es que no me hables más de dinero. A cambio de tus enseñanzas te acompañaré a Eleusis.

Eurípides se quedó, de nuevo, sin palabras.

—Creí que los atenienses nacían en sus casas. ¿Tu madre, además de verdulera era sacerdotisa tribal? —le preguntó al verlo tan desconcertado, para confundirlo aún más.

—Tú ganas: toma. Es tuya —le dijo a Kínezos el Joven su amiga, la cantante con la que actuaba en las tabernas.

Amanecía en el puerto del Pireo. El poeta recogió con desgana la moneda que ella le daba. Apoyado en la borda vio alejarse despacio la orilla. Mora no era, ni mucho menos, la primera mujer que se burlaba de él. Ni sería la última. Entonces, ¿por qué esta vez le dolía tanto? La vela se desplegó sobre él. Habría dado un brazo por perder la apuesta, pensó lanzando la moneda al agua y pidiendo al tiempo un deseo estúpido: volver a verla un día.

Tercera parte

25
El palacio de las mil puertas
[Pela, Macedonia, 406 AEC]

... así Dédalo llena
de vueltas y revueltas los infinitos pasos,
que ni él mismo el falaz umbral de su obra alcanza.

OVIDIO, *Metamorfosis*, 8, 166-168

Delfiní, la sacerdotisa de Cumas que había sido asistente de la sibila Maris y después de Mora, vendida a Arquelao como esclava para su esposa junto con el resto de las sacerdotisas del santuario, se había convertido con el tiempo en una de las sirvientes de mayor rango en la casa real, consejera de la vieja reina Cleopatra. Y Cleopatra, según las malas lenguas, era tan poderosa como el propio rey Arquelao, pues, como esposa de su padre hasta que el hijo lo mató y se casó con ella, llevaba más tiempo que él en el trono y conservaba todavía sobre su hijastro y marido su vieja autoridad de madrastra.

Aquella mañana Delfiní estaba supervisando la poda de las viñas en una de las alas del huerto real cuando notó que algo le golpeaba en el rodete de trenzas con que se había recogido la larga melena blanca. No vio a nadie tras ella, y pensó que serían imaginaciones suyas, pero al poco sintió otro pequeño golpe y esta vez vio caer al suelo, a sus pies, una piedrecita.

Agazapada en unos arbustos encontró a Mora: la última sibila de Cumas, anterior a la falsa que ahora habían puesto los sacerdotes de Apolo.

—¡Madre! —le dijo—. Eres la criminal más buscada de Pela. Si te ven estás perdida, y yo contigo.

—Vengo a que me cuentes quiénes y por qué mataron a Eurípides.

Delfiní dejó sus ocupaciones y se dirigió al palacio seguida a hurtadillas por la visitante. Confundió con su autoridad al vigilante de las cocinas para que pasara y la llevó a sus habitaciones a través de las dependencias de palacio: un laberinto de salas decoradas con frescos de Zeuxis.

En los muros de aquella sucesión interminable de estancias de muy distintas plantas y tamaños, había trazado el pintor un trampantojo de elementos arquitectónicos falsos: ventanas y pilastras y columnas adosadas con sus capiteles y sus frisos encima, y, sobre todo, innúmeras puertas, indistinguibles siempre de la verdadera, que cada vez aparecía en un punto distinto del muro y por la que Mora pasaba siguiendo a Delfiní. La habilidad de Zeuxis, que sin duda había intentado superar aquí al propio Parrasio, impedía al visitante salir de una sala sin llevar a cabo una ardua búsqueda, deteniéndose a tantear puertas hasta dar con la real de madera.

Pero Delfiní la guio con soltura hasta su gabinete por aquel dédalo, y una vez allí le contó lo que sabía.

—Se afanaron en emborrachar a Eurípides, que no se opuso demasiado y en cierto momento se desmayó —recordó.

No resultó sencilla la tarea, al parecer, porque el poeta conseguía recuperarse, y al final del banquete parecía estar todavía con capacidad de irse a casa. El paje Cratero, el amante y perrero del rey Arquelao, lo entretuvo hasta que el resto de los invitados se había ido.

—Cleopatra me contó riendo que Cratero lo había metido en el laberinto de salas y puertas de Zeuxis. Querían dejarlo morir ahí. Pero para asombro del perrero salió al poco tiempo, y él mismo se empeñó en regresar a casa solo.

Mora le preguntó si Arquelao se había ofendido por las tragedias. Delfiní creía que sí. Le explicó que en un paseo de los reyes por la ciudad un vagabundo gritó ante la comitiva: «Ese es Arquelao, que sabe lo que queremos los pobres porque también lo ha sido». Era un elogio, provocado por el hecho de que el Arquelao de la sátira que cerraba la tetralogía apareciera llegando a Macedonia con aspecto de vagabundo. Pero el rey lo interpretó como una ofensa, y mandó a su guardia que lo decapitara allí mismo. Eurípides, que iba en el séquito, intentó por todos los medios parar la ejecución, en vano.

—Lo que oí comentar a Cleopatra —siguió Delfiní— es que había una petición de ejecución de Eurípides llegada de Atenas. Alguien quería algo suyo. Habló de un tesoro.

Cleopatra no sabía de qué tesoro se trataba. Y no había ninguno, que Mora supiera, en casa de Eurípides.

Entonces la criada oyó ruido de soldados que llegaban precipitadamente al otro lado de la puerta. Llamaron.

—¡Estamos perdidas! —dijo.

Y de pronto Mora la tumbó sobre la cama tapándole la boca, y sacó de entre sus ropajes un cuchillo curvo de poda. Lo alzó ante ella. ¿La iba a matar? Buscó su rostro, pero estaba impasible. Recibió con un grito la cuchillada en el pecho.

Ya, pensó entre brumas. Esa era su muerte. La sibila la había matado.

—No temas —le dijo Mora quitándole la mano de la boca y apresurándose a taparle la herida con una sábana—. Aprieta aquí. Está muy lejos del pulmón, pero parecerá que he fallado por poco. Di que te he amenazado de muerte porque no querías ayudarme a secuestrar a Cleopatra.

Delfiní respiró con avidez. La herida dolía, aunque solo eso. Entonces comenzaron a golpear la puerta para derribarla.

—Dime cuál es la puerta buena para huir... —le preguntó Mora, viendo que en la habitación había varias.

—Si te lo digo —contestó sin disimular su dolor—, no encontrarás la siguiente, ni la otra, y nunca podrás salir. Escógela tú. No las busques nunca: encuéntralas.

¿No las busques, encuéntralas? ¿Esa mujer loca se creía todavía que ella, una impostora, era la sibila?

La puerta que intentaban tirar los soldados parecía resistente, pero acabaría cayendo.

Entonces Mora, que seguía mirando a los ojos de Delfiní, supo que tenía razón. «Lo sabio no es sabiduría», pensó, entendiendo en plenitud la máxima dionisiaca.

—Gracias, hermana —dijo.

Se levantó. Con más nostalgia que prisa, caminó hacia una de las puertas y la abrió: era real y no pintada. Eureka. Cruzó esa puerta al tiempo que los soldados derribaban la otra.

—¡Alto en nombre del rey Arquelao!

Reconoció en el grito histérico la voz de Cratero, el amante y perrero del rey. Al cerrar la puerta pudo ver aún cómo lanzaban la jabalina que se clavó en el reverso de la hoja, tras ella, atravesándola.

La siguiente estancia tenía veinte puertas, cinco en cada muro. Caminó hacia la real sin dudarlo ni un instante. Cruzó así seis estancias, siguiendo con paso firme la Música que le golpeaba en las sienes.

Entonces comprendió al fin el camino, otro periplo, una canción pintada por Zeuxis. Cada estancia era un verso con la puerta de salida al final. Solo era cuestión de acomodar los pasos al ritmo del poema y dejarse ir, como un aedo que improvisa su canto mientras baila. El recorrido constituía un itinerario para la danza de la grulla como los que bailaba en su cueva de niña: el laberinto de Zeuxis.

Era la primera vez que huía disfrutando del camino. Le asombraba la habilidad del pintor para el engaño: de vez en cuando la puerta real estaba pintada con mano tan torpe que parecía falsa a simple vista.

En una sala había un hombre con las manos atadas a la espalda y colgado de su larga cola de caballo rubia como el sol, atada a una cuerda que habían anudado, a su vez, a una de las vigas del artesonado. Tenía las puntas de los pies muy cerca del suelo. Agonizaba. Debía de llevar allí un buen tiempo, y la resistencia de su cuero cabelludo le había jugado muy mala pasada. Lo reconoció: el guardia escita ateniense que había llevado el mensaje de Sófocles con la acusación al extravagante Agatón. No tenía tiempo para averiguar qué hacía allí, pero se compadeció de él y de un salto le cortó con un tajo del cuchillo la coleta. Se desplomó mientras seguía su camino, consciente de que nada iba a evitar que lo remataran en breve.

Fueron muchas las estancias que atravesó, hasta que, cuando comenzaba a preguntarse dónde pararía, cruzó un patio y entró por un portón en unas termas inmensas, iluminadas tenuemente por una lucerna cuadrangular que en el centro del techo renovaba el aire, y cuyo reflejo temblaba en la superficie de los estanques humeantes. En uno de ellos había una pareja. Caminó hacia allí con paso firme. El hombre era el rey Arquelao. Estaba tendido en el estanque, recostado con los codos en el borde. La mujer anciana que lo cabalgaba era

Cleopatra, que interrumpió sus gritos cansinos y graves, pronunciados al ritmo en que bailaban sus viejos senos, y volvió hacia Mora una cara blanca de grandes ojos. Descabalgó a su hijastro y se alejó atemorizada hacia el centro del estanque, que se hacía más profundo cada vez, hasta que consiguió ocultar su desnudez bajo el agua.

Mora acababa de entender por fin adónde la llevaba su danza por el laberinto: estaba buscando al rey, que se levantó, contento de exhibirse. Mora no sabía bien lo que tenía que hacer. El cuchillo que creía haber tomado para matar a Agatón ¿era en realidad para matar a Arquelao?

—Ven, bruja —le dijo el rey, conteniendo su ira con la misma carcajada impávida de siempre—, a ver si encuentras un sortilegio para unirte cuando te parta en dos con mis propias manos.

Entendió de pronto que el cuchillo era para salvar la vida de Delfiní y lo arrojó lejos, libre de un enfrentamiento que solo podía acabar con su propia muerte. Entonces compuso el rostro de gorgona más horrible que pudo imaginar y, con la voz impostada y gutural con que actuaba en los tiempos de su teatrillo de sibila, le lanzó al rey la profecía:

—Asesinos de un servidor de la Musa: condenados a su misma muerte.

Disfrutando de la satisfacción de quebrarle la carcajada, pasó a su lado por el borde de piedra del estanque, con la mirada fija en sus ojos, y luego, desentendida de él, siguió caminando despacio.

Cleopatra gritaba todavía presa del terror desde el centro del estanque cuando abandonó las termas por la puerta adecuada, al tiempo que por otra entraba la guardia real precedida por Cratero, látigo en mano. Entonces entendió que ella misma había dibujado esas puertas: ella era Zeuxis, ella era Delfiní, poseía en el suyo el corazón de sus hermanas y su madre y su adorable, querida Zanusa, y el de Eurípides mismo. Estaba unida a todos ellos por un hilo invisible, tan fuerte que nada podía romperlo, y tan largo que le permitía pasear por los confines de la tierra sin llegar a liberarse.

Seguid conmigo sus pasos firmes, hermanas. Miradla en el momento en que sale del laberinto, con su embarazo imperceptible aún a los ojos torpes de la mayoría de los hombres, y abandona el palacio. Disfrutad de su saludo majestuoso a los guardias de la puerta, que se lo devuelven confundidos, pero con una sonrisa.

26
El baile de la bacante
[De Pela a Atenas, 406 AEC]

Oh padre. Ya ves que todo se me trastorna.

EURÍPIDES, *Bacantes*, 1329

Pese a que faltaban días para la llegada de la primavera, Mora zarpó con destino a Atenas en el primer barco que se atrevió a hacerlo, desde el puerto de Metone, el único ateniense del golfo Termaico. Una tormenta obligó a la tripulación a buscar refugio antes de llegar a destino en una cala de la isla de Andros, no muy lejos del puerto de Gaurion, donde hubo que reparar la vela y la verga. No arribó al Pireo hasta una tarde soleada y ya plenamente primaveral del mes de elafebolión. Tras tanto tiempo alejada de allí prefirió recorrer a pie el camino enclaustrado entre los dos Muros Largos que unía el puerto con la ciudad. Desde muy lejos le llegaba el humo y la peste de las herrerías, las curtidurías y los batanes, que sin embargo recibió con un incomprensible sentimiento de nostalgia, aturdida por los gritos de los carreteros y el traqueteo de sus carretas en las dos lentas y perennes caravanas que se cruzaban entre los dos muros.

Entró al atardecer en una Atenas engalanada para la celebración de las Grandes Dionisias teatrales, y fue directa al barrio de los Escambónides. El portón de acceso a la casa de Eurípides estaba sellado con tablas clavadas y un cartel que prohibía la entrada por orden del Consejo. Esperó a que las calles del barrio se vaciaran de gente para trepar el muro por la sima de los canalones de la cubierta. Atravesó el tejadillo del pórtico sintiendo por primera vez en su vida un ligero vértigo que atribuyó a su embarazo. Y para entrar en la casa forzó los tablones que ella misma había ayudado a poner en la ventana de su habitación antes de abandonar Atenas.

Recorrió la casa en silencio. Todo lo demás estaba intacto y polvoriento en ella, pero no su mayor tesoro —entonces lo comprendió—: la habían despojado de la biblioteca, cuya ausencia se extendía ahora con pesadez por las estanterías de las paredes.

Los ladrones habían sido minuciosos: no quedaba ni un solo libro.

En un rincón del patio encontró el cadáver de la gran culebra de Esculapio que vivía allí. Alguien le había cortado la cabeza.

Se acostó hundida en su cama de esclava. La rabia y el movimiento del feto en su interior le impidieron dormir hasta muy entrada la noche. Recordaba la frase de Eurípides cuando decidió dejar los libros allí: «Si me los llevo nunca encontraré ninguna buena razón para volver a Atenas».

Por la mañana fue a la casa de Eurípides el Joven y esperó a que saliera. Caminaron juntos hacia el teatro, en donde iba a representarse póstuma la última tetralogía de su padre. Mora tuvo que contarle todos los detalles de su muerte, lo que les resultó a ambos especialmente dañino. Él sabía más que ella de Melitó y Eco, que al parecer estaban preparando ya su viaje de regreso a Atenas. Lejos de molestarlas, el rey Arquelao facilitaba el regreso para que el mundo supiera de su respeto por los bienes de sus cortesanos.

La noticia de la muerte de su padre la había conocido el joven Eurípides a los dos días de suceder, cuando, dirigiéndose a la cena en casa de un amigo que vivía en el mismo barrio, había visto la puerta de la casa abierta y a un grupo de funcionarios con una pequeña escolta sacando de ella los libros. El mismo magistrado que llevaba la orden le informó de la muerte. El Consejo había solicitado que se requisara la biblioteca para destruir las obras impías que se encontraran en ella.

Sin embargo, desde ese momento el Consejo se había dedicado a restituir el buen nombre del poeta. En las vísperas de las Grandes Dionisias la presentación de las obras se había llevado a cabo en su honor con todos los actores sin corona y de luto, a petición de Sófocles. Habían mandado elevar un cenotafio, y habían inscrito en él los versos de una canción en su honor escrita por su discípulo Timoteo.

Durante todo el día asistió en silencio a la representación de las tragedias cuyos versos había ayudado a encontrar a su maestro. Entendió por fin que la poesía es tan ajena a quien la escribe como inseparable de él. En la primera tragedia, *Alcmeón en Corinto,* el héroe, muerto de deseo por la esclava que ha comprado, se da cuenta de que se trata de su propia hija. Las palabras de la hija en esa escena, «Yo soy la Músika», habían sido pronunciadas con insolencia también mucho tiempo atrás por Namu, la madre de Mora, a un sacerdote cartaginés. La memoria del poeta trágico y la suya se unían en aquellos versos sin dueño. E igual que se había sentido muerta en su cuerpo despedazado, se sintió ahora viva en sus poemas.

Siguió con especial dolor la representación de *Bacantes,* el que había sido para Eurípides el proyecto más ambicioso de su vida, además del último. Habían gastado muchos días en intentar desbrozar aquellos versos de la maraña que los escondía. *Bacantes* cuenta la historia del enfrentamiento entre un tirano que quiere imponer a sus súbditos el imperio de la razón y el dios extranjero recién llegado a su ciudad, Dioniso, señor del vino, la sinrazón y los instintos. Tan fuerte cree el tirano el poder de la razón que niega al dios del instinto e intenta encarcelarlo, sin saber que quien no acepta su propia irracionalidad está condenado a sucumbir a ella. Ante la mirada impotente de los espectadores, el tirano, razonable, soberbio e injusto, se acerca paso a paso a su destrucción final.

Antes de que la obra concluyera, Mora se coló en el vestuario del gran Calípides y lo esperó allí blanqueándose con albayalde el rostro y las manos. Al llegar, el actor quedó detenido en el umbral, con la máscara crispada y boquiabierta del tirano puesta aún. Fuera, su compañero Hegéloco recitaba el monólogo del mensajero que informa a la ciudad de la muerte del tirano a manos de las bacantes: su madre y sus dos tías, las tres hermanas que, unidas en la manía dionisiaca como una sola diosa de tres cuerpos, lo habían descuartizado arrancándole los miembros con la fuerza de sus manos desnudas.

Había tiempo de sobra para convencer a Calípides de que le permitiera sustituirlo en la escena final.

—Traigo los versos que faltaban —le dijo—, pero ya no hay tiempo para que los aprendas.

El gran Calípides se quitó entonces la máscara:

—¿Es cierto que murió descuartizado a manos de unas bacantes tracias, él también?

—No fue ningún accidente, si es eso lo que me preguntas —respondió ella.

—¿Y quién quería matarlo?

—No lo sé aún. Parece que se trataba más bien de un pequeño grupo. Estaba el rey Arquelao, que se había hartado de su siervo poeta y se había ofendido con sus obras. Y estaba también su discípulo, el extravagante Agatón, que quería ganar con sangre la gloria poética que merecía y su maestro le impedía obtener. Y hay todavía un tercero, que entre otras cosas parece que quería robarle los libros.

—¿Y por qué iba a querer nadie robar todos esos legajos polvorientos?

—Caprichos de ladrón. Estoy intentando entenderlo.

—Para vengarte.

Mora no respondió.

—¿Y alguno de los hombres que lo perseguían —continuó Calípides— pudo ser quien me envenenó y me hizo viajar dos días en compañía de mis démones?

—Si fue Agatón, el actor que se llevó tu premio, ya estás vengado.

—La duda me impide celebrar la venganza. Si alcanzas a saber la verdad, no olvides avisarme de quién fue, tanto si lo matas como si no.

Por el pasillo de entrada del coro, como llegada desde la montaña, Mora salió a escena con el atuendo de la madre del tirano, sustituyendo por segunda vez en su vida al gran Calípides. Llevaba su tirso montaraz, el largo bastón de las bacantes, con la cabeza de su hijo tirano, una esfera de trapo con su máscara, clavada en el extremo, e iba bailando con pasos desiguales y la melena agitada al cielo una convulsa danza que debía ejercitar con cuidado, consciente de que estaba encinta: era una burla bailada de las celebraciones de los cazadores que había practicado a menudo de niña con su madre y sus hermanas.

No se puede improvisar el caos. En aquel baile irracional e impredecible cada paso seguía movimientos tan ancestrales como medidos. Así es el rumor, la Música que une a los vivos en la memoria de los muertos.

Mora vio que las mujeres se ponían en pie a bailar, presas de la desolación. Amigas, miradme —narraba la danza—, he matado yo sola un león y traigo aquí su cabeza, ¿no gritáis conmigo de alegría?

Muy poco le preocupaba esta vez que se notaran sus manos femeninas. Sófocles mismo se encargaría de acallar cualquier protesta, puesto que nada hay más sagrado en el combate que el homenaje a un rival muerto. Y si no, de cualquier modo, la Música de Eurípides la protegía.

La siguiente escena no la representó, sino que la vivió de nuevo, pero sintiendo esta vez con fuerza el consuelo de su embarazo: el momento en que la madre mira a los ojos la cabeza del león que cree haber matado y encuentra el rostro de su hijo, y luego, como la Madre Dolorosa de Eleusis, recoge los pedazos y de rodillas recompone su cuerpo miembro a miembro. Abrazada al torso de aquel cadáver, acariciaba la cabeza repitiendo gestos que había hecho la mañana en que encontró muerto a Eurípides, y volvía a pronunciar los versos que el poeta le había legado al morir:

> *Vamos, anciano, ayúdame a darle a la bella cabeza*
> *hueco en el cuerpo que entrambos al fin tornaremos*
> *nuevo, juntándole miembros ahora esparcidos por tierra.*

Esa misma noche, otra representación mucho más alegre tenía lugar en el patio de la casa de la hetera Aspasia, ante sus chicas y un selecto grupo de clientes. No eran actores los que cantaban, sino muñecos de arcilla articulados y pintados que manejaba el famoso aedo Kínezos el Joven.

Tebana:

¡Dioniso!, ¡Dioniso!
¡Dioniso, sálvame!

Coro de tebanos:

¡No moleste a nuestros dioses
quien en la noche lasciva
enfangando su belleza,
a su esposo mancilló!

Kínezos se presentaba a sí mismo como titiritero. ¡Titiritero! Sófocles, que había cometido el error de caer por ahí justo antes de que comenzara el lamentable espectáculo, detestaba a aquel hombre, y al verlo pensó en largarse. Pero las garras de Aspasia le habían impedido escapar.

Aquel buscavidas había robado el nombre a uno de los grandes creadores de la escuela de Homero, el verdadero Kínezos de Quíos, al que él llamaba el Viejo, el autor del homérico «Himno a Apolo», según se contaba. Este Kínezos juraba que era nieto suyo. ¡Farsante!

Además de fatigar a Homero y Hesíodo, Kínezos poseía un repertorio descomunal y delirante: los trabajos de Heracles y los de Teseo, todo el ciclo tebano, regresos de Troya a pares, un sinfín de fábulas esópicas, y tragedias de Esquilo, y los himnos homéricos, y refranes y juegos de manos y un montón de otras simplezas y niñerías que traían de calle al populacho. Sus habilidades como saltimbanqui, instrumentista y danzante eran evidentes. Vale. Como actor había que reconocer que malo no era..., y uno de los pocos capaces de desenvolverse en la comedia y la tragedia. Vale también. Solo con esas habilidades ya habría podido dejar la calle, pero él seguía frecuentando las ágoras de las ciudades, acrecentando su fama montado en su carro ambulante, en honor, decía, del viejo Tespis, el divino cantor, padre del teatro.

Pero Sófocles no soportaba que nadie viniese a hablarle de sus habilidades como músiko. Eso sí que era descaro. ¿Músiko? Vergüenza de las Musas, habría que decir.

Todas las primaveras Kínezos se presentaba en Atenas y montaba su espectáculo en el mercado, pero esta vez había sido invitado con pompa para hacerlo en el teatro de Dioniso. Y a Sófocles no le había quedado más remedio que aceptarlo: su popularidad era imparable. Había triunfado en Siracusa y en Corinto y en Olimpia y en Tebas. Cuando en la Asamblea se planteó la invitación, tuvo que escuchar toda clase de elogios y bobadas: ¡que había ampliado el corpus homérico como su supuesto abuelo!

Paparruchas. Se le abrían las carnes con tanta tontería.

Así que por primera vez iba a desplegar sus juegos de manos en el centro del drama griego..., asistido por un pequeño coro de indecentes «muchachas» —no tan jóvenes, en realidad—, de las que se decía que eran sus seis esposas, y cuya participación la Asamblea no había prohibido, alegando que ninguna de ellas actuaba.

¡En el templo de la tragedia!, ¡aquel abremuros! Y no contento con eso tenía la caradura de acercarse cada noche a casa de Aspasia a ver si saciaba sus deseos con esta o con aquella hetera a cambio de sus monerías.

Era el culmen de su carrera, y no había más que verlo, aunque Sófocles se había quedado completamente ciego y solo podía oírlo. Pero se lo imaginaba bien, harto de encontrárselo en el ágora cuando aún veía: su cuerpo espigado, resplandeciente, que en vez de esconderse tras un teatrillo de madera, como otros hacían, bailaba a la vista de todos, manejando con soltura los hilos de aquellos muñecos de un codo de altura, y pasmando con su ventriloquía a la concurrencia como si manejara también sus movimientos con otros hilos endemoniados.

Sin embargo Sófocles no pudo evitar atender a la extraña obra que estaba representando, por desagradable que fuera escuchar los gritos de la muñeca tebana a la que sospechaba de piel blanquísima y grandes ojos rasgados:

Tebana:

¡Dioniso!, ¡Dioniso!
¡Dioniso, sálvame!

Parecía una de esas extrañas historias que corrían por ahí sobre la sabiduría rápida y profunda del dios-hombre Dioniso. Sófocles no necesitaba ni verlo: con una mano manejaba Kínezos los hilos de un grupo de tebanos airados, representado como siempre en sus obras por un muñeco grupal que agitaba brazos y piernas al tiempo. Los tebanos se disponían a lapidar a una matrona adúltera, pero ella se había refugiado tras el dios Dioniso, en cuya cabeza brillarían dos cuernos de chivo.

Sófocles casi podía reconstruir uno a uno los movimientos del titiritero, que sin duda manejaría las marionetas de Dioniso y la tebana con una sola mano, dejando suspendida de una percha la que no actuaba para coger la otra, como solía hacer.

Entonces los tebanos le pedían a aquel dios-hombre que les entregara a la mujer, pero Dioniso, mientras escribía distraído algo con un dedo en la arena, les exigía que dieran una prueba del adulterio. Y ellos le mostraron la sandalia de la mujer, que traían.

Era una de esas sandalias de prostituta que tienen en la suela grabada en relieve y en caracteres griegos invertidos, para que quede escrita en la arena, la palabra:

ΑΚΟΛΟΥΘΙ

Esto es: *Akolúci*, 'Sígueme'.
Resultaba evidente que la mujer había deshonrado a su marido. Pero en vez de darles la razón, Dioniso seguía escribiendo en la arena.

Y como ellos reclamaban su sentencia, al fin les decía, levantando la cabeza:

> *El que nunca se haya visto*
> *de las mañas de Afrodita*
> *lujuriosa derrotado,*
> *como libre de esa culpa,*
> *la primera piedra tire.*

Y entonces, para satisfacción de las chicas de Aspasia, a las que sin duda Kínezos sabía complacer, dejando caer al suelo las piedras que traían para lapidarla, se retiraban los tebanos por donde habían venido, mustios y silenciosos. Y Dioniso, levantándose, antes de volver a entrar en su templo le decía a la bella tebana:

> *Eres libre, te perdonan.*

Ella se postraba ante él, como era de esperar, y cuando Dioniso se retiraba, disimuladamente miraba lo que había escrito y, entusiasmada, lo glorificaba, dando fin a la obra:

> *Dioniso, ¡a ti evohé!*

La casa de Aspasia se vino abajo con los aullidos de alegría y aplausos de sus chicas. Mientras los muñecos de Kínezos recibían los vítores con reverencias.

—Eh, Kínezos, ¡vamos! ¿Eso es todo? —protestó una de las chicas al ver que dejaba sus muñecos y pedía vino.

Sófocles reconoció su voz melosa: era Afrodisia, la mano derecha de Aspasia.

—Cuéntanos qué tal te ha ido en Persépolis —insistía la propia Aspasia—, y cántanos el poema que le vendiste a Darío. A ver el tamaño de tus adulaciones mentirosas.

—No fui a Persépolis, después de todo. Hubo malos presagios al principio del viaje, y cambié de rumbo.

—Entonces dinos ahora una de tus adivinanzas endiabladas, a ver quién la averigua —pidió una de voz muy ronca.

La de voz ronca era Obolé. Sófocles la conocía ya de cuando se ofrecía a cualquiera suplicando una moneda en el Cerámico. Y pensar que ahora no se agachaba por menos de cuatro dracmas... Vamos, ¡ni que fuera un efebo! Una familia con tendencia a la prosperidad, había que reconocer. Su hermano se había hecho banquero. Eso daba aún más que la venta de armamento, aunque lamentablemente hundía el prestigio. Así que la economía de su casa estaba bien como estaba, y seguiría rigiéndose por el comercio de armas. Pese a que a él el dinero le traía al fresco.

Kínezos se hizo rogar, alegando que se le iba a agotar el repertorio para el día siguiente en el teatro de Dioniso, pero al final accedió:

—A ver quién es la lista que me da la solución de esta:

Vuela a la niña y esposo le roba que antes le daba.
Vuela a los pobres y posa en las manos del más opulento.
Nunca se altera, y muchos la cambian y nadie la olvida.
¿Cuál es el ave que todo transforma sin ella inmutarse?

—¡El mochuelo o tetradracma! —gritó Sófocles antes de que acabara, pese a que se había jurado mostrar indiferencia ante las hablillas populistas de aquel poetastro.

Todas rieron, y abuchearon al titiritero.

—¡Oh, venga, esa la sabe hasta un niño!, Kínezos: dinos una de las que no tienen solución...

No era la voz de una de las chicas la que había hecho esa petición, sino la de Kibaba, el frigio. Sófocles apartó de su mente las imágenes de la última vez que cayó en las redes de aquel ser repugnante que ni había nacido mujer ni se contaba entre los hombres. No era ese momento de excitarse, sino de mostrar control dórico.

¿Y qué hacía allí él mismo? Despreciaba a Kínezos, a Kibaba y a aquellas mujeres libérrimas y doctas como sofistas. Mujeres de lengua soez, ávidas siempre de cotilleos y despectivas con los hombres, a los que manejaban a su antojo.

—Todas tienen solución, mi niña... —protestaba Kínezos.

Pero ¿adónde podía ir Sófocles si no quería quedarse en casa solo? Todavía no se había acostumbrado a aquella ceguera que despacio le había robado, además de los colores, ya casi por completo las formas. Ahora nunca sabía si las sombras de desvaídos contornos que se dibujaban en su mente, inmóviles o cambiantes, correspondían a algún tipo de bulto real, o si solo las imaginaba.

—Venga, dinos una que no seamos capaces de averiguar, y eliges la compañía —le pidió una a la que no reconoció.

—¡Doble o nada! —sugirió Kínezos.

—¿Quieres que me lleve al gato? —se burló.

Si andaba con su gato tenía que ser Vany.

—Sin gato. Me conformaría contigo y ese jovencito que tenéis hoy entre vosotras...

—¿Hírom, el Chacal? No es de la casa, es un amigo de la familia de Aspasia, está de visita —le aclaró Afrodisia.

Sófocles estaba intrigado con el tal Hírom, del que todas las heteras hablaban con respeto. Tenía nombre fenicio, pero no podía ser uno de esos parlanchines púnicos, al contrario, hablaba muy poco, y siempre para decir algo: demasiado culto, y el acento no era cartaginés, o no del todo, pensó. El Chacal era un apelativo de guerrero de las arenas de Libia, más que de poeta.

Le daba rabia no poder observarlo. Y él no se prodigaba en comentarios.

—Vaya, lo lamento. Y te pido disculpas, Hírom, si te he ofendido —dijo Kínezos.

—No he descartado dedicarme a vender mi cuerpo. Es menos dañino que vender poemas —replicó el tal Hírom.

¿Qué había entre aquellos dos, odio o amor? Sófocles notaba la tensión cuando hablaban: el modo en que rodeaban sus palabras de silencio.

—Bueno —exclamó Kínezos—, pues si Hírom habla también como poeta ya tenéis dos poetas para descifrarla. Pero confío en mi adivinanza. Esta vez no es en verso, y tiene que ver con la obra que he representado. Es una pregunta profunda, así que prestad atención... ¿Qué es lo que escribe el dios-hombre Dioniso en la arena cuando habla con los tebanos lapidarios y que tanto conmueve a la tebana adúltera al leerlo?

Hubo un silencio largo. ¿Cómo podía saberse algo así?, pensaba Sófocles. Entonces tuvo un destello.

—Yo lo sé —dijo, alzando su sabia mandíbula, con gesto grave e intentando darle también gravedad a su voz agudísima.

—¡Vamos! —lo animó el titiritero.

—Dioniso escribe:

Ve con tu esposo y no vuelvas a errar.

—¡Anda ya, Sófocles! —protestó ahora Aspasia desatando el abucheo de las demás—. ¡No estamos en la Asamblea! ¡No me vengas con monsergas!

—¿Y qué dijo si no, Aspasia, la más prudente entre las mujeres? —le preguntó.

—¿Cómo voy a saberlo yo? —preguntó a su vez ella.

Entonces tomó la palabra el joven Hírom:

—La solución es muy sencilla —aseguró—. Lejos de volver con su marido, la matrona adúltera se convierte en amante de Dioniso, bacante seguidora de su séquito. Ella es una encarnación de la diosa triple. La segunda de las tres Marías, la ninfa amante conocedora de todos los placeres. Porque lo que Dioniso ha escrito en la arena y ella lee es lo mismo que escriben con sus sandalias las prostitutas: «*Akolúci*»: 'Sígueme'. Y ella obedece.

—¡Bravo! —exclamó Kínezos. Sonaba conmovido—. Hace falta estar muy cerca de la Musa para conocerlo.

Sófocles soportó como pudo los vítores y chillidos de celebración de las chicas. Así que era eso: Chacal en el sentido de depredador de ideas. Se preguntaba si no sería mejor largarse de una vez. Aunque el tal Hírom le creaba una espesa atracción, con su voz joven y profunda a la vez. Y eso le impedía ponerse en pie.

—Entonces estamos como estábamos, Kínezos: me parece que aún no has conseguido tu recompensa —apuntó Aspasia.

—Pero no hay adivinanzas más complicadas que esa, que yo sepa..., a no ser que Hírom pueda responder a la que me corroe. Esta me vino en sueños, fijaos, y hasta hoy jamás he podido descifrarla, pese a que sé bien que ando implicado en su enigma, como si en ella me fuera la dicha.

—Si querías intrigarnos, lo has conseguido con tus trucos de mago —exclamó Aspasia—. Di ya esa maldita adivinanza sin solución.

—Bueno, es en verso, también. Os la digo tal y como me llegó:

La bestia que poseo se alimenta
de sí misma y a sí sola devora.

¿Eso era todo? Sófocles no le veía la gracia. ¿Un animal que se alimenta de su propio cuerpo? Sabía de un hombre que había conseguido librarse de una batida con perros arrancándose un dedo de un mordisco y arrojándolo lejos. No era un cuento de viejas, Sófocles mismo comandaba la persecución del desertor. Vio la locura de los perros y tuvo en sus manos el dedo pálido y ligero como de cera. Pero eso no era ni parecido a devorarse.

—Bien, podéis rendiros cuando queráis... —Kínezos no fanfarroneaba esta vez—. Creo que será mejor para vosotros que la adivinanza no se os hinque en el hígado como a mí.

—Ah, vamos, tiene que ser sencillo, como siempre —protestó la voz de Kibaba—. ¿Un animal que se come a sí mismo...? Estas cosas cuando las sabes son de lo más tonto. No querréis que Kínezos salga de aquí con la bolsa intacta tras manosear a las dos que elija, ¿verdad? ¿Aspasia?

—Ya, ya. Si le doy vueltas... ¿Un río?, ¿una nube?, ¿un volcán? No se devoran, claro...

—Tienes el don, Kínezos, y has aprendido a manejarlo —dijo Hírom—. ¿No lo ves?

Sófocles frunció el ceño. Desde luego la voz de aquel joven era apreciable. Seguro que cantaba bien. Voz con un ligero toque varonil, pero al tiempo delicada como la de una mujer. Si él hubiera tenido una voz así y no esa estridente flauta con que había nacido, habría logrado éxito también como actor...

Kínezos, el charlatán, se había quedado callado, y sobre la reunión caía un silencio espeso.

—Estás malgastando lo que tienes —continuó Hírom—. La virtud de ser otro es el don de los poetas y los actores. Ser otro es enlazarte a otro en un baile que te une al mundo. Es Músika. Aunque si no lo sabes usar, el don se vuelve contra ti. El personaje, la persona, ese monstruo inventado, va ocupando el espacio que cedes, y crees que creces, pero no: te miran, ganas aprecio, dinero. El éxito.

El silencio se alargó. Sófocles imaginaba las caras. En verdad entre aquellos dos flotaba el odio. O el amor.

Hírom, el Chacal, retomó la palabra:

—Somos los servidores de las Musas, no sus mercaderes. Si sigues derrochando su regalo, te devorará. Al final llega el día en que no puedes quitarte la máscara porque detrás ya no hay nada.

Habló entonces Kínezos. Intentaba en vano sonar ligero, pero el dolor de su voz tenía una densidad evidente:

—Gracias, Hírom. Creo que lo he entendido. No sé si podré con el monstruo. Quizá lo intente, un día, dentro de poco; quizá no.

—Esa otra adivinanza se resuelve sola: no lo harás —dijo el muchacho sabio—. Ahora lo has conocido, y ahora tienes que romper. Ya. No vayas mañana al teatro de Dioniso. Recoge tus cosas y lárgate.

El rapsodo rio:

—Eres buena gente, Hírom. De momento voy a hacer una venta más, no sé si la última —contestó—. Te vendo un sueño, el que quieras. No es un regalo, pero no sé ponerle precio para ti. Tienes que pagar con algo que consideres valioso.

¿Aquel poetastro pretendía vender un sueño en su presencia? Sófocles no podía permitirlo, las habladurías acaban con la mejor reputación:

—Eso es repugnante magia de hebreos —dijo.
—Ciertamente —concedió Kínezos.
—Oh, vamos, Sófocles —protestó Aspasia—. Es un juego, ¿no lo ves?
—Es un juego, pero es verdad —añadió el titiritero—: de los hebreos adoradores de Yahveh y su consorte Anat, la diosa de los Cielos. Aprendí este juego de uno de ellos en Elefantina, la isla del Nilo.
—Dioses de la mentira y la falsedad —siguió protestando Sófocles.
—Todos los dioses son falsos, Sófocles —se rio de él en sus barbas el titiritero—. Lo sabes, y con nosotros no tienes que disimular. Son los sacerdotes los que buscan esa confusión de ficción con realidad, no los poetas.
A una agresión así él no iba a responder.
—¿Llevas las monedas en la boca, Hírom, como una matrona? —preguntó Obolé riendo.
No hubo respuesta a esa pregunta. Pero Kínezos dio una palmada al aire.
—¿Qué moneda es esta? —preguntó.
¿Había volado una moneda a sus manos? ¿Extraída de la boca de Hírom?
—Un león lidio —respondió Hírom—. El último de los que me regaló mi madre.
—Servirá. Anat te concede tu sueño. Ojalá lo disfrutes.
Su pasión, del signo que fuera, se había enfriado, porque lo dijo con resignación sincera.
—Aspasia, ya es hora de que me presentes a tu amigo Hírom —pidió Sófocles—. Dile que se siente a mi lado.
—Es muy mayor para ti, querido —le avisó la hetera.
—Como decía Eurípides —alegó el viejo poeta—, el otoño de los muchachos es tan agradable como la primavera. Dime, Hírom, ¿cuánto tiempo vas a estar en Atenas?

—No lo sé, he venido sin prisa, maestro.
—Bien, bien. ¿Y no te gustaría hacer un intercambio poético?
—¡Qué cochino! —exclamó Afrodisia.
—No hagas caso a estas lenguaraces. Soy un ciego reciente, un poeta con una gran biblioteca que anda buscando quien le lea. Los actores son demasiado orgullosos para aceptar un trabajo así... Por mi parte, no son pocos los conocimientos de poesía que puedo comunicar a un joven. De hecho, tengo un pequeño grupo de discípulos, el Séquito de las Musas, quizá hayas oído hablar de él...
—¿Y quién no, maestro? Y además de tus tragedias, he leído con atención tu obra *Sobre el coro*.
—Oh, vamos, ¡este muchacho promete! —concedió Sófocles.
—Encantado de leer para ti. Mañana si quieres me acerco a tu casa.
—¿Mañana? —se extrañó el poeta—. De eso nada, Aspasia, dile al siervo que me ha traído que le doy la noche libre.
—Bueno, ¡qué prisas! —dijo la dueña de la casa.
—Llévame a casa tú, Hírom —pidió el viejo poeta al joven viajero—. Quiero enseñarte mis libros. Y averiguar por qué te llaman el Chacal.

27
La biblioteca de Sófocles
[Atenas, 406 AEC]

> Tanto los Estados como los individuos son enemigos, cada uno de todos los demás, y todos de sí mismos.
>
> PLATÓN, *Leyes*, 1, 626e

A su alrededor gemía ansioso uno de esos falderos meliteos, blanco y peludo:

—*¡Too* es el único que me da cariño ya!, y qué extraño que a ti no te ladre, es muy celoso —había dicho Sófocles al entrar en su casa, cuando el animal se abalanzó sobre él agitando la cola.

Después se reclinó en un lecho, y daba órdenes a su invitado como a un esclavo más.

—Seguramente pensarás que el deseo de un hombre de mi edad se ha apagado —dijo al fin, relajándose, y dejando que el perro se tumbara en su regazo a lamerle la cara—. ¡Quita! Más aún al verme ciego: para los jóvenes el deseo reside en la mirada, ¿verdad?

Descuidada ya de la parte visible del disfraz de Hírom, Mora husmeaba aquí y allá en la amplia sala, ansiosa como un chacal ante su presa acorralada.

—Pues te equivocas —continuó el poeta—: el deseo de los jóvenes es confuso, y casi siempre vergonzante. Descubrí el deseo..., ¿sabes cómo?: viendo desfilar a la entrada de Atenas a los soldados del emperador persa Jerjes, que venían a destruirla. Yo estaba en plena pubertad y ellos eran ya jóvenes arrogantes. Esa belleza persa incontestable, escurridiza y afilada como un puñal de hielo me arrebató, ¿puedes creerlo? El deseo de ser poseído, arrasado por ellos, me hizo su cautivo mientras golpeaban con patadas marciales la tierra ante mí.

Sobre la mesa había un atril con un volumen abierto, sujeto con una lasca que reposaba sobre la columna de texto y la línea en que la lectura se había abandonado. Mora lo miró con curiosidad.

—Ah, muy bien. Lee, por favor, joven Hírom —dijo Sófocles al oír que tomaba el libro en sus manos.

Mora supo entonces que debía andarse con cuidado. Pese al poco tiempo que llevaba sumergido en la ceguera y a su mucha edad, el poeta estaba ágil y de algún modo conseguía enterarse de todo lo que sucedía a su alrededor.

Leyó solo los cuatro primeros versos del poema:

> *Tres monedas de oro puro dame,*
> *deja de alabar mi verso, hermano.*
> *Tintas negras tiñen estos dedos:*
> *dime otra manera de limpiarlos.*

—Simónides de Ceos era un hombre brillante —dijo Sófocles—. Y tu voz tiene la inspiración de Eros, Hírom: me has excitado. ¿Te has planteado alguna vez ser actor? Harías buena carrera con esa voz, créeme.

—Hay un comentario escrito al margen —señaló Mora.

—¿Qué dice?

En el costado de la columna, la anotación se había hecho con tinta roja. Tenía la letra rauda y sumamente inclinada de Eurípides.

—«El oro solo limpia la sangre de las armas» —leyó. Era la prueba.

Había resultado sencillo encontrar al ladrón de la biblioteca de Eurípides.

—¡Ja, ja, ja! Sí, es una reacción maravillosa a esos versos, tan inocente como indignada, recién llegada de un corazón «limpio», sin duda. No es mía. La hizo el dueño anterior de ese libro, un amante de la paz. Por mi parte soy lo contrario. He sabido acrecentar con mis versos la fortuna que me legó mi padre: con «lo que los versos deben dar al poeta», como decía Simónides... ¿Te gusta Simónides?

—Prefiero otros poemas suyos:

... para todo llega al fin
el terrible torbellino:
las hazañas, la riqueza...

—Ah, eres un joven muy leído, ¿eh? El dinero no sirve para demasiado, es verdad, pero al menos me ha servido a mí para juntar, con los años, unos cuantos volúmenes que ayudan a mi memoria caduca...

Estuvo hablando un rato largo de *sus* libros. Le ofreció mostrarle la biblioteca que, dijo, había tenido que repartir por distintas estancias de la casa. Mora declinó la oferta. Solo restaba acabar con aquel viejo y largarse de Atenas. Venganza, por fin.

—Ahora, en la vejez, he comprendido que esos libros son mi mayor tesoro —dijo aquella hiena—. No puedo leerlos como no puedo apreciar la belleza de las líneas de los cuerpos, pero me quedan otros placeres: escuchar los libros o palpar los cuerpos. Antes de desnudarte, léeme poesía, pero lo que quieras tú. ¿Hay algún poeta que te guste especialmente?

—Me gusta mucho ese compañero tuyo que también hace tragedias, Eurípides.

—¿Eurípides? Por Zeus, qué vulgar. Eurípides ha muerto hace poco, no sé si lo sabías. Era discípulo de mi círculo, un tipo bastante raro, muy poco sociable, y la verdad es que tenía cualidades, pero nunca conseguí que aprendiera bien nada...

Entonces comenzó a hablar de sus propios logros. Le contó cómo había vencido en las Dionisias al propio Esquilo de joven, cuando aún era su maestro, en su primera participación. Y cómo él se marchó humillado a la corte de Siracusa. Y cómo había ayudado a Eurípides desde el principio a hacerse un hueco entre los dramaturgos de Atenas, pero venciéndolo en todos los certámenes en que se enfrentaban.

—Aunque, fíjate, por las últimas obras suyas que se han representado hoy, mañana le auguro a tu admirado poeta la victoria en las Grandes Dionisias. Yo mismo he hablado con los diez jueces para pedirles que ninguno me vote y que le cedan el voto a él. Le tenía cariño...

—¿Los diez jueces cuyos nombres nadie conoce y se van a mantener en secreto hasta mañana?

—Eres un muchacho decididamente malpensado y deslenguado. ¿Y qué es lo que te gusta tanto de Eurípides, si puede saberse?

—Sus personajes oscuros —dijo—. Sobre todo sus mujeres oscuras. Son de verdad.

—Tú eres un crío aún, Hírom, y te identificas con la oscuridad humana porque acabas de descubrirla. Pero en él practicar la oscuridad era ya muy irresponsable.

Lo acusó por su retrato de las heroínas como atenienses comunes y apasionadas que solían salir indemnes de sus fechorías.

—No se daba cuenta de que con el culto a la irracionalidad de sus personajes estaba haciendo daño a toda una generación de jóvenes. Sus mujeres *de verdad* deberían buscarse los amantes en las tumbas de las cunetas, no en los palacios de los héroes.

Se quedó un rato meditando en sus propias palabras.

—Escúchame —siguió—: si quieres quedarte conmigo, no vuelvas a hablarme de Eurípides. Vas a recibir un buen castigo, ya verás, cuando estés debajo de mí. —Soltó una carcajada—. ¿Quieres leer algo con personajes *de verdad* y sin embargo dignos de aparecer ante el pueblo de Atenas y sus ilustres visitantes? Ahí, encima de esa mesa del rincón tiene que estar el volumen de mi *Antígona*.

Mora se levantó y tomó el libro.

—Lee —le dijo el poeta—, que para eso has venido. Pero mejor no te desnudes todavía. Como sigas con esas impertinencias voy a arrancarte la ropa a pedazos. Léeme esos versos que dicen así:

> *Mi muerte ya sabría, ¿cómo no?,*
> *aunque no la pregonaras...*

Mora pensó que aquella cita era ciertamente premonitoria.

—Pero antes —siguió Sófocles, expulsando a *Too* de su regazo y dejando la copa sobre la mesa— prepárame una manzanilla con menta. No más vino. Me apetece estar en plena forma para darte por fin la azotaina que te mereces. Tienes todo en las cocinas, al otro lado del patio... Verás enseguida la alacena, una puerta pequeña...

A Mora le pareció una buena excusa para indagar un poco más, pensar y disfrutar de la inminencia de su venganza. Seguida por *Too,* que aprovechaba cada vez que se detenía para lamerle los tobillos, cruzó el patio, en cuyas paredes se mostraban armas de la colección de la familia de Sófocles, y accedió a la cocina. Tomó en una pequeña olla agua templada de un caldero que estaba colgado cerca del brasero y la puso a calentar. En las estanterías de la alacena había unos tarros con todo tipo de hierbas. Encontró la manzanilla y la menta y las apartó. Tomó una escalera de mano para subir a los estantes más altos. Olisqueó los distintos tarros de arriba hasta que dio con lo que buscaba.

Tenía aquel olor dulce, tan semejante al de los higos, pero mucho más pegajoso.

Se aprestó para la venganza concienzudamente mientras preparaba la infusión. Iba a ser necesario sobre todo resistirse a ciertos embates del pasado. A su memoria llegaron palabras de su madre Namu para ella y sus hermanas antes de huir de la cueva: «He matado a un hombre, a muchos», dijo, «y he perdido el hilo que me lleva a casa. Y lo peor es que ya no quiero buscarlo. Mi tiempo se ha acabado. Espero que empiece el vuestro. Eso espero».

Ahora podía oír con nitidez palabras que cuando se pronunciaron no alcanzaban a romper el muro que había alzado a su alrededor para aislarse.

«Viajan por el mundo horadando y ensuciando la tierra para arrancarle el mercurio con el que arrancan también luego el oro», decía su madre contra los fenicios. «Con el oro hacen grandes copas, anillos, esculturas: el arte, la belleza que se venden unos a otros. Han aprendido a matarse para robarse esa belleza, y después destruirla fundiéndola de nuevo en oro. Están ciegos, y jamás encontrarán el camino a su interior. Y yo me he perdido con ellos y estoy ciega también. Pero para vosotras tres hay todavía una pequeña esperanza de no soltar el hilo que os une con vuestro pasado.»

Apartó los recuerdos, que llegaban demasiado tarde para hacerla desistir de su venganza. Volvió a la sala seguida de nuevo por el perrillo faldero. Le dio a Sófocles la infusión que había preparado y se dispuso a leer por fin el pasaje de *Antígona*.

Mora conocía esa obra, que Eurípides consideraba maestra. Y lo era sin duda. La historia de una muchacha que se enfrenta a su rey para enterrar a su hermano, un traidor condenado precisamente a permanecer insepulto. Uno de esos conflictos éticos que apasionan a los atenienses: ¿defender al estado o a la familia cuando se enfrentan?, ¿obedecer al rey o a los dioses cuando sus mandatos entran en conflicto?

Sófocles posó el bastón a un costado del lecho y, mientras Mora leía, desplegó el manto dejando, como si se hubiera colocado a tomar el sol, su cuerpo desnudo a la vista. Lo tenía viejo pero fibroso, depilado, los senos apenas un poco crecidos de más.

Mi muerte ya sabría, ¿cómo no?,
aunque no la pregonaras. Y el fin
anticipado en mi provecho entiendo.
Pues quien vive como yo en tal desgracia
¿cómo no iba a aprovechar el morir?

Dejó de leer ahí.

—Músika asombrosa, desde luego. Una mujer razonando con sobriedad sobre los beneficios de su muerte inminente —dijo, sin dejar asomar la ironía—. ¿Qué hace perdurable la obra de un hombre, maestro? ¿La bondad de su mensaje, la técnica...?

—Bueno —respondió él—, la técnica es imprescindible, pero no lo único, ni siquiera lo primero. Y ¿la *bondad* del mensaje? Me parece que eso no sirve de nada. La bondad lleva a la derrota, casi siempre, y el poeta debe pelear y ganar: la grandeza es la vía para hacer una obra perdurable, no la bondad. El fracaso empequeñece. Hasta el valor de un hombre excelente está por debajo del valor de un poema excelente.

—Nunca he entendido muy bien qué es eso que llamáis aquí la excelencia —confesó la invitada travestida.

—¿La excelencia? Es eficacia, honor, dominio, riqueza, brillo y, sobre todo, éxito. Mírame a mí, vivo, fuerte, y acuérdate de Eurípides.

—Me parece que lo veo.

Sófocles sabía lo que decía, y le gustaba escucharse:

—Simónides era avaricioso, y consciente de su avaricia, pero su poesía es inmortal. Lo que lleva al poeta a alcanzar la excelencia es conocer el funcionamiento de la sociedad en que vive, para presentar el mensaje que la ciudad necesita. Es la ciudad la que otorga *su* gloria al poeta. El estado. ¿Conoces el nombre de algún poeta sardo, por ejemplo? No, ¿verdad? Los sardos pertenecen a un pueblo humilde, humillado. Es verdad que trabajan el hierro maravillosamente, sin embargo eso los convierte en esclavos de nosotros los griegos o vosotros los fenicios: del primero que pasa por ahí, ¿no crees? Y luego enferman de las heridas del hierro oxidado, y mueren con esa sonrisa trascendente, la sonrisa sardónica, que los escultores colocan en el rostro de las estatuas de los que vagan por el infierno... Ese es el destino de un poeta bárbaro. No hay victorias para ellos, no hay un mercado que controlen para vender el hierro que producen, que cae en manos griegas o fenicias. No hay ciudades sardas que ellos gobiernen y glorifiquen ni nada por el estilo... Así que no hay poetas ni obras de valor en la literatura sarda. ¡No hay Músika sarda! Ya lo sé, no hace falta que me lo digas: seguro que hay canciones allí, como en todas partes. Muy bien, ¿y a quién le importa?

—Entiendo —dijo Mora, recordando con cariño a Kúkuro, el poeta sardo que guiaba con su flauta los sueños de los remeros de Zanusa Tursikina—. Entonces esta obra maravillosa, *Antígona*..., su valor radica en que pertenece a Sófocles, el sacerdote de Helios, el huésped de Esculapio, el glorificador de Atenas y uno de sus funcionarios más importantes. Poco importan los errores que pueda tener...

—Las palabras ácidas acabarán quemándote la boca, ¿sabes? —rio de nuevo—. Cuando intentas burlarte de mí me excitas bastante más que cuando lees mis versos. Ven aquí, que te voy a dar por culo, para que aprendas. Esto te va a doler un poco... Pero venga, dímelo antes, ¿qué error te han contado que hay en *Antígona*, eh?

—Bueno..., está muy bien, desde luego. Es una obra redonda: su estructura..., ese enfrentamiento de la súbdita, una mujer joven, contra su viejo rey..., y en defensa de un muerto... Impresiona.

—Vaya, eres un ánfora de sorpresas. Así que la has visto representar...

—No, no. La leí.

—No entiendo esa pasión por la lectura de las nuevas generaciones.

—Ya. Y sin embargo tienes la biblioteca de un hombre que lleva toda la vida acumulando libros.

—¿Cómo puedes saberlo, si no me dejas enseñártela?

—El caso es que en la lectura me asombró Antígona, su carácter. Entonces descubrí que hay ahí una pequeña mentira del autor...

—Ja, ja, ja. —Sófocles reía con franqueza, cada vez más excitado. En verdad le gustaban los chicos malos—. ¿Y cuál es esa mentira que has encontrado, dime, Hírom?

—Simplemente: Antígona no es una doncella, sino uno de esos efebos que te traen de cabeza —dijo Mora.

Y a continuación dejó de impostar la voz y habló con la suya verdadera, de mujer adulta, embarazada, llena de ira:

—¡Tu Antígona es un hombre!

El bastón del ciego Sófocles golpeó con tal violencia la lujosa silla en la que Mora había estado sentada un instante antes que la partió en dos. Casi la alcanza. Jamás habría podido imaginar en aquel viejo ciego la capacidad de ponerse en pie de un salto y descargar sobre ella semejante golpe a dos manos.

—¿Quién eres? —preguntó con furia contenida agachado y tenso, buscándola, olfateando el aire.

No solo era un poeta. Como todos en aquella ciudad, era un guerrero. Supo que si no hubiera estado ciego ya la habría cazado.

En vez de contestar, Mora lanzó el libro al aire cerca de él. Sófocles se entretuvo en darle al libro un bastonazo, lo que le sirvió a ella para alejarse de un salto. Hizo bien en tirarse al suelo, puro instinto, porque el viejo le había lanzado el báculo dando continuidad al impulso del golpe al libro.

Se estrelló contra la pared, tras ella, y cayó tamborileando en el suelo con sonido metálico.

Había sido el último golpe, desesperado, de un inválido. Y había fallado. Sin bastón ya no tenía posibilidad alguna. Se recostó hundido, de nuevo, en su lecho. De cualquier modo, Mora decidió no quitarle ojo. Arrojó el bastón al patio, extrajo de entre sus ropajes un cuchillo sacrificial y lo desenvainó extremando la cautela. Con todo el sigilo de que era capaz, recorrió la habitación para cerciorarse de que no había a su alcance armas.

—¿Qué me has dado? —preguntó él entonces, intentando tragar—. Tengo la boca seca...

—Manzanilla, menta y mucho azúcar. Con estramonio. Tu bebida preferida —respondió.

—Maldita seas. ¿Quién eres? ¿Por qué me has envenenado? ¿Por qué me matas?

—He tenido cuidado con la dosis, mucho más del que tuviste tú con Calípides.

El viejo poeta respiró hondo. La esperanza de sobrevivir, calculó Mora, le devolvía cierto grado de paz.

—¿Has venido a vengar a un actor idiota? No. Dime qué buscas en mi casa.

—Buscaba al asesino de Eurípides. Ahora me gustaría saber la razón. ¿Qué te llevó a acabar con él cuando nunca había sido una amenaza para tu excelencia?

Sófocles meneó la cabeza, haciendo esfuerzos para aplacar la ira. Era muy inteligente, desde luego. Estaba calculando con frialdad las posibilidades de salir vivo de aquella.

—Durante toda mi vida he estado ayudando a Eurípides —dijo al fin—. Le enseñé lo que sabe y luego he perdido días enteros intentando en vano que encontrara la senda para ayudar a la ciudad. Le he conseguido año tras año los coros que necesitaba para sus obras, y no he recibido más que palabras por su parte, ni una sola muestra verdadera de disposición a colaborar con el ejercicio... —dudó bajo los primeros efectos de la droga—, el ejercicio responsable de su arte.

—Le has robado los libros, y ahora presumes de que son tuyos —dijo.

—¡Son míos! Míralos, en mi casa. La ciudad me los ha donado después de requisarlos.

—Decías que eran inútiles, que había que contener la lectura como pasión estéril, que esta biblioteca estaba contaminada de libros extranjeros...

—¿Quién eres? Una mujer. Tenía que haberlo imaginado: el Chacal. ¿Qué buscas aquí?

—Lo sabrás. Antes responde. ¿Para qué los libros?
—Los libros son inútiles para un poeta. Pero ahora la ceguera me ha dejado incomunicado. Necesito oír versos, y tener donde escoger...
—... para no enfrentarte a tu oscuridad.

El viejo intentó tragar saliva sin conseguirlo, y habló con voz pastosa:

—Bien. Si no vas a matarme con el estramonio. ¿Qué quieres de mí? ¿Dinero? Todo mi dinero está en manos de mi banquero, aquí no encontrarás más que calderilla. Pero puedo conseguirte una suma importante mañana mismo.

Se quedó ceñudo y atento, con la cabeza ladeada, quizá esperando esquivar algún golpe.

—Disponte a viajar al horror —dijo ella—. El camino del estramonio es tan espantoso para un hombre como espantoso sea él. Y siento decirte que te voy a matar, pero solo después, al amanecer. Cuando lo peor de tu viaje haya acabado. Quiero que pienses también en quién se venga: soy la esclava salvaje que desaconsejaste comprar a Eurípides. Mora.

—Perra del infierno —dijo, balanceándose entre la ira y la autocompasión—. ¿Qué te han dicho de mí? Yo soy el peor, ¿verdad? El verdadero asesino. Eso te han dicho. Y te lo has creído sin pensar. ¿Para qué iba a matar a Eurípides, si ya me había librado de él? ¿Para conseguir unos libros? Hay formas más sencillas de quitarle a un impío su biblioteca que matarlo.

—Eso es lo que quiero averiguar. A ti te delata lo que preparaste para exculparte. Tu carta sellada y dirigida a Eurípides acusando a otro, entregada con oportunidad a la mañana siguiente de su muerte por un guardia escita que después fue ejecutado...

—Veo que has buscado a fondo. Pero igual que no puede exculparme, esa carta tampoco me delata. Es la carta de un amigo. Dime, ya que quieres saber, ¿no te has planteado la posibilidad de que quien te envía a la venganza contra mí sea el verdadero culpable?

—Tu desprecio por las mujeres te hace mucho más ciego de lo que crees. No me envía nadie.

—Ah, ¿es posible que no sepas quién te envía? Entonces déjame averiguarlo a mí. No es tan difícil, al fin y al cabo, mientras esas hierbas no hagan del todo su trabajo. Agatón está muerto, y la otra participante en el asesinato, la bruja tracia Zbel, también ha muerto ya...

—Mientes. No sé si habrá muerto, pero Zbel no participó en la muerte de Eurípides.

—¡Oh, vamos! Claro que ha muerto. Se ahorcó antes de que la apresaran por el asesinato del extravagante Agatón. Por si no estás haciéndote la inocente: Zbel no era esclava, el rey Arquelao le permitía seguir con su santuario de Enodia a cambio de ciertos favores como el de espiar a quien quisiera. Parece que tras el supuesto regalo le resultó muy sencillo hacerse amante de Melitó para acceder a todos los secretos de la casa. Pero luego se ablandó: el amor entre mujeres es así. Arquelao tuvo que obligarla a acabar el trabajo con el látigo.

La posibilidad de que ella, la vengadora, no fuera sino otro engranaje en aquella máquina de intrigas palaciegas para eliminar a todo aquel que conociera algo sobre la trampa para Eurípides sorprendió a Mora de pronto.

—Veamos —siguió Sófocles—: solo puede enviarte Cratero, el amante del rey, a no ser que te envíe el propio Arquelao. Tanto da. Es evidente que cuando acabes conmigo, tú eres la siguiente en la lista. Arquelao no es más que un asqueroso bárbaro, por mucho que se crea griego como todos los macedonios, pero sabe lo que hace. En cuanto a Eurípides, ya estaba muerto antes de salir de Atenas. Su desprecio de los dioses, del Consejo y de la Asamblea era demasiado desprecio. Ahora bien: despreciar a un tirano no tiene solución. Por algún lado iba a caer tras una vida burlándose de todos, ¿no crees? Por si te interesa, yo no hice nada por matarlo, más allá de enviar esa nota para cubrirme las espaldas. Aunque bien puedes acusarme de no hacer nada por salvarlo, y de alegrarme de su muerte.

El argumento de aquel constructor de historias resultaba creíble. Sobre todo para Mora. El paje Cratero sabía bien que ella andaba buscando venganza. Si Zbel era una aliada de Arquelao, quedaba claro que a ella simplemente la habían dejado escapar. Habían utilizado al extravagante Agatón para que señalara a Sófocles como culpable último, y después de eliminarlo, la tracia Zbel la había incitado a huir de allí. ¿Adónde sino a Atenas para acabar con Sófocles?

—Eurípides tiene la muerte que buscaba —continuó el viejo poeta—: desmembrado como un héroe. ¿Y tú, Mora? ¿Qué quieres encontrar ahora? ¿O te han convencido simplemente con dinero? Si es así, todavía hay salvación para los dos. ¿De cuánto dinero estamos hablando?

Mora miró alrededor. La casa de un intrigante al final de sus días está siempre llena de objetos inútiles: tapices, mesas, arcones, libros, tablillas, cerámicas, armas. Todo lo que conforta a un hombre civilizado y lo lleva a aceptar su vida atroz en la ciudad. ¿Podría convertirse en algo así ella algún día? Rio despacio, al tiempo que comprobaba el filo curvo del cuchillo con la yema del anular.

—El tiempo nos ha descubierto —le dijo a Sófocles, parafraseando la obra de la que sabía que se sentía más orgulloso—. Dejaste de creer en ti y ahora buscas el camino que encontró Eurípides leyendo los libros que leyó. Pero estás ciego de toda ceguera, y no sabes que vale tanto la biblioteca de Eurípides como un solo poema, incluso uno de esos que llamas tuyos. En cuanto a mí, he venido a matarte para intentar detener la maquinaria que destruye poco a poco todo lo que amo, aun cuando eso suponga que la máquina me utilice y me devore.

Se quitó el manto para liberar de una vez los senos, constreñidos por la faja, y también la barriga, cuyo embarazo comenzaba a hacerse evidente. Y todo lo hizo descuidada del viejo, que andaba ya con la boca abierta, seca.

¿Podía perdonarlo y sobrevivir, sin aplacar la ira que la devoraba por dentro?

El pequeño *Too* estaba lamiéndole otra vez los pies. Y entonces su cuerpo actuó solo, por encima de su voluntad. Lo agarró del pellejo de la nuca, lo alzó y lo degolló, casi en un único gesto. El corte excesivo quebró de raíz el quejido del perro, e hizo brotar la sangre, rauda como su nombre.

—¡Buen viaje! —le gritó a Sófocles lanzándole el perro.

El poeta lo recibió con un respingo. Iba a abrazarlo pero olió la sangre y notó enseguida la sombra que cubría al animal. Intentó buscar y taponar la herida, en vano, gimiendo.

Mora tomó las monedas que había esparcidas por la mesa: siete mochuelos. Escapar de las garras del rey Arquelao era sencillo, bastaba alejarse de aquel limitado mundo griego que era su mundo.

—Espera, no... —gritó Sófocles, sintiendo entre sus brazos los últimos estertores del perro—. Trae agua. Avisa a mis esclavos... No... me dejes... solo... con este maldito... veneno.

Mora salió de aquella casa limpiándose en el umbral el polvo de las sandalias. Anochecía. En el ágora buscó a uno de los muchachos recaderos.

—¿Sabes dónde vive el gran Calípides, el actor?

—Sí, hermana.

Le entregó un mochuelo por el encargo y dos versos para el actor, que el chico repitió cantándolos ante ella:

Sófocles tiene la gloria, estramonio, los libros...
Y es suficiente venganza que viva con Sófocles.

Después se fue a cumplir su misión, y Mora caminó sin rumbo por las calles de Atenas. Al pasar junto al carro de un basurero se quitó el tosco colgante con la bolsa del mechón de Hírom, el Chacal, y lo arrojó al interior.

28
Adiós a todo eso
[De Atenas a Nubia, 406-330 AEC]

... por Baco —a quien invoca:
compadre de batida, hermano cazador,
y de bello triunfo— laureada solo en lágrimas.

EURÍPIDES, *Bacantes*, 1145-1147

Abandonó después Atenas por la puerta Diomea, tras pagar a la guardia con dos de las monedas que había robado en casa de Sófocles. Y cruzando el Cinosargo hacia el oeste siguió el camino al puerto de Falero, donde con el resto del dinero podría tomar el primer barco que, simplemente, la alejara de una vez por todas de aquella ciudad de desdicha.

En una encrucijada con un herma sobre el que brillaban las tres cabezas de la diosa, Hécate se sentó para dejar que la ira, el ruido que no le permitía escuchar el mundo, se desvaneciera por completo.

Intentando consolarse se repitió que Eurípides no existía sino como parte de una tribu inmensa, y por tanto era inmortal. Se dijo que de él quedaban sus poemas, piezas constituyentes de la Músika del cosmos. Se dijo que esa Músika viajaba dentro de ella también, junto a la hija que al cabo nacería.

Al salir de Atenas había sido sencillo despojarse de la máscara de Hírom, el Chacal, o de la otra de gorgona vengadora. Pero sabía bien que le quedaba aún la tarea más difícil: arrancarse la máscara de Mora, que la separaba de sus hermanas Aira y Anula, de su madre Namu, de Lisa y de Maris, de su amada Zanusa, de Eurípides.

Más que nunca se alegraba ahora de haberle robado una hija en una de aquellas noches en las que paseaba por sus sueños. Y recordó una frase premonitoria que había dicho él cuando ambos regresaban a Atenas de la ceremonia de Eleusis: «El misterio de la vida es muy sencillo», dijo: «una madre y un hijo, esa es la anhelada eternidad, el gran secreto de Eleusis, el secreto de nuestra especie, de sus individuos conectados por la Músika. Sería hermoso, ¿no?, si no se utilizara para lo que se utiliza».

El robo de la hija se había producido, pensó, de forma inevitable. El día en que comprendió que para acabar su aprendizaje tenía que quedarse a su lado, comenzó un tiempo de trabajo desconocido para ella. Eurípides había decidido cumplir simultáneamente el encargo del rey Arquelao y sus planes previos. Puso dos tetralogías en marcha: seis tragedias y dos sátiras, al tiempo que empezó a liberar esclavos, avergonzado.

Primero fueron a la cueva en la que él había nacido. Allí comenzaba a elaborar siempre sus poemas y las melodías.

En realidad la madre de Eurípides lo había parido en aquella cueva por azar, le contó él. Su nacimiento había coincidido con la invasión persa de Grecia. Cuando las tropas de Jerjes entraron en Atenas a sangre y fuego, su padre Mnesarco huyó con la familia en uno de sus barcos a la isla de Salamina, donde tenía tierras, sin saber que la flota griega se estaba reagrupando para preparar la batalla definitiva contra los invasores justo allí, en los canales del golfo Sarónico, entre Salamina y la bahía de Eleusis. Su padre se vio obligado a atracar en una zona cercana a sus tierras, pero que apenas conocía. Clito, su madre, rompió aguas y tuvo que parir en una cueva que encontraron cerca de la playa.

El mes que pasaron Eurípides y Mora trabajando en aquella cueva fue difícil. Mora no estaba habituada al control de castidad ateniense que Eurípides practicaba, así que se vio obligada a usar con él de nuevo, en varias ocasiones, la adormidera, aprovechando su ebriedad para asaltarlo en sueños.

Fue allí donde comprendió el modo en que Eurípides descubría los versos de sus tragedias. Una noche despertó sedienta en la cueva y fue a beber agua del arroyo que corría cerca. Entonces lo vio en la explanada, viejo, bailando una de esas danzas astrales colectivas que se baila en corro alrededor de un altar, la danza sinuosa que los griegos llaman *sirtós*. Pero estaba solo. Bajo el cielo estrellado, con movimientos suaves y lentos de viejo y los brazos extendidos, parecía enlazado a los planetas del cosmos que enmarcaban su silueta. Y recordó y supo por fin que así descubría ella los versos de pequeña, enlazada al corro de sacerdotisas, siguiendo el movimiento de las estrellas en la noche. Entonces cada paso de danza destapaba un eslabón de la cadena de palabras que formaba, metro a metro, el verso. Solo había que unirse a él en el baile y dejar que los versos fluyeran uno detrás de otro contando sus historias.

De vuelta a Atenas ocupaban todo el día en la redacción final de las obras. El exagerado ritmo de trabajo, tan habitual para los pobres civilizados, no parecía afectar a Eurípides, pero le provocaba a una salvaje como ella, acostumbrada al ocio, una ansiedad que solo conseguía compensar a través del placer, casi siempre con alguna de sus dos compañeras de cuarto.

Y luego, cuando las últimas esclavas fueron manumitidas y la familia se trasladó a Macedonia, a la villa de Pela, y comenzaron los ensayos, que los obligaban a ocupar en la creación de nuevas obras buena parte de la noche, la ansiedad creció.

Por si el cúmulo de tensión fuera poco, en la villa de Pela Eurípides iba liberando también a los esclavos que Arquelao le había regalado a su llegada —despacio, para que no se ofendiera—, y en cierto momento solo quedaban la tracia Zbel, algunas libertas que rechazaban el amor de las mujeres y otros dos tracios, fáciles de doblegar para ella a causa de su lascivia bruta. Sin embargo, la ansiedad de Mora, unida al desprecio de los tracios por las mujeres, desataba en ella deseos insanos, no siempre contenidos, de provocarles pesadillas y hasta verdadero dolor físico. Así que acabó volviendo a entrar sigilosa como una serpiente en los sueños de Eurípides, un terreno inmenso en el que le gustaba perderse olvidada de sí. Y eso la abocaba a llegar sin pensarlo a zonas cada vez más profundas del placer. Para mayor desgracia, pasear por sus sueños le facilitaba el trabajo de encontrar versos para sus obras.

Finalmente, el propio Arquelao aplazó dos años la inauguración del festival de las Musas en Dion, quizá temiendo que el poeta se marchara de su corte nada más cumplir el encargo. Sin tanto trabajo, la ansiedad remitió, y Mora decidió dejar de una vez por todas sus asaltos.

Poco más de una luna antes de que lo mataran, la noche en que le robó la hija, acababan de regresar cargados de honores de las fiestas de las Musas en Dion, tras la representación de la tetralogía macedónica. El cansancio no le permitía dormir, así que abandonó el gineceo y bajó al patio de la villa a buscar consuelo en la contemplación de las estrellas. Eurípides había escogido aquella villa de las afueras de la ciudad de Pela en busca de tranquilidad, y para su sorpresa la había encontrado: una paz absoluta, que Mora no recordaba casi desde los tiempos de Cumas.

Mora no había previsto en absoluto su encuentro con él aquella noche, pero le había visto beber mucho en la cena y después abusar de la adormidera. Se le ocurrió que si no podía conciliar el sueño tal vez pudiera confortarse conciliando el deseo.

Los ronquidos con que Eurípides dormía a fondo su borrachera rompían el silencio en la villa. Aunque conocía a la perfección la estancia y podía moverse por ella sin problema, dejó la cortina entreabierta y permaneció inmóvil hasta que sus ojos se acostumbraron a la mínima claridad de aquella noche despejada pero sin luna.

Levantó la piel de carnero que cubría el cuerpo desnudo y sudoroso del viejo. Había olvidado la bolsa de tripa de ternera y estaba en tiempo fértil. ¿No subió a buscarla por impaciencia? Se distrajo llevándolo al trance con sus murmullos, y antes de darse cuenta se montó sobre él y se dejó ir tras la Músika que los unía, en busca de la catástrofe.

Se adentró en sus sueños y lo encontró en una suerte de vergel, un huerto que le recordaba a...

¿Qué hacía Eurípides en el huerto que cultivaban ella y sus hermanas junto a la Cueva del Agua?

La felicidad de verse allí impidió que pensara más a fondo en lo que estaba haciendo. Lo guio por el territorio de su infancia y le mostró las paredes donde estaban escritos los versos que había heredado. Anula y Aira hilaban a la sombra del tejo. Namu nadaba apaciblemente en el lago interior de la cueva, lejos de los tiempos de destrucción.

Descuidada en sueño ajeno como nunca, se acercó cabalgando tanto al placer que luego no supo retirarse y fue devorada por él.

—He aprendido a quererte solo cuando ya no eras mía —le dijo Eurípides, ya despierto—. Gracias por llevarme allí.

No quiso preguntarle cuándo había conseguido él la clave para vagar consciente en aquellos encuentros en sueños, y optó por quedarse dormida, perezosa, sobre su pecho blando de viejo.

Mora se levantó conmocionada por el recuerdo, y miró el triple rostro de Hécate en el herma de la encrucijada a cuyo pie se había sentado a descansar. Tras ella, al fondo, vio la danza del coro de las estrellas de la Vía Láctea, la danza que imitamos para cantar nuestras historias. Había encontrado, por fin, a Mora.

Sabía bien adónde quería ir, aunque no tenía prisa. Caminó hasta Falero, adonde llegó de amanecida. Consideró buen augurio que el único barco que repostaba en el puerto se dirigiera a Corinto con escala en Salamina. Decidió acabar el embarazo en la cueva en la que nació Eurípides.

Seis lunas después parió una niña, a mí, y me puso el nombre de la abuela desobediente que renunció a ser sibila: Lisa. El mismo nombre de la diosa tracia que revuelve a los perros contra sus amos en sueños, y a veces también en la vigilia...

Me parió como había sido engendrada ella: con dolor. Pero no el físico de las mujeres de ciudad —incapaces de controlar los músculos del parto, atrofiados por falta de uso en el amor y en la danza—, sino dolor de corazón por las visiones del trance de mi alumbramiento. Vio a Melitó balanceándose ahorcada de la rama de la higuera, en la casa ateniense de Eurípides. Vio a Aspasia anciana, dormida para siempre mientras el viejo Kibaba la abanicaba con su flabelo de plumas de pavo. Vio a Sófocles atragantado por una pepita de uva, buscando aire bajo la atenta mirada del gran Calípides, que daba cuenta del resto del racimo compartido, impasible mientras el cuerpo del poeta convulsionaba en el suelo en busca de aire. Vio el cuerpo roto de Kínezos el Joven batido por las olas en un arrecife al pie de la roca Léucade, desde la que se lanzan al mar los amantes rechazados, tras el tercero y definitivo salto de su vida. Vio al pintor Zeuxis sentado ante uno de sus cuadros, un encargo para el que pidió posar desnuda la vieja Cleopatra —*Afrodita senil*, lo llamaron—, confundiendo la muerte que lo asaltaba con el estremecimiento ante la belleza de su arte, tras tantos años. Vio a los mastines de Arquelao abalanzarse sobre el rey azuzados por su amante y sucesor Cratero, cumpliendo el vaticinio que ella había pronunciado en las termas de su palacio. Vio a Cratero sucumbiendo a esos mismos perros, azuzados esta vez por Orestes, su sucesor, hijo de Arquelao. Y vio a Alejandro, un descendiente de Arquelao más ambicioso que él aún, pidiendo en el oasis de Siwa, a cambio de paz, una confirmación como faraón a la sibila negra, a mí...

Pese al dolor que le causaba la muerte de Melitó, la calma le llegó al final del parto. Vio a Eco sentada en un lecho de la casa de su hermano Eurípides el Joven, leyendo el manuscrito del «Poema del agua».

Cuando cumplí mi primer año, abandonó conmigo la cueva de Eurípides y se embarcó en Salamina hacia Heraclión, en la isla de Creta, y desde allí al puerto de Tonis, la ciudad de los canales, en el delta del Nilo, donde preparó el último tramo de su viaje: se adentró conmigo remontando el río hacia el sur de Siena, la última plaza egipcia, y más arriba, hacia el corazón de Libia, en busca de Napata, la ciudad nubia de la que poco antes de morir Namu y Maris habían hablado: «Si tiene un nombre habrá un camino». Había conseguido localizarla gracias a la nubia Khabale, la mujer que fue su consuelo y le curaba las heridas cuando la esclavizaron.

Y es aquí, al templo ancestral de Mut, adonde llegó Mora, la última sibila de Cumas, para convertirse en la primera sibila libia, la sibila negra, y montar nuestra pequeña comunidad.

Esta que habéis oído es, en fin, la historia que mi madre me cantaba de niña, hermanas.

Desde hoy su cuerpo, tan viejo y encogido antes de morir que parecía una cigarra, alimenta los frutales del huerto, muy cerca de nosotras, aquí, fuera del mundo civilizado, lejos del mar de Homero, que golpea con sus aguas el centro de la tierra.

Porque los dioses nada pueden contra el mundo, y al final de la tragedia el personaje de ficción que danza y canta solo siempre se rompe, se derrumba y, desmembrado, se diluye en la manada, a la que seguía en su baile sin saberlo, enlazado en corro, desde el día en que nació.

Y no otro es el sentido de nuestra vida.